JN025922

【改訂第2版】

教育原理

佐久間裕之 編著 *Sakuma Hiroyuki*

玉川大学出版部

はじめに

　本書は，教育職員免許法施行規則に定められた「教育の基礎的理解に関する科目」のテキストとして編まれました。特に本書は「教育の理念並びに教育に関する歴史及び思想」の基礎的事項を扱います。

　まず第1章「教育理念」では，教育理念の意義と教育理念を把握し吟味するための手がかりについて考察し，さらに教育基本法の分析を通じて，日本の教育理念の特質について解説しています。次に第2章から第5章までは，西洋と日本における「教育の歴史」を扱っています。もちろん，紙幅の関係で西洋教育史及び日本教育史の専門書には及びませんが，西洋及び日本における教育の主要な動向と思想家について，本書1冊で俯瞰できる点は，利点の一つと言えましょう。また，従来のテキストでは，日本の教育を扱う場合，近代以降に比重が置かれがちでした。しかし本書では，日本における古代から近世までの教育の歩みにも紙幅を割きました。これによって，日本の教育史全体を視野に入れて，それとの関連において日本の教育の現状を把握し吟味することができるように配慮しました。続く第6章及び第7章では「教育の思想」がテーマになっています。西洋及び日本における教育に関する代表的な思想家の著作，あるいは重要な資料を取り上げて，解説と原文（または邦訳）の抜粋を掲載しました。これも紙幅の都合で，ほんのわずかの資料しか取り上げることができませんでした。しかし，教育思想を学ぶ際には，その思想について誰かが書いた解説を読むだけにとどまらず，できるだけ自ら原文にあたって考えてほしい。そのきっかけを作りたい。そうした願いを込めて，これら二つの章を設けました。

　「教育の理念並びに教育に関する歴史及び思想」という，広汎な分野を少ない紙幅で扱うことには，多くの困難が伴いました。本書の執筆にあたっては，いわゆる「教科書的」な，網羅的だが内容が平板で無味乾燥な叙述はできるだけ避けて，代表的な人物・事項に焦点を当てて，わかりやすく解説することを心がけました。また，各章末には，読者の学修・研究に役立つように「学修課題」を設けました。さらに，本書を読む上で参考となる教育史関

3

係年表や，頻出度の高い「西洋の教育思想家一覧」，そのほか，教育関連の法規も巻末に掲載しました。

　前著『教育原理』が出版されてから5年以上が経過し，この間，学習指導要領の改訂や教職関連の法律等が改正されました。本書改訂第2版は，それを踏まえて前著を見直し，改訂を施しました。章によっては全面的に節の内容を刷新したり，新たな節を加えました。

　本書が，教職志望者はもちろんのこと，教育に関心を持つ一般の方々にも広く読まれ，「教育とはいかなるものか，いかにあるべきか」といった根本問題について考える機会を提供できれば幸いです。

　最後になりますが，本書改訂第2版の出版に際し，ご尽力いただいた玉川大学出版部，特に編集課の鎌田光輝氏・林志保氏に謝意を表します。

2021（令和3）年11月1日

編著者　佐久間　裕之

教育原理 改訂第2版●目　次

付　録

資　料

索　引

第1章　教育理念

　本章では「教育理念」の問題を扱う。まず第1節「『教育理念』の意味」では，「理念」及び「教育理念」の原義について考察する。次に，教育勅語と教育基本法を事例として「教育理念の普遍性と特殊性」や，さらに世界史的な事例を用いて「教育理念の変遷」を取り上げる。そして教育理念を把握し，あるいは吟味するために，なぜ教育学の基礎や教育史を学ぶ意味があるのかについて考察する。第2節「『教育理念』としての『人格の完成』」では，日本の教育基本法に示された教育理念，すなわち「人格の完成」の意味を追っていく。その際，教育基本法と学校教育法の目的・目標，さらに中央教育審議会第1次答申「21世紀を展望した我が国の教育の在り方について」に示された「生きる力」を吟味する。最後に，教育理念としての「人格の完成」を把握する際に，不可欠の要素となる道徳的自由（意志の自律）の問題に迫る。

第1節　「教育理念」の意味

「理念」という言葉の由来

　教育理念という言葉は，「理念」がもともと哲学に由来するためか，決して平易な用語とは言いがたい。哲学上の説明では，「理念」はドイツ語のイデー（Idee）の翻訳語であり，そのドイツ語のイデーも，さかのぼれば古代ギリシャの哲学者プラトン（Platōn, 427-347B.C.）のイデア（idea）に由来する

プラトン

という。このイデアという言葉自体は，もともと目に見える姿や形を意味し，視覚によってとらえられる対象物のことを表していた。ちなみに，ギリシャ語と同じインド・ヨーロッパ語族に属している英語のビデオ（video）や，その語源のラテン語ウィデオー（videō「私は見る」）も，イデアと同様の語感を含みこんでいる点は興味深い。ところが，プラトンによってイデアは，こうした本来の意味を離れ，視覚によってはとらえられないものを指し示す言葉として使われた。彼は直接的に視覚によってはとらえられない超感性的なものにこそ，ものごとの永遠・普遍の本質があると考え，それをこそ真実在ととらえたのである。

　例えば，プラトンの『饗宴』（*Symposion*, 385〜383B.C.?）における次の記述に注目してほしい。

　　それはすなわち地上の個々の美しきものから出発して，かの最高美を目指して絶えずいよいよ高く昇り行くこと，ちょうど梯子の階段を昇るようにし，一つの美しき肉体から二つのへ，二つのからあらゆる美しき肉体へ，美しき肉体から美しき職業活動へ，次には美しき職業活動から美しき学問へと進み，さらにそれらの学問から出発してついにはかの美そ

のものの学問に外ならぬ学問に到達して，結局美の本質を認識するまでになることを意味する。（中略）生がここまで到達してこそ，（中略）美そのものを観るに至ってこそ，人生は生甲斐があるのです，いやしくもどこかで生甲斐があるものならば。（プラトン　1965：134）

　ここに記された「美の本質」，「美そのもの」が，この場合プラトンのいうイデアを指し示す言葉となっている。それは，視覚によってとらえられるような個々の美しいものではない。むしろ，あらゆる個々の美しいものを「美しい」といわしめている，美そのもの，美の永遠・普遍の本質，美の実相を表している。そうしたイデアをとらえることができるものは，私たちの感覚ではなく，前述の引用文で言えば，「美そのものの学問に外ならぬ学問」ということになるが，この学問がプラトンにとっては哲学なのであった。

　プラトンのこのようなイデア観は，しかし，近世に至ると継承されず，例えば大陸合理論のデカルト（René Descartes, 1596-1650）やイギリス経験論のロック（John Locke, 1632-1704）において，イデアは人間のもつ「観念」（仏語の idée，英語の idea）を指すものへと変貌した。それを再びプラトン的意味へと遡及させたのが，ドイツの哲学者カント（Immanuel Kant, 1724-1804）である。

　カントは，「理念」（Idee）というものをどのようにとらえていたのか。彼は『純粋理性批判』（*Kritik der reinen Vernunft*, 1781, 2. Aufl., 1787）の中で，プラトンを引き合いに出しつつ，理念を「事物そのものの原型」としてとらえ，「徳の原型」を例に説明している。それによれば，ある人を「徳の模範」，すなわち道徳的に見て模範的な人物であると評価する際，その評価者は決して荒唐無稽な判断をしたのではないという。そうした判断は，「徳の原型」とその模範とされた人物とを比較した結果もたらされるのである（カント2012：356-358）。「徳の原型」を介してはじめて，

カント

11

その人物が有徳か否かの判断も可能になるわけである。

　もちろん、「徳の原型」を完全に体現した人物にお目にかかることは不可能であろう。したがって、この人は道徳的に見て模範的な人物であると、その実例として挙げることはできても、その人物を「徳の原型」とすることはできない。具体的な人物には、どこまでも不完全さがつきまとう。しかし、だからこそ「徳の原型」である理念は、人々にとって徳の完全性の方向を指し示す羅針盤として機能するとも言える。それはまた、「統制的原理」（regulatives Prinzip）として、徳の完全性へ向けて解決していかなければならない諸課題を示すものにもなる。

教育理念の意味

　われわれはこれまで理念という言葉が哲学に由来し、その原義をプラトンとカントを軸に一瞥してみた。教育理念という場合も、そのライトモチーフとして、そうした理念のもつ哲学的原義をその根底に宿しているように思われる。しかしながら、われわれが実際にさまざまな場面で教育理念という言葉を使用する際、そのような哲学的なコンテクストが意識されることはまれであろう。むしろ教育理念は、ごく一般的な意味では、教育に関する根本的な考えを表すものとしてとらえられている。そもそも教育をいかなるものと考えているのか、それを表明したもの、それが教育理念とされるのである。したがって、教育理念は「教育が現状においてどのようになっているのか」といった教育の事実認識を示すものではない。むしろ、それは、「教育が本来いかにあるべきか」「教育は何を目指すべきか」といった当為要求と密接にかかわってくる。それゆえ教育理念が語られる場合、そこではしばしば、目指すべき教育の理想や目的・目標、教育の方針が表明されることにもなる。

　試みに、どこでも結構であるから、任意の学校・学園のHPへアクセスしてみてほしい。そこでは、たいてい「教育理念」「教育理念・方針」「教育理念・教育目標」といったたぐいの見出しを見つけることができるであろう。そして、例えば「〜は○○学園の教育理念である」といった表現が使用され、その学校・学園がどのような教育を理想とし、どのような教育を目指しているのかを把握することができるわけである。

　我が国においては，教育基本法第1章「教育の目的及び理念」の第1条に「教育は，人格の完成を目指し，平和で民主的な国家及び社会の形成者として必要な資質を備えた心身ともに健康な国民の育成を期して行われなければならない」とある。これが，我が国におけるあらゆる教育の根本に置かれるべき共通の教育理念であることは言うまでもない。この基本法の理念に基づき，さらに各学校・学園では，それぞれ独自の教育理念を表明しているということになる。ここに各学校・学園の特色・個性が表れてくるとも言える。したがって，教育理念は，対外的には各学校・学園の特色・個性をアピールするポイントとなるし，学内的には，「建学の精神」を表すものとして関係者の帰属意識の支柱ともなる。

教育理念の普遍性と特殊性

　ところで，教育理念というものは果たして普遍性をもちうるものであろうか。前述したように，理念がプラトンやカントのいう原型を意味する限り，それ自体は時と場所を超える普遍妥当性をもちうるものということになるであろう。しかし，「教育に関する根本的な考え」といった一般的な意味で教育理念という言葉が使われる場合，その理念は必ずしも普遍性をもちうるものとは言いえなくなってくるのである。たしかに教育理念はそれぞれ普遍性をもつものとして出されることが多いが，その特殊性ゆえに批判され，それが次の新たな教育理念を生み出す契機ともなっていく。次にこの点について我が国の事例から見てみることにしよう。

　我が国の戦前・戦中の教育を規定していた代表的な文書は，「教育ニ関スル勅語」（1890年10月30日渙発，以後「教育勅語」と略記）である。これは明治天皇の名前で発表された教育理念に関する文書であった。

　この文書には，遥か遠い昔，皇室の祖先たちによって我が国が始められ，この国に築かれてきた徳は深く厚いものであったこと，臣民が心を一つに忠孝に努め，善行・美徳を代々受け継いできたことは誇りとすべきで，教育の根本もこうした忠孝の道にあることが記されている。

　教育勅語はさらに続けて，親孝行，兄弟・夫婦・友人間の美徳，博愛，学問と職業訓練の奨励，知能の啓発，徳性・才能の磨き上げ，公益・世務への

尽力，憲法・法律の遵守，非常事態における公への奉仕などを臣民に求めていく。しかも，この文書の終わりのところには，注目すべき記述がみられる。すなわち，この文書の内容は「古今ニ通シテ謬ラス之ヲ中外ニ施シテ悖ラス」，つまり，昔も今も変わらないものであり，また，国内のみならず国外においても道理に背くことがないものであると記しているのである。

このように教育勅語は，我が国の特殊な事情を反映しつつも，そこに記された理念は普遍性があるものとして世に出されたものである。しかし，敗戦後の我が国において，この文書はむしろ特殊な日本の皇国主義的・民族主義的文書として断罪される。普遍性を謳った教育勅語の理念が，敗戦後の処理の中で，その特殊性ゆえに否定されていったのである。

1947年3月31日，戦後新たに民主主義的・平和主義的性格を帯びた教育基本法が公布・施行された。翌1948年6月19日，参議院で可決された「教育勅語等の失効確認に関する決議」には興味深い記述がみられる。すなわち，この教育基本法は，①日本国憲法の「人類普遍の原則」に則って制定され，②「わが国家及びわが民族を中心とする教育の誤りを徹底的に払拭」し，③「真理と平和とを希求する人間を育成する民主主義的教育理念」を宣言し明らかにするものである。さらに，その結果として，④教育勅語はすでに廃止せられ，その効力を失っているし，⑤「全国民が一致して」教育基本法の明示する「新教育理念」の普及徹底に努力すべきであると（浪本ら　2010：17）。

つまり教育基本法を制定した側は，教育勅語が描く教育理念をその特殊性ゆえに否定し，自らの描く民主主義的教育理念の方は「人類普遍の原則」に則っているので普及徹底すべきであるとの立場に立っているわけである。このように，教育理念を掲げる当事者側は，たいていその理念の普遍性を確信しているものであるが，逆に批判・否定する側からはその理念の特殊性が際立たせられ，その普遍性が否定されることになっていく。

教育理念の変遷

前項で取り上げた教育勅語から教育基本法への転換は，とりわけ皇国主義的・民族主義的理念一色に染まった戦時中の教育からの脱却を表している。そしてこのような教育理念の転換ないし対立は，教育史の中に幾度となく登

場してくるのである。試みとして，世界史的な立場から典型的な事例を引き
合いに出してみることにしよう。次の引用文を見てほしい。

　　都市国家スパルタでは戦士を養成することが至上の目的とされたため
　に，運動と教育が同一視され，スポーツ偏重のスパルタ主義時代が展開
　したことはあまりにも有名である。これに対して，人間の調和的発展を
　求めたのがアテネであった。宗教偏重の時代とも言うべき中世の末期に
　はイタリアのルネサンスが起ったが，この運動は人間を中世的抑圧から
　解放させることを目的としていた。次に，十八世紀後半から十九世紀に
　かけて新人文主義が起ったが，それは理性を偏重する当時の啓蒙主義に
　対立するものとして誕生し，人間の諸能力の調和的発展を教育の理想と
　した。(土山　1985：65)

　ここには，古代ギリシャの都市国家「スパルタ」対「アテネ」，「中世」対
「ルネサンス」，「啓蒙主義」対「新人文主義」といった教育理念同士の対比
が描かれている。この三つの事例を順次追ってみよう。
　まず，古代ギリシャのスパルタでは教育理念を戦士養成という一面に絞り
込んで展開している。それに対して，競合するアテネでは「美にして善なる
人」(アネール・カロカガトス)を理想に人間のもつ諸力の調和的発展を教育
理念の主軸としているのである。
　次に，キリスト教への偏重が中世の教育理念を特色づけるものとするなら
ば，その後に登場するルネサンス(Renaissance，再生)においては，人間中
心の人文主義が起こった。そこではギリシャ・ローマの古典をはじめ，より
人間らしい学芸が追求され，中世の自由七科にとどまらない，心身諸力の発
展が教育理念の中心に位置づけられていくのである。
　さらに理性偏重によって特色づけられる啓蒙主義の教育理念に対して，そ
の後に登場した新人文主義(ノイフマニスムス)の教育理念では，再び人間
諸力の調和的発展が目指されていくのである。
　以上で取り上げた事例は，そのいずれもが国家あるいは時代を代表するよ
うな教育理念同士の対立を表している。そしてそうした対立において，それ

ぞれの教育理念の特徴が際立たせられることにもなるのである。すなわち，
一方の教育理念は，それが体育であれ，宗教教育であれ，知育であれ，何か
一つの側面を重視し，教育をその側面から推し進めようとする。それに対し
て，もう一方の教育理念の方は，人間の諸力を全面的に視野に入れて教育を
とらえようとしているのである。こうした対立が繰り返されていく。部分を
強調する教育理念と全体を視野に入れる教育理念との拮抗。部分から全体へ，
全体から部分へ。部分と全体との往還的関係。ここに教育理念の変遷を読み
解くカギの一つがあると言えよう。

教育学の基礎を学ぶ意味

　われわれはこれまで，教育理念の変遷について考えをめぐらせてきた。国
家や時代といった大きな括りで教育理念を話題にしてきた。しかし，教育理
念が一般的な意味で「教育についての根本的な考え」を指すものである限り，
それは一個人といった小さな単位からすでに語ることができるものである。

　ところで，われわれはいかにして教育理念を獲得することができるのであ
ろうか。また，われわれはいかにしてその教育理念が正しいものか否かを吟
味することができるのであろうか。もちろん，われわれは自由に教育理念を
獲得し，自由に教育理念を吟味すればよいのである。しかしこの「自由」と
いうのがくせもので，自分は自由に考えたつもりでも，それは誰かの受け売
りであったり，何かの影響を受けていたりする。そうしたことに無自覚な
ままでは，私自身が間違いなくこう考えたのだということはできない。また，
考えるためにはそのための視点も必要となる。

　例えば，あなたがある学校の教室で授業を見学している場面を想像してみ
よう。教室という空間一つをとっても，それは建築学，人間工学，環境学，
色彩学，そして教育学等々，さまざまな学問的視点でとらえ，その是非を吟
味することができる。授業そのものについても，教育学の素養があるのとな
いのとでは，その授業の見え方が異なるであろう。つまり，専門的な視点を
もつことによって，それをもたない人には見えないものが見えるようになっ
てくるわけである。その意味で，教育理念を獲得するに際しても，まずは教
育学的素養を身に付けていくことが望ましい。とりわけ，教育の基礎理論と

して，教育の語義や概念，教育と関連の深い諸概念（発達，成長，成熟，養育，保育，形成，学習等々），教育観の学習は不可欠である。ドイツの代表的な教育学者ボルノー（Otto Friedrich Bollnow, 1903-1991）が，「教育と調教との区別がなされる場合にのみ，人々は教育一般について意味深くかたれるように思われる」（Bollnow　1971：702）と述べているように，これらの学習を通じて，何が教育のミニマム・エッセンシャルズとされてきたのかがわかるようになる必要がある。また教育史の学習は，これまでの教育の実際の歩みと，そこにふくまれた教育理念の変遷，その歴史的評価や課題を知ることになり，今後の教育理念のあり方を探る重要な手掛かりとなるであろう。

語義をめぐる議論が語るもの

　われわれが「教育とは何か・どうあるべきか」という根本問題，したがって教育理念について考えをめぐらせる際，その拠り所の一つとなるのが，教育の語義である。

　例えば，意味の分からない言葉に出くわしたとき，われわれは辞書をひも解き，その言葉がどのような意味をもつものとして説明されているかを確認する。とりわけ，ある言葉の「もともとの意味」を知ろうとする際，その言葉の語源を調べてみることになるであろう。ただし語源は自明なものであるかのようでいて，実は諸説が飛び交うものでもある。例えば西欧語で教育に相当する言葉として挙げられる education（英語）（éducation（仏語），ドイツ語では Erziehung に相当）の場合，その語源はラテン語の ēducātiō（名詞の「教育」に相当）であるとされる。ここまではよいのだが，この ēducātiō の由来が動詞の ēducō なのか，あるいは ē-dūcō なのかによって，ēducātiō の意味が異なってくる。由来を前者 ēducō とする場合，その意味は「育てること，大きくすること」となる。これは子を育てようとする側（大人側）のイニシアティブが色濃く反映されたものである。それに対して，由来を後者 ē-dūcō（引き出す）に置く場合，子供のもつ素質や可能性を尊重する色彩が強くなる。

　教育観は大別すれば，教育の主役をどこに置くかによって，大人中心主義と子供中心主義に分けられる。これと関連づけるならば，前者 ēducō は大

人中心主義を支え，後者 ē-dūcō は子供中心主義を支える語源として機能することになる。前者の立場を旧教育として批判し，それに対して子供中心の新教育を主張する側は，後者 ē-dūcō（引き出す）を教育の語源として強調することになるのである。

　しかし，ある言葉の語源が二つあるというのは奇妙に映る。はたしてどちらが教育の語源なのか。この問題についてはすでに，ラテン語辞典を根拠に前者 ēducō が本来の語源にあたるとの指摘がなされている（齋藤　1999：5-8）。では，後者 ē-dūcō をもち出すことは「でたらめ」として退けられるべきであろうか。これは難しい問題であるが，次のルソー（Jean-Jacques Rousseau, 1712-1778）の言葉に解決のヒントを得たい。

　　　わたしたちの教育はわたしたちの誕生をもってはじまるのだ。人生の最
　　　初の師は，わたしたちに乳を与えて育ててくれる人なのだ。だから，こ
　　　の教育 éducation という語は，今はもうその意味はなくなっているが，
　　　古くは授乳という意味をもっていたのである。（ルソー　1983：19）

　これはルソーの『エミール』（Émile ou De l'éducation, 1762）の一節である。彼はペスタロッチー（Johann Heinrich Pestalozzi, 1746-1827），フレーベル（Friedrich Wilhelm August Fröbel, 1782-1852），エレン・ケイ（Ellen Karolina Sofia Key, 1849-1926）といった新教育運動の系譜に多大な影響を与えた思想家でもある。

　しかし，彼はここで前述のラテン語の語源で言えば，むしろ前者，すなわち ēducō（育てる，大きくする）を踏まえていることがはっきり読み取れる。その意味では，彼もまたきちんと教育の語義に即していることがわかる。それと同時に，さらに，すでに今では失われたが，もともと教育が「授乳」という意味をもっていたと指摘している点が重要となろう。つまり，ルソーは教育のすでに失われてしまった語義，および語義の変遷についても期せずして語っているのである。

　語義は失われることもあるし，変わっていくこともある。この事実を踏まえるならば，ある辞書にこう書いてあるから，あるいは書いてないからとい

18

う理由を，何か決定的な根拠として議論をし
てみてもあまり生産的ではないということに
なる。むしろ，最初は誤用であったかもしれ
ないが，新たな意味が加えられていったり，
あるいは，かつてあった意味が失われていく
その経過を調べてみることの方が生産的であ
ろう。これまで述べてきたことに関連づけて
言えば，例えばeducation という言葉はもと
もとは「育てる，大きくする」という意味で，
「引き出す」という意味はないと説明するだ

孟子

けではだめだということである。むしろ，もともとの語義にはなかった「引
き出す」という意味が，なにゆえにこの言葉の語源として語られるに至った
のか，その背景やコンテクストを明らかにすることの方が生産的だというこ
とになる。そのためには，やはり教育史をひも解く作業をおろそかにしては
ならない。

　同様のことは，漢語の「教育」を見ていく場合にもあてはまる。「教」と
「育」の二つが結びついた形で記録された古い文書として，よく『孟子』（尽
心章句上）の次の箇所が引き合いに出される。

　　　孟子曰く，君子に三つの楽あり，而して天下に王たるは与り存せず。
　　父母倶に存し，兄弟故なきは一の楽なり。仰いで天に愧じず，俯して人
　　に怍じざるは，二の楽なり。天下の英才を得て，之を教育するは，三の
　　楽なり。（小林　1972：340）

　このことから，漢語の「教育」はもともと英才教育という意味で使われて
いた。だから，それ以外の用法が間違いだ，などと言ったら人は笑うであろ
う。

　これもまた，前述のeducation と同様に，それが用いられるコンテクスト
と意味の変遷を歴史に訪ねてみることの必要性を物語っている。そして，そ
れがまた，現代の私たちから見れば，あきらかにおかしいと思われるような

19

教育理念を批判的に検討し，新たな理念を構築するための素地ともなるのである。

第2節　「教育理念」としての「人格の完成」

教育基本法における教育の目的と目標

　日本の学校教育における「教育の目的」とは何か。言うまでもなく，それは「教育基本法」第1条に記されており，この目的を達成するために各種の教育活動が行われる。一般に，教育は「読み書き，そろばん」に象徴されるような「知育」が中心となりがちだが，教育が知育のみを目的とするならば，学校教育と学習塾は同じ役割を担うことになってしまう。少なくとも公教育に携わろうとする者は，学習塾と学校教育の違いが何であるかを明確に示すことができなければならないだろう。

　また，教育の目的は「人格の完成を目指す」と記されているが，とても可能とは思えない人格の完成を教育の目的としているのはなぜなのかを理解しておかねば，教育目的に沿った正しい学校教育を行うことはできないだろう。

　そこで教育理念としての「人格の完成」の意味を明らかにすることでこうした問題を解決していきたいと思うが，そのためには，日本の学校教育における基本構造を確認しておく必要がある。まずは「教育基本法」や「学校教育法」における教育の目的と目標についてである。

　昭和22年制定の「教育基本法」は平成18年に改正されたが，教育の目的については変更されず同一のままである。

　◆　（旧）教育基本法──1947（昭和22）年3月31日
　第1条（教育の目的）　教育は，人格の完成をめざし，平和的な国家及び社会の形成者として，真理と正義を愛し，個人の価値をたつとび，勤労と責任を重んじ，自主的精神に充ちた心身ともに健康な国民の育成を期して行われなければならない。

◆（新）教育基本法——2006（平成18）年12月22日
（教育の目的）第1条　教育は，人格の完成を目指し，平和で民主的な国家及び社会の形成者として必要な資質を備えた心身ともに健康な国民の育成を期して行われなければならない。

「教育の目的」は新旧いずれの教育基本法も第1条において「人格の完成を目指す（めざす）」という形で記されている。そして「（新）教育基本法」第2条では，人格の完成という教育目的を達成するための目標が示される。

（教育の目標）第2条　教育は，その目的を実現するため，学問の自由を尊重しつつ，次に掲げる目標を達成するよう行われるものとする。
　　一　幅広い知識と教養を身に付け，真理を求める態度を養い，豊かな情操と道徳心を培うとともに，健やかな身体を養うこと。
　　二　個人の価値を尊重して，その能力を伸ばし，創造性を培い，自主及び自律の精神を養うとともに，職業及び生活との関連を重視し，勤労を重んずる態度を養うこと。
　　三　正義と責任，男女の平等，自他の敬愛と協力を重んずるとともに，公共の精神に基づき，主体的に社会の形成に参画し，その発展に寄与する態度を養うこと。
　　四　生命を尊び，自然を大切にし，環境の保全に寄与する態度を養うこと。
　　五　伝統と文化を尊重し，それらをはぐくんできた我が国と郷土を愛するとともに，他国を尊重し，国際社会の平和と発展に寄与する態度を養うこと。

旧教育基本法の第2条が「教育の方針」であったのに対して，新教育基本法第2条は，第1条の「教育の目的」を受けた形で明確に「教育の目標」を定めている。ここでは，まず第一号において「知育」，「徳育」，「体育・食育」[1]が総合的に述べられている。

◆教育基本法第2条第一号
・「幅広い知識と教養を身に付け」→「知育」
・「真理を求める態度を養い，豊かな情操と道徳心を培う」→「徳育」
・「健やかな身体を養う」→「体育・食育」

　このように第一号において「知育」「徳育」「体育・食育」が総合的に論じられ，その後，第二号から五号まで四つの項目が続くことから，それぞれ知育・徳育・体育・食育についての詳細が示されるのではないかと予想されるが実はそのような構造にはなっていない。第二号から五号まで常に文末が「……態度を養うこと」という表記を見ても分かるように，いずれも「徳育」に関する内容が主となっており，さらにこの内容は「道徳の内容」における四つの視点に対応すると解釈することができる。

◆教育基本法第2条の第二号から五号
・第二号「自主及び自律の精神」→（主として自分自身に関すること）
・第三号「正義と責任，男女の平等，自他の敬愛と協力」→（主として人との関わりに関すること）
・第四号「生命を尊び，自然を大切に」→（主として生命や自然，崇高なものとの関わりに関すること）
・第五号「伝統と文化を尊重し，我が国と郷土を愛し，他国を尊重」→（主として集団や社会との関わりに関すること）

　このように見てみると，教育の目的は「知育」「徳育」「体育・食育」によって「人格の完成」を目指すが，なかでも徳育は「教育の目標」の全項目で記された重要な内容であるということが明らかとなる。つまり，教育とは知識偏重の頭のよい人間を作るのではなく，あくまでも「人格を備えた人間」すなわち人格者を養成することにあるという点をまず押さえておかねばならない。

　この点を理解することで，学校教育は学習塾における「読み書き・そろばん」，すなわち単なる知育の場だけではなく，人格者養成の場であることが

明らかとなる。

「学校教育法」における教育の目的・目標

　「教育基本法」のみならず「学校教育法」においても「教育の目的・目標」が示されているのでそれを確認しておこう。「学校教育法」において教育の目的・目標が示されている箇所は第21条である。

　第21条は「教育基本法」第 5 条の第 2 項（「義務教育として行われる普通教育は，各個人の有する能力を伸ばしつつ社会において自立的に生きる基礎を培い，また，国家及び社会の形成者として必要とされる基本的な資質を養うことを目的として行われるものとする。」）を受ける形で以下のように示される。

　◆学校教育法
　第21条　義務教育として行われる普通教育は，教育基本法第 5 条第 2 項に規定する目的を実現するため，次に掲げる目標を達成するよう行われるものとする。（傍点筆者）
　　一　学校内外における社会的活動を促進し，自主，自律及び協同の精神，規範意識，公正な判断力並びに公共の精神に基づき主体的に社会の形成に参画し，その発展に寄与する態度を養うこと。
　　二　学校内外における自然体験活動を促進し，生命及び自然を尊重する精神並びに環境の保全に寄与する態度を養うこと。
　　三　我が国と郷土の現状と歴史について，正しい理解に導き，伝統と文化を尊重し，それらをはぐくんできた我が国と郷土を愛する態度を養うとともに，進んで外国の文化の理解を通じて，他国を尊重し，国際社会の平和と発展に寄与する態度を養うこと。
　　四　家族と家庭の役割，生活に必要な衣，食，住，情報，産業その他の事項について基礎的な理解と技能を養うこと。
　　五　読書に親しませ，生活に必要な国語を正しく理解し，使用する基礎的な能力を養うこと。
　　六　生活に必要な数量的な関係を正しく理解し，処理する基礎的な能力を養うこと。

　　七　生活にかかわる自然現象について，観察及び実験を通じて，科学
　　　　的に理解し，処理する基礎的な能力を養うこと。
　　八　健康，安全で幸福な生活のために必要な習慣を養うとともに，運
　　　　動を通じて体力を養い，心身の調和的発達を図ること。
　　九　生活を明るく豊かにする音楽，美術，文芸その他の芸術について
　　　　基礎的な理解と技能を養うこと。
　　十　職業についての基礎的な知識と技能，勤労を重んずる態度及び個
　　　　性に応じて将来の進路を選択する能力を養うこと。

　「態度を養う」「理解・技能・能力を養う」「発達を図る」というように各
項末尾の文言に下線を付けて区別してみたが，傍線（第一，二，三号）が「徳
育」，波線（第四，五，六，七，九，十号）が「知育」，二重傍線（第八号）が
「体育・食育」の内容をそれぞれ表していることが明らかとなる。つまり，
学校教育法では，教育基本法第2条に対応した教育の目標がより具体的に規
定されていることになる。

教育の目的・目標と「生きる力」

　次に教育の目的や目標が「生きる力」とどのような関係にあるかを確認し
ておこう。「生きる力」とは，1996（平成8）年の中央教育審議会第1次答
申「21世紀を展望した我が国の教育の在り方について」で以下のように示さ
れたものであるが，その後の教育基本法等の法令改正や学習指導要領の改訂
が行われても，以後，一貫して使われている。

　　我々はこれからの子供たちに必要となるのは，いかに社会が変化しよう
　　と，自分で課題を見つけ，自ら学び，自ら考え，主体的に判断し，行動
　　し，よりよく問題を解決する資質や能力であり，また，自らを律しつつ，
　　他人とともに協調し，他人を思いやる心や感動する心など，豊かな人間
　　性であると考えた。たくましく生きるための健康や体力が不可欠である
　　ことは言うまでもない。我々は，こうした資質や能力を，変化の激しい
　　これからの社会を［生きる力］と称することとし，これらをバランスよ

くはぐくんでいくことが重要であると考えた。(同答申第 1 部 3 項「今後における教育の在り方の基本的な方向」参照)

　この答申で示された「生きる力」は，今日に至るも学校教育の基本テーゼとなっており，傍線部分の三つを文部科学省は「確かな学力」「豊かな人間性」「健康・体力」という形で示している。

・「確かな学力」とは，基礎的な知識や技能を習得し，それらを活用して自ら考え，判断し，表現することにより，さまざまな問題に積極的に対応し，解決する力。
・「豊かな人間性」とは，自らを律しつつ，他人とともに協調し，他人を思いやる心や感動する心などの豊かな人間性。
・「健康・体力」とは，たくましく生きるための健康や体力。[2]

　これらの三つは言うまでもなく，「知育」「徳育」「体育・食育」に対応する。そして学習指導要領では，「知育」は学校が家庭との連携を取りながら，「徳育」「体育・食育」は学校が家庭や地域社会との連携をはかりながら行っていくことが示されている。(学習指導要領「第 1 章　総則」参照)
　すでに「人格の完成」という教育の目的を達成するためには「知育」「徳育」「体育・食育」が必要であったが，「生きる力」はこれと全くの同型構造をとっているという点に注目しなければならない。そのように考えてみると「生きる力」とは「人格の完成」の言い換えと考えてよいであろう。
　だが，ここで疑問が生じる。人は「知育」「徳育」「体育・食育」によって，ある程度の「生きる力」を

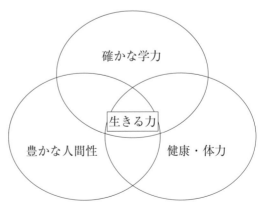

身につけることができるだろう。だがそれを「人格の完成」と言ってよいのかという問題である。言うまでもなく，人間はある程度の人格を形成することはできたとしても，人格を完成させることなどおよそ不可能なはずである。にもかかわらず，なぜ教育の目的に「完成」という言葉が使われたのであろうか。これを明らかにすることで，「人格の完成」に教育理念としての位置づけを与えることが可能となる。

「人格の完成」と「人間性の開発・人格の向上発展」

　旧教育基本法制定の前年（昭和21年）に「教育基本法案要綱案」が示されたが，そこでは以下に示すように，教育の目的は「人間性の開発」という語であった。

　　（教育の目的）　教育は人間性の開発をめざし，民主的平和的な国家及び
　　社会の形成者として，真理と正義とを愛し，個人の尊厳をたつとび，勤
　　労と協和とを重んずる，心身共に健康な国民の育成を期するにあること。
　　（「教育基本法案要綱案」1946（昭和21）年11月29日，傍点筆者，以下同じ）

　ところが，要綱案で記された「人間性の開発」という語句は，結局「人格の完成」に置き換えられて制定されたのである。実はこの修正には当時の文部大臣田中耕太郎の意思が強く反映されたという[3]。

　「人間性の開発」は程度の差は生じるものの到達可能なものであり，イメージ的にも身近に感じることのできる内容と思われる。だが「人格の完成」は到達不可能な意味を含んでおり，人格が完成した人間像を実例として示すのはおよそ不可能である。ではなにゆえに到達可能な目的ではなく，あえて到達不可能な目的に変えたのであろうか。実は，この問いは平成18年の教育基本法改正の際にも問題になった。同年の教育基本法改正の際の国会審議において，民主党の中井洽は「人格の完成」という文言に対して次のような疑義を示した。

　　教育で神のような人格完成を目指すというのは本当にできるのでしょう

か。また，そんなことが目標というような法律でいいものかと僕は思わ
ざるをえません[4]。

　事実，当時野党であった民主党は，教育の目的を「人格の向上発展を目指
し」とする下記の対案を衆議院に提出している。

　　教育は人格の向上発展を目指し，日本国憲法の精神に基づく真の主権者
　　として，人間の尊厳を重んじ，民主的で文化的な国家，社会及び家庭の
　　形成者たるに必要な資質を備え，世界の平和と人類の福祉に貢献する心
　　身ともに健やかな人材の育成を期して行われなければならない。

　旧教育基本法案要綱案で示された「人間性の開発」，新教育基本法の民主
党案である「人格の向上発展」，これらはいずれも到達可能な身近な内容で
ある。その意味で「人格の完成」というような到達不可能な目的よりもこち
らの方が妥当性を有すると考えても不思議はない。にもかかわらず，あえて
「人格の完成」という超越的な文言が使われているのはなぜなのか。その真
意を理解しておかねばならない。

「人格の完成」と田中耕太郎

　旧教育基本法制定から2カ月後に示された「教育基本法制定の要旨」（1947
（昭和22）年5月3日文部省訓令第4号）には，「人格の完成」について以下の
ような説明がなされている。

　　この法律においては，教育が，何よりもまず人格の完成をめざして行わ
　　れるべきものであることを宣言した。人格の完成とは，個人の価値と尊
　　厳との認識に基き，人間の具えるあらゆる能力を，できる限り，しかも
　　調和的に発展せしめることである。

　このように説明がされてはいるものの，一読して「人間性の開発」を破棄
して「人格の完成」を採用した理由が理解できるとはとうてい思えない。そ

27

こで「人格の完成」の有する意味を理解するためには，その制定に深く関与した田中耕太郎の考え方に着目しておかねばならないだろう。田中耕太郎は『教育基本法の理論』の「教育の目的」という章において，教育の目的を一般的目的と特殊的目的に区別して次のように示している。

　　教育の目的は一般的または特殊的であり得る。教育の一般的目的はあらゆる種類の教育に共通のものとして存在しなければならぬところのものである。それは宗教，道徳，哲学等に関係する，世界観によって同一でないところの，教育哲学上の問題である。例えば，人格の完成，社会の進歩，民族の発展，文化の向上等国家や政治の理念となり得るものはすべて教育の目的であり得るのである。

　　かような一般的目的以外に，個々の教育はそれぞれ限局された目的をもっている。教育はその目的に応じて道徳教育，法学教育，医学教育，職業教育，体育その他の種別が生じ，そうしてこれらのうち学問や技術に関するものは，専門化の程度に応じて目的が細かくなってくるのである。しかしこれらの各種の教育の有する目的の選択には，一般的な教育目的からする価値判断によって決せられなければならない。これらの特殊的な目的は一般的な目的に対する手段的の性質を有し，この目的につながってくるのであり，そうして特殊的な諸教育目的相互の間にもその重要性において順位がつけられ得るかまたはさらに手段と目的との関係が存在し得るのである。……本章において教育の目的というのは教育の一般的目的を意味するものである。（傍点筆者，田中　1961：47-48）

　田中耕太郎の一般的目的と特殊的目的は，人格の完成という「教育の目的」とそれに到達するために必要な「知育，徳育，体育・食育」に対応させて考えることができる。あえて新教育基本法に対応させてみるならば，第1条に記される「教育の目的」が一般的目的であり，第2条に示される「教育の目標」が特殊的目的である。

　そして田中耕太郎は，人格の完成が現実的には不可能であることを認めた上で[5]，次のように語る。

　教育基本法第一条は「教育は，人格の完成をめざし」といっている。
……しからば人格とは何を意味するか。人格とは自然的人間とは異なっ
た観念である。人間は物理的および精神的の二要素から成り立っている。
前者は人間が他の動物と共通にもっているものであり，後者はこれに反
して人間に固有なものである。人間は他の動物と同じように，自己保存
や種族保存の本能を満足させ，また感覚的快楽を追求する。この点で人
間は自然法則つまり因果律に支配され，自由をもっていないのである。
しかし人間はこれだけで満足しないで，本来理性と自由を与えられてい
る。この理性と自由意志によって人間は自然界や人間社会における事象
の間の原因結果の関係や，事物の本質を探究し，正不正，善悪の区別を
なし，正および善に従って行動し，不正と悪をさけまた美醜を区別し，
美を愛好し醜を嫌悪するのである。この場合に人間は因果律を克服して
道徳その他より高い要求に従って行動する。……要するに人格は人間が
他の動物と異なって備えている品位というべきものである。……人格は
自由と分離すべからざる関係にある。人間が本能，衝動，情欲等を制御
克服し，道徳的に行動する場合において，自由であり，自主的である。
……以上のべたところによって人格は，教育基本法第一条の前身ともい
うべき教育刷新委員会の建議中にいわれている「人間性の開発」の人間
性と同じ意義のものではないことがわかる。……人間性の開発という表
現は現実の人間性を意味するものと誤解される懸念があるから，人格の
完成を以て一層適当とするのである。（田中　1961：71-78）

　田中耕太郎は「自由」の概念を用いて人格概念を説明することで，「人間
性の開発」よりも「人格の完成」が教育の目的としてはより適当であること
を示している。それは「人間性の開発」が欲望に基づく自然的人間を意味す
る可能性を有している点にある。こうした田中の言は，彼自身も示している
ようにカント倫理学に依拠しているが，人間が動物と同様に有する本能的な
満足や感覚的快楽というような自然の因果律から切り離され，理性という道
徳的自由を駆使することで，その完全性を教育の目的に据えるべきとの考え
方である。

だがこうした考え方を理解するには「道徳的自由」の意味を正確に知っておかねばならないだろう。試しに，われわれが通常用いる「欲望の自由」という意味を上記の「自由」という語に当てはめてみると，全く読解不能となる。

「人格の完成」と道徳的自由

「自由とは何か」と問われたら，通常は「好きなことをやってよい」という観点から答えるのが一般的である。だがこの自由はあくまでも「欲望の自由」を意味するのであって，ここで理解しておかねばならない「道徳的自由」ではない。

自由について考える場合，まず一番のポイントは「他から拘束を受けない（他から切り離されている）」という点である。例えばある授業で教師が「今から自由時間にする」と言えば，友人と私語をしてもかまわないし，携帯電話を使おうが，飲食をしようがこれこそ「自由」となる。これは，「授業中は私語厳禁，携帯電話の使用は不可，飲食不可」等々の暗黙の規範から拘束を受けなくなることを意味する。

では，道徳的自由とは何から切り離されているのか？　それは，第一には本能や欲望から切り離されていることを意味する。それゆえ，通常語られる「欲望の自由」とは正反対の意味となる。

われわれは腹が減れば腹を満たそうとするし，欲しいものがあればそれを手に入れようとする。その意味で動物と同様に本能や欲望に支配されているが，動物と異なる点は，そこに自らの本能や欲望に逆らう意志，すなわち欲望から拘束を受けない意志の存在があるという点である。たとえどれほど腹をすかせたとしても人様の物には手を付けないというような意志は，本能の拘束から切り離された，人間だけに与えられた意志であり，これこそが道徳的自由の可能性を示すことになる。つまり，動物は欲望という自然本能にそのまま従って行動する以上，道徳的自由はもち得ない。しかし，人間は本能的な欲望から切り離され道徳的自由の想定が可能ということになる。

まずはこうした点から道徳的自由の意味を理解しておく必要があるが，だがこの場合，「もし見つかったら法律によって罰せられるから」という思い

で，「人様の物をとらない」のであれば，それは別の欲望，すなわち「罰せられるのは嫌だ」「人様から後ろ指さされるのは嫌だ」という欲望によって支配されていることになる。それゆえ，たとえ道徳的な行為が行なわれているように見えたとしても，その内面においては欲望によって支配されているわけだから，結局それは道徳的な自由を用いたことにはならない。ひとことで言うならば，自分の欲望というような下心を無くしてこそ，その意志は道徳的に自由になる。これが，カントの言う自然因果律からの独立，すなわち消極的自由というものである。

　さらに道徳的自由には積極的自由と称される「自己立法」という意味も存在する。これは，自然の因果系列から切り離された第一原因という要素が強く，自らが立てた法則に自らが従うという観点である。例えば，伝統や法律が「人様の物をとること」を禁じているから，それに従うというのではなく，自らその規範（格率）を立ててそれに自らが従うという点にある。その規範を立てる際に，自らの意志が因果系列の結果としてではなく第一原因として働くことをいう。すなわち，他律的・受動的な意志規定ではなく，自己立法による能動的な意志規定が自由の積極的意味である。

　このように人格の完成という目的達成のためには，道徳的自由（意志の自律）の存在が不可避となるのである。

「教育理念」としての「人格の完成」

　他人への親切，ボランティア等々の道徳的行為を考えてみた場合，行為としては道徳的に見えるにしてもその内面においては，「他人からよく思われるために」「内申書の成績をあげるために」というような欲望（下心）が存している場合も多々存在する。こうした「他人の目」に支配された行為や下心有りの行為は，欲望に支配されている以上，純粋な道徳的自由の行使とは言いがたい。事実，今日の学校教育（道徳教育）は「他人の目」を意識した道徳や「行為」を中心としたもので，その内面にまで立ち入って論じられていない現実がある。それゆえ，欲望から切り離された道徳的自由の存在を理解しておかないと，単に道徳的に見える表面上の行為のみを促進することとなり，それは人格の完成どころかいわゆる「下心の完成」を推奨することに

31

もなってしまう。

　ところでこうした下心を完全に排除することはわれわれに可能であろうか。たとえ下心を排除しようとする道徳的な自由意志を自ら有したとしても，潜在意識にまで考えを及ぼすとき，下心が完全に排除されたとは言いがたいであろう。その意味で，完全な下心の排除はとうてい不可能である。だがそれはたとえ不可能であるにしても目指すべき理念となる。このように考えるとき，「人格の完成」の不可能性も同様に考えることができる。常に欲望に触発を受ける人間は不完全性を前提とするが，問題なのは，不完全性のままよしとする教育を行うか，それとも不完全性を前提としつつも完全性へと向かう努力を課すかの違いである。田中耕太郎は次のように言う。

　　いやしくも人間である以上何人といえども人格の点において完全な者は存在しない。人間としての一層完全な状態を望み，これに達しようとする努力をすることに人生の意義が存在するのである。教育は完全に対する努力の一種に他ならない。教育思想史上しばしば見受けられる完全性の理念は教育の目標である。それは被教育者の不完全を前提とし，それを一層完全な状態に接近せしめることの教育者の働きである。(田中 1961：78-79)

　このように人格の完成は決して到達できない教育理念ではあるが，欲望から切り離された道徳的自由の行使によって目指すべき究極の教育目的となる。生きる力は学年や年齢に応じて質的な向上をはかることができる。いうなれば，これは「人間性の開発」「人格の向上発展」に該当するものといえよう。それゆえ生きる力とは当面の到達目標であり，理念としての人格の完成ではない。だが，人格の完成は完全態であり，常に己の不完全性を自覚しつつ，「知育，徳育，体育・食育」の向上をはかりながら，たとえ決して到達できないにしても，目指すべき教育理念としての位置づけとして存在するのである[6]。

〈註〉
1 ） 従来は「知育，徳育，体育」という形で教育を表していたが，平成17年の「食育基本法」により「食育」が加わったため「知育，徳育，体育・食育」としている。
2 ） 文部科学省HPでも記されている。https://www.mext.go.jp/a_menu/shotou/new-cs/idea/（2022年 2 月 9 日アクセス）
3 ） 実は「人格の完成」か「人間性の開発」かという問題は何度か変更が繰り返されている。詳細については，杉原誠四郎『教育基本法の成立──「人格の完成」をめぐって』（日本評論社，1983）97頁～145頁を参照
4 ） 第164回国会，教育基本法に関する特別委員会第12号（2006（平成18）年 6 月 8 日衆議院）
5 ） 32頁の田中耕太郎の引用参照
6 ） 本稿の一部は，山口意友『教育の原理とは何か──日本の教育理念を問う』（ナカニシヤ出版，2010）に基づいている。

学修課題

（1）任意の学校・学園を一つ選び，どのような教育理念が掲げられているか，また，その教育理念の特徴は何かについてまとめなさい。

（2）第二次世界大戦を経て，日本の教育理念はどのように変わったか整理しなさい。

（3）調教と教育はどのように違うのか，考察しなさい。

（4）日本の教育の基本構造を「教育基本法」に基づいて説明しなさい。

（5）「人格の完成」について説明しなさい。

（6）「自由」について説明しなさい。

〈引用・参考文献〉
カント／熊野純彦訳『純粋理性批判』（作品社，2012）
小林勝人訳注『孟子』（下）（岩波書店，1972）
齋藤昭『教育的存在論の探究──教育哲学叙説』（世界思想社，1999）
杉原誠四郎『教育基本法の成立──「人格の完成」をめぐって』（日本評論社，1983）
田中耕太郎『教育基本法の理論』（有斐閣，1961）
土山牧民「全人教育論をどう理解するか」（小原哲郎編『全人教育の手がかり』所収，玉川大学出版部，1985）
浪本勝年・岩本俊郎・佐伯知美・岩本俊一編『史料　道徳教育を考える（3改訂版）』（北樹出版，2010）
プラトン／久保勉訳『饗宴』（岩波書店，1965）
ルソー／永杉喜輔他訳『エミール』（玉川大学出版部，1983）
Bollnow, Otto Friedrich. Empirische Wissenschaft und Hermeneutische Pädagogik, in:

Zeitschrift für Pädagogik, 17. Jg. 1971, Nr.5, S. 683-708

第2章　教育の歴史（西洋編）Ⅰ

—古代から近代へ—

　本章では，「教育の歴史（西洋編）Ⅰ」として，古代ギリシャから近代までの西洋教育史を扱う。まず第1節「古代ギリシャ・ローマの教育」では，代表的な古代ギリシャの都市国家（ポリス）と古代ギリシャを代表する教育思想家を，次に古代ローマの教育の教育を特徴づけるフマニタスとアルテス・リベラレスを取り上げる。第2節「中世の教育」では，その拠点となった修道院学校，司教座聖堂学校および宮廷学校を取り上げる。さらに一般諸学の教育となる自由七科や，中世における大学の誕生に迫る。第3節「ルネサンスの教育」では，ルネサンスを代表するエラスムスの教育論，ルターやカルヴァンらによる宗教改革の影響とピューリタンの教育を取り上げる。最後に，第4節では，「近代教育の父」と称されたコメニウスの先駆性に迫る。

第1節　古代ギリシャ・ローマの教育

　ここでは，古代ギリシャ・ローマの教育を取り上げる。ギリシャ・ローマの文化は西洋の最も重要な文化的源泉と考えられており，教育の歴史的変遷においても重要な部分を占めている。それでは，まずはギリシャから見てみよう。

ギリシャ

　紀元前8世紀頃からギリシャ本土に人々の村落共同体の集住シュノイキスモスが発展し，アテネやスパルタなど多くのポリス（polis）が各地に形成された。集住の理由や背景はさまざまであり，例えば，アテネは，アッチカ地方の村落にいた有力者たちが，政治・経済・軍事などを擁すべく中心部に集い居住したことに端を発するとされる。また，スパルタでは，ラコニア地方に侵入したスパルタ人が，先住民を支配すべく集住したことがきっかけとされている。なお，このポリスから，politics（国家を統治する「政治」），politician（「政治家」），police（武装して国家を保護する「警察官」）などの言葉が生まれた。

　ギリシャ国土は平地が少なく，オリエントにみられる王権支配による専制国家が出現しなかった代わりに，大小200ほどのポリスが発展した。ポリスでは，アクロポリス（小高い丘）に建立された神殿を中核に社会が形成されていた。また，丘の麓にはアゴラ（広場，市場）が設けられ，そこでは人々が自由に議論を交わし，やがてそれはソクラテスなどによる哲学の誕生に繋がった。初期のポリスは貴族政であったことからも，ポリスの住民は，市民と奴隷とで構成されており，市民には貴族と平民がいた。当初は貴族層と平民層の対立を内包していたが，商工業の発達にともない，やがて市民たちは裕福となり，結果，政治的な発言力を高めていった。

　裕福になった平民のなかには，重装歩兵となって戦争に参加する者も多く，貴重な戦力であったと同時に，この者たちは政治への参加を求めるようになった。例えば，アテネでは，平民たちの要求によって，独裁政治を未然に

防ぐ陶片追放の仕組みを設け，貴族の政治基盤であった貴族政を解体し，行政単位デーモス（dēmos）を制定した。こうして，紀元前 6 世紀頃には，民主政の基礎が築かれたのである。ちなみに，デーモスは，democracy（「民主主義」）の語源になっている。

　これまで武器を買えなかった下層市民たちも，ペルシャ戦争では三段櫂船の漕ぎ手として活躍したことで，参政権を獲得していった。紀元前 5 世紀中頃には，ペリクレスによりアテネの民主政がさらに推進され，大半の役職が抽選によって選定されることとなり，直接民主政が実現されていった。

スパルタとアテネ

　ポリスの規模，内容はさまざまであり，市民の数も数百から数千が普通であったが，アテネとスパルタは例外的な広域ポリスであった。この二つのポリスは際立った対照をなしている。つまり，「アッチカ地方の村落から成長した有力者たちが，政治・経済・軍事などの必要から中心部に集住した」アテネと，「ラコニア地方に侵入した征服者としてのスパルタ人が，先住民に対する支配体制を確立するために集住した」スパルタという違いが，両者の教育にも大きな差異として影響を及ぼしている。そこで，スパルタとアテネを取り上げ，そこで行われていた教育について確認しよう。

スパルタの教育

　「スパルタ教育」という表現がという形で現代にも残っているが，その実態はどういったものであったか。ここでは，『プルターク英雄伝』のリュクルゴスの項を参考にスパルタにおける教育を概観する。

　スパルタが作り上げた国の制度や教育は，ポリス共同体のなかでもきわめて特異なものであった。スパルタには，ヘイロタイと呼ばれる奴隷と，自由な身分を持ちつつも参政権がないペリオイコイがおり，主に農業や手工業に従事させられていた。その一方で，市民たちは政治と軍事とに専念する戦士団としての役割を担っていた。スパルタ総人口の 2 分の 1 から 3 分の 2 を占めたとされるヘイロタイは，市民の分割地（クレーロス）に住み，農作物を育てそれを市民に貢納していた。そして，スパルタは，このヘイロタイの生

産労働に依存していたことに加えて，たびたびヘイロタイの反乱に苦しめら
れていたことから，ヘイロタイに対する支配を強化すべく，市民を団結させ，
徹底した軍国主義的教育によって強固な閉鎖社会を実現したのである。

　市民の教育として，スパルタでは，男女ともに身体を鍛錬させ，競技等に
取り組ませ，さらに，強壮な男女同士を結合させることで，強健な子供を得
ようとした。子供は全て「国家の子供」とされ，強健な子供として認められ
た場合はクレーロスを割り当てられた一方，虚弱な子供は遺棄されたのであ
る。子供の教育を奴隷に委ねることは許さず，7歳になると，同年齢の仲間
たちとの集団生活に入り，「よく命令に服し，骨折りに堪え，戦って勝つ」
ために厳しい訓練を受けた。なお，実生活に必要となる最低限の読み書きも
学習していた。12歳になると，エイレーン（2歳年長の若者）を指導者とし
て共同生活に入った。スパルタの市民はいかなる生業にも就くことが許され
なかったため，成人後も一日の大半をギュムナシオンやレスケー（閑談所）
で，心身の錬磨に努めるとともに後進の指導にあたった。

　スパルタの優秀な青年たちは，クリュプテイアと呼ばれる一種の秘密警察
的任務を課されることがあった。これは，ヘイロタイの反乱を予防すること
を目的としており，被疑者を暗殺することが仕事であった。また，ヘイロタ
イに強い酒を飲ませて酔態を演じさせ，それを市民の青年に見せつけること
で，市民としての誇り（優越感や差別感）を自覚させるという慣行もあった。

　スパルタの特徴的な教育が成立した歴史的原因は，これまで述べてきたよ
うに，スパルタというポリスの置かれた歴史的社会状況に由来する。スパル
タでは，軍国主義体制下で優秀な兵士の教育が最優先された。スパルタの教
育体制は，スパルタという社会構造が教育のあり方を規定した最も典型的な
例である。そして，そのスパルタの教育は，あらゆる努力が軍事的準備に向
けられており，その筆頭として体育が重視されていたことに特徴がある。強
壮な男女から強健な子供を得ようとし，全ての子供はスパルタの財産と見な
され，出生時に検査を受けて，虚弱な者を遺棄することでその生存権を剥奪
したのである。生きることを許された子供は，7歳から同年齢の仲間のなか
で集団訓練を受け，その後エイレーンからの指導を通して，寝食や苦楽をと
もにすることで一糸乱れぬ集団行動を身に付けたのである。

アテネの教育

　アテネは紀元前 6 世紀におけるソロン，ペイシストラトス，クレイステネスらの指導のもと，紆余曲折を経つつも次第に中・小土地所有市民の民主的政治参与制度を確立した。農産物の自給自足が困難だったことから，果樹類を輸出して穀類を輸入する商業が発展した。実は，この商業と関連しながら都市が発展したことで，アテネは開放的な性格を有するに至った。スパルタとは異なり，征服民が存在していなかったアテネは，海外貿易を通して奴隷を国外から獲得していた。アテネで民主政が確立した時期は，同時に，購買奴隷制が発展した時期であった。アテネの民主政は当然アテネ市民だけのものであり，アリストテレスの言葉を借りれば，奴隷は「生命をもつ道具」にすぎず，家庭を営むことも認められなかった。

　アテネ市民の教育は，各家庭の方針に委ねられていた。立法家たちも市民の教育については特に規定を設けず，健全な家庭生活や社会生活の教育的機能に期待していた。そのため，アテネでは，精神的には愛によって，そして肉体的には良い子供を産むという条件によって結婚が執り行われるべきこと，夫婦間の貞操を堅固に守るべきこと，婚外子や父親からの教育を受けられなかった子供はその父親を扶養する義務を免じられることなどを規定することで，健全な家庭生活や社会生活の維持を図った。

　アテネでは，乳児は母または乳母によって養育され，幼児は母および侍女によって躾けられることが一般的であった。その後，7 歳になるとパイダゴーゴスと呼ばれた学識ある奴隷の監督のもと，私立の教授施設や体操教習所に通い，読み書き，算術，詩の朗吟，音楽（器楽，唱歌），五種競技（跳躍，競走，円盤投げ，槍投げ，角力），水泳などを学習した。また，16 歳になるとパイダゴーゴスの手を離れて公立の体育場であるギュムナシオンでさらに体育や武技の鍛錬に勤しんだ。18 歳に達すると，今度は青年団であるエペーボスに戦士として加盟する。20 歳に成人することで市民権を得て政治に参加できるようになったが，成人後もギュムナシオンに通って心身の錬磨に努めることが求められていた。

　アテネでは，ポリス防衛という重要課題は存在していたものの，スパルタのような被征服民（ヘイロタイ）対策としての軍事力強化に砕心する必要が

なかったことに加えて，立法家たちの改革等が功を奏してアテネ市民による民主政が確立したこともあり，こうした歴史的社会状況が教育に大きく影響した。ギリシャの教育が軍事的なものから大きく変容したきっかけとして，アテネの存在を無視することはできないとされる。

　アテネの教育は，「身体のためには体育が，魂のためには音楽がある」というプラトンの言葉によって如実に表される。なお，この場合の体育とは，スパルタで取り入れられた「軍務の直接的な見習い訓練」ではなく，身体美が理念として目指された。また，音楽は，ムッサ（ミューズ）の女神たちが司るすべての学術・技芸を含むが，直接的には音楽と詩を指しており，したがって声楽と器楽を中核としてはいるが，現代における音楽に比べてより広い意味を持っていた。例えば，詩による教育を通して，音楽は若者の道徳的形成という役割を担った。

　ちなみに，アテネでは，主に言葉を用いる職業人を意味する自由人の教育がパイデイア（paideia）と呼ばれていたことに対し，職人や奴隷を意味する非自由人の教育を技術知を意味するテクネー（techne）と呼ばれ，区別されていた。なお，テクネーは technic（「技術」）の語源である。

　そして，この自由人の教育は，「健全な精神は健全な身体に宿る」という格言にみられるように，心と身体の調和と均衡を目指した善美なる者を意味するカロカガティア（kalokagathia）という理念に基づき，普遍的な知識ばかりでなく人間の徳を育むことを目的とした，知育・徳育・体育を通した人間教育，人格教育を意味した。その具体的な課程は文芸（文法），修辞（弁論），弁証，体育，算術，幾何，音楽，天文などを取り込みつつ，ヘレニズム期には全人教育的な学環として広まった。この時期，自由人の教育はエンキュクリオス・パイデイア（enkyklios paideia）と呼ばれた。

　エンキュクリオス・パイデイアのパイデイアは，パイデウエイン（paideuein）という動詞から派生した名詞であり，動詞形には，「子供を育てる」「教えて訓練する，教育する」「正しくする，矯正する」という意味があり，ペダゴジー（pedagogy，「教育学」）の語源でもある。そして，エンキュクリオスという形容詞は，エンキュクロス（enkyklos）という形容詞と同様に，「循環的な，円形」「円環運動，周期的な」という意味がある。すなわち，

エンキュクリオス・パイデイアとは，教養あるいは学知の円環，つまり，円環的に配列された科目による人間教育が基本的な意味とされる。なお，これは，現代において「一般教養」「基礎教育」などに訳されることを付け加えておこう。また，エンキュクリオス・パイデイアは，encyclopedia（「百科事典」）の語源ともされる。

アテネ哲学の大成

　紀元前5世紀前半のペルシア戦争を経て経済的，文化的発展を享受したギリシャにおいて，特にペルシア戦争で中心的な役割を果たしたアテネは最盛期を迎えていた。当時，アテネでは民主政が大きく発展したが，それとともにソフィスト（智者）と呼ばれる新しい思想家が登場した。ソフィストは啓蒙主義を掲げ，各地からアテネを訪れ，そこを活動の拠点としたことで，アテネの知識人たちに影響を与えた。

　ソフィストは，前金制で師弟関係を結び，職業的教師として市民の教育に従事していた。この時代のアテネは，家柄や財産の多寡に関係なく，言論を支配する者が国政に参画できた。これを受けて，ソフィストの教育内容は，政治的な議論に勝つための実践的な論争術とレトリックを駆使する説得術および話術が中心となった。ソフィストは，さらにあらゆる問題に対応できる博学を追究した学習を理想としたことから，算数，幾何，天文，音楽をも学習に取り入れた。また，詩人に関する批評と，書かれたものの文法も取り入れるに至った。結果，文法，弁証，修辞の三学，そして算数，幾何，天文，音楽の四科の学習へと洗練されていったのである。

　やがて，ソフィストたちの実用的かつ政治的な教育のあり方を批判する者が現れる。ソクラテス（Sōkratēs, 470/469-399B.C.）である。彼は，術の会得を目的とする実用主義（プラグマティズム）ではなく，より道徳的な姿勢で真理を求め，人間性を高める教育を追究しようと試みた。実は，当時のアテネ社会は，詭弁にあふれ，利己主義がはびこり，道徳は廃れ，政治家たちは退廃し，衆愚政治に陥っていた。ソクラテスは，正義と節制の徳が備わるように行動することを論証した。ソクラテスにとって，神のみが智者であり，人間は，到達不可能な目標としての知恵を愛し求める愛知者の立場にあるもの

として捉えられていた。

　ソクラテスは，自己の無知を自覚し，老若，国籍，信条を問わず，あらゆる人々に「真の幸福に目覚めよ」と徳についての対話を始めた。そして，正義と節制の徳が備わるように行動した。ソクラテスが哲学における真理の探究として採用した方法は，対話（問答）であった。共通する徳をめぐり真剣に対話することで，相手を真理に目覚めさせようという試みを，ソクラテスは，出産を助ける産婆にたとえている。かつてのアテネで行われていた教育は，教師が子供の上に立ち外側から知識を注ぎ込む注入主義的教育であった。しかし，ソクラテスは，真理は教師が与えるのではなく，子供たちが自らの力で知恵を開き，魂を向上させる開発主義的教育に取り組んだ。より高い徳をともに探し求める友愛のなかにこそ，ソクラテスの教育があったのである。

　ソクラテスは，誰にでもわかりやすい言葉を用いて，また，わかりやすい事実を使って，目指すべき高尚な思想や徳について対話を続けた。彼にとっては，難解な表現などは教師の自己満足と映った。ソクラテスの考える理想の教師とは，わかりやすい言葉で高度な内容を理解させられる者であった。

　ソクラテスが70歳の時に瀆神罪で告訴され，死刑を宣告された。人間の外面ではなく内面の魂を重視することが，当時のアテネの伝統的価値観を否定すると危険視され，嫉妬と衆愚政治のアテネ社会にソクラテスは翻弄されたのである。余談ではあるが，彼の危惧は現実のものとなり，アテネはソクラテスの死後わずか61年後に，マケドニアに平定され滅び去った。

　ソクラテスを師と仰ぎ，生前彼が公の場で他者を相手にした対話を記録し，『対話篇』をまとめた人物がプラトン（Platōn, 427-347B.C.）である。プラトンが20歳の時にソクラテスに弟子入りし，ソクラテスの死後は国外に師を求め外国を巡った。第一回目のシケリア島旅行から帰国後，プラトンが40歳頃に，アテネ郊外のアカデメイア（Akadēmeiā）に学園を開く。この学園を基盤に，生涯にわたり，アテネの将来を背負って立つ哲学者にして政治指導者の育成のために青年教育に携わる傍ら，多くの著書を残した。ちなみに，アカデメイアは academy（「学校」）の語源であることを付記しておく。

　プラトンは，アテネがまさに危機に直面しているという現状認識から哲学の営みを始めた。一つのきっかけは，前述した師ソクラテスの処刑である。

プラトンは，『第七書簡』のなかで，知的にも道徳的にも優れていたソクラテスが処刑された背景として，本来は市民とポリスが一体であるべきところ，アテネの民主政治では指導者が民衆に迎合した政治を行うほどにアテネの堕落している実態があると記しており，このため彼は政治の道を放棄することになった。プラトンにとって，ソフィストたちによってもたらされる弁論術は，アテネを危険な方向に導いた結果，衆愚政治ひいては僭主政治が生まれる原因とされた。

アカデメイアに設立された学園で，プラトンは，哲学者である政治指導者の育成に携わったが，彼の著書『国家』と『法律』においてそこでの学習課程を提案しているので，見てみよう。まず準備教育として身体のための体育と精神のための音楽が設けられた。ここでの体育とは，スポーツというよりも軍人貴族階級のための戦闘訓練であった。したがって，非常に技術的な教育であったが，さらに医学的な健康法も加えられていた。また，音楽では，体育と結びつく舞踊や歌と楽器を学ばせた。芸術的な学びを通して読み書きを習得することは，詩人の文学の学習につながると考えられていた。理性だけが到達しうる真理の追究を善と結びつけたプラトンは，将来の哲人の素養を測るために神話よりも数学に重きを置いた。これが，アカデメイアの門の入り口に掲げられた言葉「幾何学を知らぬ者，くぐるべからず」の所以である。なお，プラトンが提案した教育課程は，算数，幾何，天文，音楽の四科で構成されていた。

ソクラテス，プラトンとともにアテネの三哲を成す哲学者はアリストテレス（Aristotelēs, 384-322B.C.）である。子供の頃に孤児となったアリストテレスは，17歳の時にプラトンが設立したアカデメイアの学園に入学した。ちなみに，この当時プラトンは既に60歳を迎えており，『国家』を書き上げ，さらに『法律』の執筆を目指して新たな哲学的境位に至ろうとしていた。

アリストテレスは，アカデメイアで20年間にも及ぶ研究に従事した後，さらに別の場所で研究と教育を続行した。やがて，故郷アテネに戻り，郊外のリュケイオンに学園を創設し，12年間にわたって更なる研究と教育に没頭したのである。しかし，アテネで生じた反マケドニアの機運から不敬罪の告訴を受けたため，学園を手放すことになった。

　アリストテレスは著書『ニコマコス倫理学』のなかで，「あらゆる技術も
あらゆる研究も，そして同様にしてあらゆる行為もあらゆる選択も，なんら
かの善を目指しているように思われる」と述べている。つまり，広義の学問
（学術）を含むあらゆる人間的営為は，その目的として善いものを目指して
いると考えたのである。そして，その善いものの究極は最高善とし，これは，
幸福であり善く生き立派になすこととした。そして，人間の善さとは，徳に
基づく魂の活動と規定した。さらに，アリストテレスは，この基づくべき徳
の内実を考察することによって，パイデイア（教育）とは何であり，何を目
指すべきかという問いに対する答えを示せると考えた。アリストテレスに
とって教育の目的とは，幸福であり，具体的には徳に基づいた魂の活動であ
り，教育によって備えられるべき徳とは，思考の徳（思慮深さ）と性格の徳
（中庸）が統合された人間の徳とした。教育を通して，人々が実践的に真で
ある選択にかかわる状態に基づいた魂の活動が可能になると考えたのである。

　以上，アテネにおける哲学者の教育観に焦点を当ててその系譜を辿ってき
たが，最後に一つ付け加えておきたい。ソフィストとの区別を意図して，一
説にはソクラテスまたはその弟子プラトンによって名称として確立したとさ
れる言葉に，フィロソフィア（philosophia）がある。これは，「愛」を意味す
る名詞フィロス（philos）の動詞形フィレインと，「知」を意味する名詞ソ
フィア（sophia）による合成語である。「智を愛する」という意味が込められ
ており，日本語では一般的に「愛智」と訳される。これが philosophy（「哲
学」）の語源である。なお，philosophy を日本で初めて（「希賢学」「希哲学」
という試訳を経て）哲学という訳語を造語した人物は，西周であることも申
し添えておこう。

ローマ

　ここからはギリシャ時代の教育観の影響を色濃く残したローマについて見
てみよう。アリストテレスは，マケドニアの王子の家庭教師をしていた。そ
して，この王子は，後にマケドニア帝国を築き，アレクサンダー大王となる。
この時に，ギリシャの教育はヘレニズム期に引き継がれ，ポリスを越えて地
中海の広範囲へと広がり，ヘレニズム・ローマ文化が花開いた。当時のロー

マには十分な教育体系がなく，そのためギリシャ文化を学ぶことで自身のラテン文化にギリシャ的教育（パイデイア）を取り込んだ。その結果，ヘレニズム期の人間にとって，最も豊かな人格の完成が人生における目標と掲げられるに至り，ギリシャでは子供が大人になるための教育を意味していたパイデイアの意味合いも，全生涯を通じて理想的人間像を実現する教育熱の成果へと変容した。

　基本的な教育を与える公の組織や機関がなかった代わりに，読み書きを教える私塾がローマにはあった。初等教育にあたる私塾において読み書きをこなせるようになると，次に中等教育段階へと進み，文法・文学を学んだ。学習内容は，まず自分用の写本を校定し，意味をつかむ朗読ができるようになると表情を込めた暗唱に，そして具体的な内容の解説と評釈へと進むように構成されていた。さらに，理論的な文法と作文練習という学習がその後に続く。それらは古典作品を知る教養人，ひいてはより高い教養を希求して高等教育へと進むための準備教育としての位置付けであった。なお，当時のローマには，高等教育段階の青年を対象に軍事教練を施す公の教育組織として壮丁団や，アレクサンダー大王の企図したアレクサンドリア図書館が付属していた学術研究機関ムセイオン（Mouseion）が設立されており，私塾における高等教育はこれらの中間に位置するものと考えられた。ちなみに，ムセイオンは museum（「博物館」）の語源である。

　ローマの教育の特徴として，父親は子供に対する絶対的な権力を有することが法的に認められており，教育を子供に与えることは私的な問題として捉えられていた点が挙げられよう。つまり，初期のローマには，組織的な教育方針や教育理念がなかった。そのため，ギリシャ教育の導入こそが，ローマにおける学校の発展の礎であった。しかし，紀元前2世紀半ばに哲学教師と修辞学教師の追放の布告が出されたように，ギリシャ的教育に対する反発も一方では存在していた。

　やがて，流入と反発を経て，ヘレニズム文明とローマの国民的伝統とが融合し，ギリシャ・ローマ的教養の理念が生まれた。共和政ローマ末期に活躍したマルクス・トゥッリウス・キケロ（Marcus Tullius Cicero, 106-43B.C.）は，この理念をフマニタス（humanitas）と呼んだ。キケロによれば，フマニタ

スとは主に教育のある人の知的道徳的洗練さを表現したものであり，さらに著書『弁論家論』において，教養のある雄弁家が哲学者であることが最良と述べつつ，雄弁家として修辞学の重要性を指摘したうえで，この教養のある雄弁家がフマニタスであることを主張している。

　キケロの言うフマニタスとは，ギリシャ的教育パイデイアをラテン語にしたものであり，また，キケロは，ギリシャでプラトンら哲学者によって育まれたエンキュクリオス・パイデイアにアルテス・リベラレス（artes liberales）というラテン語を当てた。これが，後の liberal arts（「リベラル・アーツ」）の起源となる。

　紀元前27年にローマは共和政から帝政へと移行する。この時代は，キリスト教の布教が進められた時期でもある。キリスト教宣教者たちは，ギリシャ的教養を身に付けた有力者や広くギリシャ語を話す者たちに布教する必要があった。そのため，宣教者たちは，哲学を解する教養のある人たちに非難されることがないよう，キリスト教的な教育をパイデイアの理念に近付ける必要に迫られていた。

　帝政ローマ初期は，政治的自由の喪失により，平和と秩序を求める内面的表現の受け皿としての宗教が重要な問題として取り上げられるようになった。紀元4世紀には，コンスタンティヌス帝が，キリスト教を国教に据えた一方で，その後に続くユリアヌス帝は反キリスト教政策を敷きヘレニズムへの回帰を主張した。この時代，ギリシャ的教育を学んだ社会の上層出身者は，キリスト教から一定の距離を置いていた。そこで，キリスト教は，キリスト教的教育の概念を確立させ，なおかつギリシャ文化をキリスト教に融合させようと解釈的試みに着手した。かつてプラトンが神と真理を等価としたことを受けて，キリスト教的教育においては，神の子であるキリストこそが人類の新しい教師であり，彼こそが真の教育と位置付けたのである。そして，聖書の研究を通して，神に至る人間の変容を謳い，結果，ギリシャ的教育が人間の形成を目指したことに対して，キリスト教的教育では，人間の変容がその目標となった。

まとめ

　本節では，ギリシャからローマに続く歴史的蓄積を，教育という視点で概観した。特に，円環をなす教育と訳されるエンキュクリオス・パイデイアは，ギリシャ的教育と称されつつも，ローマに入って更に洗練されアルテス・リベラレスやフマニタスといった概念へと結びつけられた。しかし，ローマにおけるヘレニズム文化がキリスト教的文化に取って代わられるなかで，ギリシャ的教育が色濃く残っていたアルテス・リベラレスも，やがてキリスト教的教育との融合を経て，人間の変容を目指すことを目標に掲げるようになった。これが，その後の変遷を経て，どのようにして今日におけるリベラル・アーツ，自由学芸，あるいは日本における一般教養の考え方へと引き継がれたかは，ぜひ各人で調べてみてほしい。

第2節　中世の教育

中世という時代

　「中世」とは，西洋の歴史において，古代と近世あるいは近代の間にある約1000年間を指す。西暦476年の西ローマ帝国の滅亡から，1453年の東ローマ帝国滅亡までである。「中世」という呼び名は，イタリアのペトラルカ（Petrarca Francesco, 1304-1374）が，古代ギリシャ・ローマ時代とルネサンスに挟まれた時代として用いたとされている。つまり，ヒューマニズムが花開いていた古代とルネサンスに挟まれた時代，という意味である。それは「暗黒の時代」として否定されるべき時代としての意味合いを含んでいた。この「暗黒の時代」と考える風潮は，いまだ根強い。ただし，現代では，新しい文化を生み出した時代としての再評価がなされている。

修道院学校と司教座聖堂学校

　中世における教育について影響力をもったのは修道院であった。

　修道院とはキリスト教において，修道士がイエス・キリストの精神に倣って，祈りと労働を共同生活において行う施設である。「祈りかつ働け」がそ

47

の精神であった。

　中世における代表的な修道院は，聖ベネディクトゥス（Benedictus de Nursia, 480頃 -547）が，529年に創設したモンテ・カシノ修道院である。この修道院の戒律は，西方修道院の基準となった。戒律として，修道士は独身・清貧・服従に甘んずべきであった。さらに，特別な許可無くしては，修道院を離れてはならない，という戒律が加わった。

　その結果，修道院には生活に必要なあらゆるものを備えなければならなくなった。例えば，畑，川，井戸，かまど，台所である。修道士は，自分たちの仕事を自分たちでしなくてはならなくなった。耕作，伐採，料理，配膳などである。一日の日課は，耕作，個人的な祈祷と黙想，集団的な讃詠と読書，研究，食事，睡眠であった。特に，読書，研究は修道士たちの大切な義務となった。必然的に，修道院には図書館，そして付属の学校ができた。修道院には修道士養成，聖職者養成，そして，一般の子供たちを教育する学校を備えていた。これが修道院学校（あるいは修道院付属学校）である。

　修道院学校は，現代では，カトリック修道士会の経営する私立の初等・中等学校としても続いている。

　修道院学校と並んで，当時，大きな役割を果たした教育機関として，司教座聖堂学校があった。

　司教座聖堂学校とは，主に聖職者養成を目的とする，司教座聖堂付属の学校である。司教座聖堂とは，カテドラル（大聖堂）のある教会である。教区全体の母教会である。修道院学校が田舎の学校であったのに対して，司教座聖堂学校は都市の学校であった。8世紀頃，司教座聖堂学校として最も栄えていたのは，イングランドにあったカンタベリーとヨークの司教座聖堂学校であった。

カロリング・ルネサンス

　768年カール大帝（Carolus Magnus, 742-814）が王位につく。ここからの数十年を「カロリング・ルネサンス」と呼ぶ。ただし，わずかなエリートのためであったので，ルネサンスと呼べない，との評価もある。

　カール大帝は教育改革を行った。カールは，782年，イギリスのヨークに

ある司教座聖堂学校の校長を務めていたアルクイヌス（Alcuin, 735?-804）を招聘した。そして，首都のアーヘンに宮廷学校を開設させた。宮廷学校には，王侯貴族の子弟が入学した。宮廷学校には，将来の聖職者を希望する人材が集まった。カール大帝も入学した。

　さらにカール大帝は，修道院学校や司教座聖堂学校に，積極的に教育に携わるように求めた。

　宮廷学校は次第に高等教育機関としての機能を果たしていくようになった。また修道院学校と司教座聖堂学校は中等教育機関としての機能を果たしていった。

　カール大帝とアルクイヌスの教育改革は，急速に普及する。学校には，宗教だけではなく，一般諸学についての教育を奨励した。どの学校も読み・書き・算術を教えた。トリウィウム（三科），つまり，文法学，修辞学，弁証法（論理学）などを教える学校もあった。これらは「雄弁なる人」になるために必要な学問であった。

　さらに，著名な修道院学校では，クアドリウィウム（四科），すなわち算術，音楽，幾何学，天文学を教えるところもあった。それは「学識の人」になるために必要な内容であった。

　精神科学あるいは形式科学としてのトリウィウムと自然科学あるいは実質科学のクアドリウィウムをあわせて，自由七科と呼ぶ。いわゆるリベラル・アーツである。これらの科目は，すでに古代から存在していた。それがこの時代に整理された。

　自由七科の「自由」とは「自由人が学ぶにふさわしい諸学」を意味する。自由七科のルーツである古代ギリシャでは，例えば，農耕術のような実学を「奴隷の学」と呼んでいた。それに対し自由人（市民）は総合的判断能力を身につけなければならなかった。そのための学問が自由七科である。

イスラム文化による科学・数学の興隆

　11世紀以降，東方へのイスラム勢力の進出に対して，東ローマ帝国皇帝が，ローマ教皇に依頼し，聖地奪還のための十字軍を組織した。十字軍の遠征は13世紀まで，数回あった。

　その結果，教会や封建領主は力を失った。大都市の商人と提携する国王が力を伸ばした。

　また，西方と東方の流通が盛んになり，東方から優れた文化が入ってきた。イスラム文化がラテン語に翻訳されたのである。ラテン語は，当時のヨーロッパにおいて，知識人たちの共通語であった。流入してきた文化とは，例えば，それはイスラムの進んだ科学であったり，アラビア語に翻訳されていた古代ギリシャの学問であった。特に，アリストテレスの哲学は，中世の学問の体系化に大きな役割を果たした。アリストテレスの再発見がなされたのであった。中世における第二のルネサンスである。

大学の創設とスコラ学

　こういった動きは，12世紀初頭の大学の創設につながった。

　最古の大学は，北イタリアのボローニャ大学であった。11世紀後半に，法律を学んでいた学生たちの自治団体を起源にもつ。ボローニャ以外から集まってき学生たちが学生組合「ウニヴェルシタス」universitas を組織した。これは，そのまま university（「ユニバーシティ」）の語源になっている。

　12世紀にはパリ大学が成立した。この大学は，パリの私塾を開いていた，主に，自由七科リベラル・アーツを教える教師たちが結成した組合を起源にもつ。その組合は「パリの教師と学生のウニヴェルシタス」となり，大学の自治と自律の権利を獲得した。

　大学は，学生や教師たちがそれぞれの権利や生活を守るために作られた組織であった。その組織の範は，商人や職人の組合であるギルドにあった。ギルドとは，親方 master・職人 journeyman・徒弟 apprentice からなる免許皆伝システムである。当然，教育システムとして機能していた。

　大学の教育課程は自由七科を基礎とし，専門学部として神学・医学・法学であった。基礎的な自由七科を扱う学部を，当時「芸術学部（リベラル・アーツ）」と呼んだ。現在でいう人文学部（文学部）である。それを修めた後，専門学部へと進むシステムであった。13世紀半ばには「芸術学部」は哲学部へと転換した。

　大学へ進むための準備課程としてラテン・グラマー・スクールがあった。

ラテン語などの古典語を学ぶ機関である。

　神学は，中世を代表する学問であった。神学とは，端的に言えば，キリスト教の教理や信仰について研究する学問である。中世ではスコラ学として発展した。

　スコラ学は学問の方法論である。すべての科目において，授業では「原典」を用いて，講読と討論を行った。例えば，論理学と哲学はアリストテレスの著作を用いた。

　スコラ学は，「スコラ哲学の王」トマス・アクィナス（Thomas Aquinas, 1225-1274）によって大成する。トマスは，キリスト教の教理を，アリストテレスの哲学によって学問体系化した。その集大成が『神学大全』であった。

　中世第三のルネサンスである。

第3節　ルネサンスの教育

ルネサンスという時代

　ルネサンスは一般に「文芸復興」あるいは「学芸復興」と訳す。もともとは「再生・復活」を意味する言葉である。この言葉は歴史家ブルクハルト（Jacob Burckhardt, 1818-1897）の『イタリア＝ルネサンスの文化』（1860年）によって定着した。14～16世紀にかけて，イタリアを中心に起こった文化運動である。背景にはイタリアの地中海貿易による経済発展があった。商人たちは自由な経済活動を求め，伝統的な体制の枠を出ていった。豊富な物資により，人々は来世の心の平安よりも，現実の生活を大切にしはじめた。

　基本的な思潮は古代ギリシャ・ローマの学問・芸術の復興にある。古代ギリシャ・ローマの人間中心主義（ヒューマニズム）の復活を成し遂げた。つまり神中心から人間中心への変容であった。この時代に，優れた芸術家，文学者，そして思想家が数多く出現した。やがて，それはヨーロッパ各地へと広がっていった。さらに，それは宗教改革へとつながっていく。また，新航路の発見などを成し遂げヨーロッパ文化が世界進出を促進した。大航海時代である。このような意味から，ルネサンスを近代の出発点ととらえる見方が

ある。

　他方，ルネサンスを中世の範囲において捉える立場もある。つまり，中世におきた三つのルネサンスに続く四つ目のルネサンスと見る立場である。その場合，イタリアを中心とするルネサンスは，西洋史上では最も大きなルネサンスであったため，英語表記では定冠詞"the"をつけ"the Renaissance"と表記するのだという。

　ルネサンスにおける人間中心の思潮は，芸術，文学，思想に影響を与えた。芸術では，ダ・ヴィンチ（Leonardo da Vinci, 1452-1519）やミケランジェロ（Michelangelo Buonaroti, 1475-1564）といった数多くの巨匠を生んだ。その先駆となるジョット（Giotto di Bondone, 1267-1337）はルネサンス美術の三要素として，人体把握・空間性・感情表現を重視した。ラファエロ（Raffaello Santi, 1483-1520）の『アテナイの学堂』は，そのひとつの到達点となっている。

　文学では，ヒューマニスト（人文主義者）と呼ばれたペトラルカ（Francesco Petrarca, 1304-1374），ダンテ（Dante Alighieri, 1265-1321），ボッカチオ（Giovanni Boccaccio, 1313-1375）などが活躍した。また，シェークスピア（Wiiliam Shakespeare, 1564-1616）やセルヴァンテス（Miguel de Cervantes, 1547〜1616）なども活躍した。

　思想においてはマキャベリ（Niccolò Machiavelli, 1469-1527）が『君主論』を著した。他に，トマス・モア（Thomas More, 1478-1535）の『ユートピア』，モンテーニュ（Michel de Montaigne, 1533-1592）の『随想録』など，枚挙に暇がない。

　いずれも，古代ギリシャ・ローマの古典教養に基づき人間に注目をしている。ここにルネサンスの特徴がある。

ルネサンスと教育

　このような時代において，教育も当然ながら大きな影響を受ける。現代においても教育の原理となる事柄が生まれた。経済が発展し，現世への関心が高まれば，当然，人間とりわけ子供およびその教育が課題となる。ルネサンスにおいて，子供は「特別に高貴な場所」を占めていた。子供は国家の未来を開く鍵を握る存在であった。それは早期教育の重視につながった。

　この時代の代表的な事例としてエラスムス（Desiderius Erasmus, 1466-
1536）の教育論をとりあげてみよう。

　エラスムスはオランダのロッテルダム出身の人文学者，カトリック司祭，
神学者，哲学者である。古典教養に基づく書籍により当時の教会を批判した。
『痴愚神礼賛』（1511）である。彼は宗教改革の先駆となった。ただし，宗教
改革者に対しても批判的であった。育児や教育に関する著作も多数ある。代
表的なのが『子供たちに良習と文学とを惜しみなく教えることを出生から直
ちに行なう，ということについての主張』（1529，以下『主張』）と『子供の
礼儀作法についての覚書』（1530）である。

　特に『主張』では教育の原理や意義を語っている。エラスムスの言葉に耳
を傾けながら，ルネサンス時代の教育観について考えていこう。

　エラスムスはヴェルギリウス（Publius Vergilius Maro, 70-19B.C.）の格言を
引きながら，こう述べている。

　　自然が人間に子供を与える時には，単なる何も持たない塊であるのです。
　　どの点においても従順で随従する素材を最良の状態に形づくることが人
　　間の責任なのです。もしも無為に時を過ごすのでしたら，その人は野獣
　　を育てることになります。もしも注意深くあれば，敢えて言うならば，
　　その人は神のごとき人物を育てることになります。子供には生まれると
　　すぐに人間に固有のものを教えることが出来るのです。それ故に，ヴェ
　　ルギリウスの格言に従いますと「幼い時期からすぐに，あなたの労力を
　　優先的に使いなさい」と言うことです。蝋は柔らかいうちにすぐに細工
　　をしなければなりません。つまり，まだ湿り気のあるうちに陶土を形作
　　らなければならないのです。

　子供は形の整っていない肉の塊である。だから，この子供を，野獣（動
物）のようにしてしまうか，神のようにすばらしい人間にするかは，親の責
任である。

　ここでいう「蝋」とは「蜜蝋（Beeswax）」である。「蜜蝋」はミツバチの
巣を構成する蝋を精製した物質をいう。中世ヨーロッパでは教会のろうそく

に用いた。その特性は，どのような形にもできる柔らかさにある。このような捉え方は，来たる「子供観の変容」への先駆であった。

　さらに，注目すべきは，教授における「遊び」の重要性と，体罰への反対を表明している点である。

　教師およびその体罰について『主張』ではこう批判している。

　　まだ四歳になったばかりの子供がすぐに読み書きに関する学校に送り込まれるということがあるのですが，そこの場所においては無知で，粗野で，ごく僅かの思慮の徳しか有していない教師によって管理が行われているのです。（中略）「そこは，学校ではなく，拷問部屋なのだ」と言われております。その側においては，鞭の音の響きとか，泣き叫ぶ声やすすり泣きの声とか，嫌悪すべき彼等の脅かしの声しか聞こえてこないのです。このことから“勉学は嫌悪すべきもの”と言うことを子供が学ぶことはないでしょうか。その嫌悪が一度でも幼き精神に付着すれば，間違いもなく，人は成人した後にも勉学を憎む行為を示すようになるのです。

　体罰およびそれを行う教師，ひいては学校を痛烈に批判している。学校を「拷問部屋」とすら呼んでいる。これが，「勉学は嫌悪すべきもの」へと子供を導いてしまうのである。これにはエラスムス自身の学校体験もあったのだろう。

　ではどうすれば「嫌悪」ではなく「愛好」するようになっていくのだろうか。エラスムスは「子供たちに学問を快いものとさせる方法」について「教師の技術」を挙げている。それは子供を惹きつけるような「遊び戯れ」の要素の導入である。

　　それは古代の作家によって幾つかの事例で明示されております。ある者は，語の形を子供たちが好物にしている菓子で作りました。その文字菓子を貪るように食べるためでした。その文字の名を答えると，その子供は文字菓子を食べることが出来るのでした。他の者は，アルファベット

の文字の形を象牙で作りました。それはそれを使って，子供を遊び戯れ
させるためです。また，もしもそれ以外のものがあればそれを特に使っ
て子供を惹きつけたものでした。

　鞭，脅迫，そして罵詈雑言という，それまでの教師のやり方に対して「遊
び戯れ」を提案している。エラスムスによれば「遊び戯れと子供時代とは類
縁的」だからである。

宗教改革

　ルネサンスと同時期に起こった運動が宗教改革である。ルネサンスと同様
に，近代の出発点と言ってよい。それは，一人ひとりが聖書に記された神の
救いの言を読み，純粋な信仰をもつべきである，との基本思潮をもつ。それ
が近代的な自我の自覚へとつながった。

　歴史的な基本的事項としてはこうである。

　16世紀に，教皇レオ10世が，聖ピエトロ寺院の改築に伴う資金集めのため
に贖宥状（免罪符）を大々的に発行した。贖宥状とはカトリック教会が販売
した罪の償いを軽減する証明書である。本来，キリスト教徒が犯した罪は，
①犯した罪を悔いる（痛悔），②司祭に告白する（告白），③最後に償いをす
る，によって赦された。これに対し，十字軍時代（1096〜1270）から，お金
を払って，贖宥状を買えば，赦される制度ができた。

　このような教会のあり方に対して，ドイツの僧侶，マルティン・ルター
（Martin Luther, 1483-1546）が，1517年に「九十五ヶ条の論題」を発表した。
ルターは「聖書のみ」（sola scriptura）「恩寵のみ」（sola gratia）「信仰のみ」
（sola fide）を主張した。この動きは，諸侯，騎士，市民，農民にまで広がり，
そしてやがてはヨーロッパ全土を巻き込む運動へと発展した。プロテスタン
トの誕生である。

　「聖書のみ」とは概ね次のような主張である。聖書がキリスト教の真理の
唯一の源泉である。したがって，一人ひとりが聖書に記された神の救いの言
を読み，純粋な信仰をもつべきである。これはローマ・カトリック教会の権
威による聖書解釈や儀式をしりぞけた。

「恩寵のみ」「信仰のみ」とはこうである。十字架上において人間の罪を贖ったイエス・キリストへの信仰によってのみ，人間は赦される。義とされる。キリスト者は，神の救いを，感謝をもって受け入れ，神の恵みへの信仰によってのみ，義しき人として生きられる。

　この二つの主張は「万人祭司」という主張につながる。それは，特権的な身分である聖職者の権威を否定する。全てのキリスト者が平等であるとする。全てのキリスト者は教会の権威や教義から自由である。万人は自己の信仰心によって直接，等しく神と関わる神の司祭である。近代的な自由な個人という自覚へとつながった。

　これらに基づき，ルターは，一人ひとりが『聖書』に記された神の救いの言を読み，純粋な信仰をもつべきであるとした。そのため，『聖書』をドイツ語に翻訳した。それはグーテンベルク（Johannes Gutenberg, 1397頃-1468）の活版印刷術により，広まっていった。

宗教改革と教育

　一人ひとりが『聖書』に記された神の救いの言を読むのであれば，それは読む力を前提とする。当然ながら，子供の教育への関心につながっていく。ルターは『ドイツ全市の参事会員にあてて，キリスト教的学校を設立し，維持すべきこと』（1524）を記した。また，『人々は子どもたちを学校へやるべきであるという説教』（1530）を著している。さらに，そのテキストとして大・小 2 冊の『カテキズム』を著した。学校を建て，そこに子供たちを通わせようとしたのであった。

　当時，教師たちは生徒から直接に授業料を徴収していた。そのため生徒の増減により生活が不安定であった。ルターは教師の収入安定のために，没収した財産を管理する共同金庫を財源として，教師たちに割り当てた。これにより教師は公務員となった。テキストが『カテキズム』であったので，確かに宗教的な制約があった。しかしながら，そこに義務教育の原型ができたのであった。

　ルターの宗教改革に先立ってカトリック教会批判運動があった。イギリスのウィクリフ（John Wiclif, 1320頃-1384）やボヘミアのフス（Jan Hus, 1369頃

-1415），イタリアのサヴォナローラ（Girolamo Savonarola, 1452-1498）である。特に，ウィクリフは英語訳を試みた。

　宗教改革は，『聖書』の「世俗語」への翻訳を促進した。これには，ラテン語ではなく「世俗語」をとおして『聖書』を読めるようになったという意味がある。選ばれた者だけが読める言語から，民衆が読める言語への翻訳であった。それは後世，初等教育の普及に大きな影響を与えた。

宗教改革の影響

　他の代表的な宗教改革者として，カルヴァン（Jean Calvin, 1509-1564）やツヴィングリ（Huldrych Zwingli, 1484-1531）等がいる。

　特に，カルヴァンおよびカルヴァン派（改革派）の教会はジュネーブを拠点として改革運動をすすめていった。後に，フランス（ユグノー派），オランダ（オランダ改革派），イングランド，スコットランド（長老派）へと広まっていった。そして，後にアメリカにも広がっていく。

　プロテスタンティズムの特徴のひとつに「原罪」の強調がある。当時の子供観を理解するために重要なので触れておこう。

　「原罪」とは概ねこういう意味である。『旧約聖書』において，蛇にそそのかされたエヴァとアダムが，禁じられた木の果実を食べた行為によって，負った罪をいう。その子孫である人類もこの罪を負っている。

　カルヴァン主義ではそれを強調する。「救い」について人間の意志は無力である。「救い」も「滅び」も神の主権による予定のうちにある，とする。いわゆる「二重予定説」である。つまり，「救い」も「滅び」も決まっている，という説である。

　それをまとめているのが"TULIP"である。

　　Total depravity　人間は原罪を負っている
　　Unconditional election　その人間が救われるかどうかは神が予定した定めによる
　　Limited atonement　その定めにより限られた人間に恩寵としての救いがある

Irresistible grace　その救いによって回心した人びとが聖徒としてこの
世を忍耐強く生きる
Perseverance of the saints　このような聖徒が自発的に集まって契約す
る場が教会となる

　当然，当時の子供観は原罪観に基づく。これは，アメリカに移住した
ピューリタン（清教徒）にもつながっていく。
　ピューリタンとは，イギリスのプロテスタントの一派である。1534年，イ
ギリス王ヘンリー8世（Henry Ⅷ, 1491-1542）の離婚問題により，ローマ・
カトリック教会から分離した。それを機に，宗教改革が起こった。そこに生
まれたのがピューリタンである。ピューリタンは，その後国内において迫害
を受けてジュネーブに避難した。ジュネーブにおいて彼らはカルヴィニズム
の影響を受けた。エリザベスの中庸政策の時代に帰国するも，その後再び迫
害を受けた。そのなかで，国内において革命を起こしたグループと国外に新
天地を求めたグループがあった。前者が非分離派，後者が分離派である。

植民地アメリカの教育

　哲学者のF.ベーコン（Francis Bacon, 1561-1626）は，『知識の礼賛』（1592）
において，ルネサンス期の科学的な進歩をこう評価している。
　「印刷術，火薬，羅針盤が世界をいかに変えたかに思いをいたすがよい。
人間の卓越性は知の中に隠れている。」
　「印刷術，火薬，羅針盤」というルネサンス時代の科学技術の進歩はヨー
ロッパ文化の世界進出を促した。
　そのなかで最も大きな出来事のひとつがアメリカ植民地である。
　アメリカの歴史はいつ始まるのか。いわゆる，現在のアメリカの歴史は
1492年に始まる。この年に，コロンブスがアメリカに到着した。ただしコロ
ンブスが到着した頃のアメリカ大陸には，中・南米に1500万人，北米に100
万もの先住民族がいた。2万〜3万年の歴史があった。
　私たちが，一般に「アメリカの教育」と呼ぶのは，ヨーロッパ人たちが移
植したヨーロッパの教育を起源とする。それが，アメリカにおいて独自の発

展を遂げたのである。また，地域的に，特に北米を指している，そこは特に
イギリスの影響を強く受けている。

植民地時代初期の教育

　植民地には，さまざまなヨーロッパ人が移住した。北部にはピューリタン
たちがやってきた。中部にはかつてオランダ人が入植していたし，イギリス
以外の地域からの移民もやってきた。南部には金持ちのイギリス人開拓者や
年季奉公人がやってきた。その後アフリカ人奴隷がやってきた。

　こういった植民地において共通するのは，宗派の違いはあるものの，キリ
スト教であった。

　ここでは，最も特徴的であり，植民地時代の教育の性格を決定づけた
ピューリタンの思想を見ていこう。

　北部ニューイングランドのピューリタンたちの植民地は，アメリカ社会の
原型である。ピューリタンは自らの信仰を貫くためにアメリカにやってきた。
ピューリタンの信条は前述した"TULIP"である。

　1630年に，ジョン・ウィンスロップがピューリタン（会衆派）を率いて，
マサチューセッツ湾植民地を建設した。植民地の政府はピューリタンが支配
し，確立教会は会衆派であった。彼らにとっての教育目的は，当然，よき公
民としての教会員を育てるところにあった。

　1636年には，牧師を養成する機関としてハーヴァード・カレッジが設立さ
れた。いわば，教育目的を達成するための指導者養成である。

　1642年には，マサチューセッツ立法府が両親および雇主に対して，その支
配下にある子供たちの教育に関心をもつように要求した。しかも，それに反
した成人には罰金を科するという法令を出した。これが最初の義務教育
（compulsory education）の法令である。両親は子供たちの教育を軽視できな
くなった。

　ただし，この法令による学校の設立はなかった。この法令の意図は，子供
たちを保護する責任のある成人に教育の義務を負わせるところにあった。

　1647年，立法府は，学校の設立を義務づける法令を可決した。その内容は
概ね次のようである。50家族以上の町（タウン）に読み・書きを教える教師

を任命する。100家族の町には，大学への入学準備のためにラテン・グラマー・スクールを設置する。その教師のもとに通う子供たちの費用を両親が払うか，タウン・ミーティングが決めた場合には公的に支払う。これがタウンスクールである。タウンスクールは，後の公教育制度の原型となった。学校の設立に対して，州政府が権限をもった。

　植民地時代の初等教育は，数週間から1年であった。中等教育に進む子供たちは，初等教育を7歳か8歳までに完了した。他方，進学しない子供たちは読む能力を12歳くらいまでに身に付けた。

　中等教育はラテン・グラマー・スクールで行われた。ギリシャ語とラテン語といった古典語の教育であった。ハーヴァードに入学するためには，ラテン語とギリシャ語の能力が必要であった。それは，100年後でも同様であった。後の，イェール大学（1701年創立）やプリンストン大学（1746年創立）においても同様であった。

教科書としての『ニューイングランド・プリマー』

　さて，ピューリタンの教育は，その信条に基づき，カルヴァン主義的な，厳格な子供観を形成していった。それは，神の力と怒り，原罪，神の尊厳と畏怖，神の戒律への服従，両親および長上者の権威への服従を強調した。

　こういった子供観は「子供は生まれながらに悪（罪深い存在」であるという信念を植えつけるために，権威的な教育を正当化した。つまり，子供は罪を犯しがちである。だから統制しなくてはならない。そのために，神の律法を破ることへの恐怖と罪に対する畏怖を子供に植えつけた。恐怖と訓練と服従によって，教育方法を形成した。

　このような教育のあり方を端的に示す資料がある。それが『ニューイングランド・プリマー』である。植民地時代から使われていた絵入りの教科書である。アメリカ建国以前，1680年代に作られ，19世紀後半から，場合によっては20世紀になってもなお用いられていた。アルファベットを学ぶために用いられた教科書である。『世界図絵』のように挿絵があり，アルファベットを，韻を踏んだ文を読みながら学ぶのである。『ニュー・イングランドプリマー』は，初等教育において，自国語の読み書き，宗教信仰の基礎の教授に

用いられた。

　ただし，内容的には，明らかに宗教書であると言ってよい。

　少し立ち入って，『ニューイングランド・プリマー』の構成を紹介しておこう。

　最初に，アルファベット大文字・小文字，ab, ac, ad…eb, ec, edといった音節の表（ホーンブック）がある。次に，単語の表がある。ほとんどが，道徳的・宗教的な性質の単語であった。

　その次に，有名な挿絵と韻を踏んだ短文がある。

　アルファベットの最初のAには "In Adam's Fall We sinned all." 「アダムの堕落によって，我々は皆罪にまみれた。」とあり，原罪を強調している。そのなかでFには "The idle Fool Is whipt at school." 「怠け者の馬鹿者は学校で鞭打たれる。」とある。恐怖と訓練と服従という教育方法が，日常的な体罰容認をうかがわせる。

　その後に，道徳的教訓，主の祈り，使徒信条，十戒，聖書の名称，「ウエストミンスター小教理問答」と続く。

　また，多くの版にはジョン・コットン（John Cotton, 1585-1652）による「聖書の乳房から，アメリカ幼児の魂の滋養のためにしぼられた精神的乳」（SPIRITUAL MILK FOR AMERICAN BABES, Drawn out of the Breasts of both Testaments, for their Souls Nourishment）がある。これを学習し，子供は，自分が罪にまみれていること，その本性が自分を罪と戒律への破壊へ向かわせること，その罪の報いが死と永劫の罰であること，を学んだ。

第4節　「近代教育の父」コメニウス

　三十年戦争によって混迷の最中にあった17世紀ヨーロッパにおいて，近代教育の成立に寄与したのは，モラビア生まれ（現在のチェコ共和国東部の地方）のコメニウス（Johann Amos Comenius, 1592-1670）であった。

　コメニウスの家庭は，プロテスタントから生まれたボヘミア同胞教団に属していた。10歳の頃に両親と姉妹を失い孤児となり，12歳の頃から父方の叔

母のところで養育されることとなる。初等教育は，ボヘミア同胞教団付属の学校にて受け，16歳になった時にラテン語学校へ入学した。ラテン語学校を終えてからは，カルヴァン派のヘルボルン大学において，あらゆる知識を国民に普及させることを唱えた百科全書主義に属するアルステット（Johann Heinrich Alsted, 1588-1638）教授のもとで学んだ。これはコメニウスの教育思想形成に大きな影響を与えたと言われている。その後も，ハイデルベルク大学などの留学を経て，教師や牧師としての職を得た。

　三十年戦争が1618年に勃発し，1622年には妻と2人の子を疫病にて失う。1627年に，カトリックを唯一の宗教として宣言したカトリック強化政策により，コメニウスはポーランドへと移住を余儀なくされる。隠遁先となったポーランドのリッサ（現在のレシュノ）は，ボヘミア同胞教団からの難民を多く受け入れており，コメニウスはこの期間に，ギムナジウムでの教職の傍ら，教育学研究に励んだ。彼の教育思想における主著，『大教授学』（Didactica magna）の基礎は，この期間にチェコ語で著され，後にラテン語で出版されることとなる。また，コメニウスはこの時期に，全ての学芸に通ずる汎知学（Pansophie）の普及という考えを発展させた。1641年から，三十年戦争終結の1648年まで，コメニウスは，イングランド，スウェーデンなどを遍歴し，戦争終結後にポーランドに戻り，ボヘミア同胞教団の主席牧師として宗教活動に従事する。1650年代前半は，ハンガリーにて，汎知学を基盤にした学校のカリキュラム作成やその経営に携わり，その後ポーランドに戻る。コメニウスの遍歴はこれで終わりではなく，またもや，カトリックとプロテスタントの軍事衝突のため，最終的に，アムステルダムがその遍歴の最終地となった。アムステルダムにおいては，彼の教育学的著作をまとめた，『教授学著作全集』を1657年に出版し，そのなかで『大教授学』がラテン語で出版された。また1658年には世界で初めて図絵を使用した教科書『世界図絵』を著した。1670年，78歳にて，故郷の土を再び踏むことなく，アムステルダムにおいて没することとなった。

　以上のように，コメニウスの生涯を概観すると，戦争状態による苦悩が，彼の問題意識と宗教・教育活動と深く結びついていることが指摘される。このような人生を歩んだコメニウスの教育思想は，平和主義と深く結びついて

いる。コメニウスは，戦争により破滅へと向かう世界を救うためには，青少年を正しく教育するほかないと考えた。例えば，『大教授学』において述べているような「キリスト教国家に，闇と混乱と分裂がいよいよ少なくなり，光と秩序と平和と平安とがいよいよ多くなる方法」（コメニュウス 1966：14）を発見することを生涯通して求め続けたのである。

コメニウスの子供観と教育観

　以下においては，コメニウスの子供観と教育観を概観していこう。彼は，キリスト教的な人間観から出発しており，『大教授学』の第一章の表題は，「人間は，被造物のうち　最高の・最も完璧な・最も卓越したものであること」（コメニュウス 1966：49原文ママ）とある。また，人間の究極的な目的は，現世の外にあり，現世での学びの目的は，死後の永遠の生命のためにあるという点も，彼のキリスト教的人間観を色濃く反映している。しかし，コメニウスは，人間が生まれた時点で完璧な存在であるとは捉えておらず，人間が，人間になるためには，人間として形成されなければならないと強調している。死後の永遠の命に至るために，人間が現世で獲得せねばならないものとして，コメニウスは，知識，徳，そして敬虔な心をあげている。知識や徳や神への敬虔な心の「種子」（コメニュウス 1966：81）はすでに自然が与えてくれていても，それらそのものは，「祈りにより，学習により，行ないによって」（コメニュウス 1966：81原文ママ）獲得されるものであると説くのである。

　上述した意味において，コメニウスにとって，教育は万人に必要なものとして捉えられていた。彼の，教育学における主著は，まずもって，1657年にラテン語で刊行された『大教授学』である。コメニウス自身の生涯からも明らかなように，当時の学校においては，万人に対する平等な教育機会は保障されていなかった 。階級，性別，宗教などによって，教育形態もその質もさまざまであった。このような背景から，『大教授学』は，「あらゆる人にあらゆる事柄を教授する」（コメニュウス 1966：13）を目的に著されており，その重要な点は次のような点であろう。

　1．教育史上初の体系的な教授法・教育方法を示そうとしたこと。

　2．子供の教育方法として，抽象的思考から学びを出発させるのではな
　　く，感覚的事物の認識から出発する「直観教授」を重要視していたこ
　　と。
　3．初めて，階梯的な学校制度の構想を打ち出したこと。
　4．階級，宗教，性別に関係なく教育が必要であることを唱えたこと。
　5．子供の本性から出発し，子供の学ぶ喜びを中心に教授学・教育方法
　　を組み立てようとしたこと。

この考え方は，『大教授学』の別名にも，以下のように，明確に表れている。

　　いかなるキリスト教王国のであれそれの集落すなわち都市および村落の
　　すべてにわたり，男女両性の全青少年が，ひとりも無視されることなく，
　　学問を教えられ徳行を磨かれ，敬神の心を養われ，かくして青年期まで
　　の年月の間に，現世と来世との生命に属する・あらゆる事柄を僅かな労
　　力で愉快に着実に教わることのできる学校を創設する・的確な・熟考さ
　　れた方法（コメニュウス　1966：13）

　具体的な教授法に関しては後述するが，ここではまず，コメニウスがどの
ような学校制度構想を打ち立てたかを見ていこう。彼は，『大教授学』のな
かで，教育期間を以下の四つの階梯に区分している。1．幼年期—母親によ
る幼児教育（6歳まで）2．初級学校あるいは国民母国語学校（12歳まで）3．
ラテン語学校あるいはギムナジウム（18歳まで）4．大学（24歳まで）。この
ような教育制度構想は，今日の教育制度の基本的な枠組みと比べても，大き
な違いはない。コメニウスは，1657年以降に，汎知学に基づいた学校を構想
するにあたって，母親による養育ではない幼年期の学校の構想も視野に入れ
ることになる。上述の点からも，コメニウスが「近代教育の父」と称される
意味が理解されるだろう。

コメニウスの教育方法—直観教授—
　最後に，コメニウスの教育方法論に目を向けていくために，「直観教授」

という概念について見ていくことにしよう。直観教授とは，簡単に言うと，子供に概念を理性的・論理的に理解させる前に，その概念に関わる事物をまず感覚的に把握させる教授法のことである。

　この教授法の成立には，コメニウスの生きた時代背景が深く関わってくる。17世紀初頭に至って，フランシス・ベーコンなどによる後のイギリス経験論の潮流は，知識の探求の方法として観察と実験をその中心に置き，近代自然科学の成立に寄与した。ラトケなどの，自然科学的思考に基づいた教育思想を提唱した教育者たちにコメニウスも影響を受けていたのである。『大教授学』のなかですでに，コメニウスは，子供たちに，感覚的事物の認識を与えることなく，論理学や修辞学などの知的な分野を教えることは無駄骨であり，それは，歩くこともままならぬ幼児にダンスを教えるようなものと批判している。人が概念的な理解を獲得するためには，まず感覚的な事物についての認識が必要であるとされたのである。

　このような背景から，コメニウスが1658年に著した『世界図絵』も理解される。これは教育史上初めての図や絵入りの教科書である。序言において，すでに「あらかじめ感覚の中に存在しないものは，何ごとも理性の中に存在することはありません。したがって事物の区別を正しく把握するように，感覚をよく訓練することは，すべての知恵とすべての知的な能弁さ，および人生の活動におけるすべての思慮にとってその基礎をおくことになるのです」（コメニウス　2010：12）と述べている。このようなコメニウスのアプローチは，当時の，単純に概念や法則を暗記するだけの無味乾燥な授業方法論に，改革的なアイディアを与えることとなったのであった。このような教育方法は，コメニウスにとって，子供理解と学びの喜びという観点と深く結びついていた。彼は，子供が感覚対象に対して活発になり，感覚的事物の認識に喜んで取り組むことを知っていたのである。このような直観教授を通して，子供にとって学びは遊びに近くなる。

　　（前略）こども達はここへ誘われそして注意力をもって引き寄せられ，
　　世界の主要な事物の知識を遊びたわむれるようなやり方で与えられると
　　いうことです。（コメニウス　2010：14）

　以上のように，コメニウスは混迷の世にあって子供の教育を，真の人間教育，平和教育の基礎として捉えた。またその教授学，教育方法は，教育者側の視点からではなく，子供の本性への眼差しから導かれたものであった。このような思想は，18世紀へと続くルソーなどの児童中心主義の先駆的思想として生まれ，今日の教育制度の基礎を与えた思想として見ることができるであろう。

学修課題

(1)　エンキュクリオス・パイデイアは円環を成す教育と訳すことができるが、これと同じ概念は、今の時代では何と呼ばれているか調べてみよう。

(2)　ルネサンスと宗教改革が教育に与えた影響を簡潔に説明してみよう。

(3)　エラスムスの引用文から読み取れる教育の特徴を簡潔に説明してみよう。

(4)　コメニウスが「近代教育の父」と呼ばれる理由を説明してみよう。

(5)　コメニウスの「直観教授」の特徴を説明してみよう。

〈引用・参考文献〉

荒木勝「アリストテレス政治哲学研究の諸前提―伝記的素描、『政治学』の構成、研究の方法―」（『岡山大学法学会雑誌』第59巻第3・4号，33-81，2010）

石橋哲成・佐久間裕之編著『西洋教育史』（玉川大学出版部，2019）

石原謙『キリスト教の展開下巻』（岩波書店，1972）

伊藤明己「メディアと教育についての予備的考察1」（『関東学院大学経済経営研究所年報』第37号，28-42，2015）

井ノ口淳三『コメニウス教育学の研究』（ミネルヴァ書房，1998）

今井康雄編『教育思想史』（有斐閣，2009）

エラスムス／中城進訳『エラスムス教育論』（二瓶社，1994）

小澤周三ほか著『教育思想史』（有斐閣，1993）

乙訓稔『西洋近代幼児教育思想史―コメニウスからフレーベル―』（東信堂，2005）

オールストローム，S.E.／児玉佳輿子訳『アメリカ神学思想史入門』（教文館，1990）

カニンガム，ヒュー／北本正章訳『概説子ども観の社会史』（新曜社，2013）

亀井俊介編『アメリカ文化史入門』（昭和堂，2006）

小林淑憲「古典古代とプラトン」（『季刊北海学園大学経済論集』第67巻第1号，37-48，2019）

コメニウス／井ノ口淳三訳『世界図絵』（平凡社ライブラリー，2010，初版第5刷）

コメニュウス／梅根悟・勝田守一監修／鈴木秀勇訳『大教授学1』（明治図書出版，1966，再版刊）

コメニュウス／梅根悟・勝田守一監修／鈴木秀勇訳『大教授学2』（明治図書出版，1962）

ジェラール，A.／池田健二訳『ヨーロッパ中世社会史事典』（藤原書店，1991）

茂泉昭男「古代末期におけるキリスト教教育論」（『日本の神学』第1980巻第19号，9-31，1980）

シャルル，クリストフ・ヴェルジェ，ジャック／岡山茂・谷口清彦訳『大学の歴史』（白水社，2009）

神力甚一郎「教育の人間学的考察―現代教育の哲学（その2）―」（『金沢大学教育学部紀要』第22号，25-40，1973）

立花幸司「アリストテレスの教育思想：教育の目的」（『成城大学共通教育論集』第5巻，75-91，2012）

ドウソン，C.／野口啓祐訳『中世のキリスト教と文化』（新泉社，1996）

中川純男『哲学の歴史 神との対話』（中央公論新社，2008）

中澤務「ソフィスト・プロタゴラスにおける共同体と倫理」（『關西大學文學論集』第64巻第1号，55-78，2014）

納富信留「古代ギリシア・ローマにおける『自由学芸』の教育」（『中世思想研究』第56号，70-79，2014）

畑潤「教育学と教養理念の起源に関する研究―W．イェーガーの『パイデイア』から学ぶ―」（『都留文科大学大学院紀要』第15集，1-31，2011）

バッツ，R.F.・クレメン，L.A.／渡辺晶・久保田正三・木下法也・池田稔訳『アメリカ教育文化史』（学芸図書，1977）

東岸克好（執筆代表）『西洋教育史』（玉川大学出版部，1986）

秀村欣二編『ヨーロッパの成立』（東京創元社，1960，1970）

藤勝宣「西洋教育史研究（その1）」（『九州国際大学教養研究』第22巻第2号，39-58，2015）

ベイントン，R．H．／気賀重躬・気賀健生訳『世界キリスト教史物語』（教文館，1953，1981）

松本宣郎編『キリスト教の歴史1』（山川出版社，2009）

三井善止ほか著『西洋教育史』（玉川大学通信教育部，1978）

森本あんり『アメリカキリスト教史』（新教出版社，2006）

山田耕太「ギリシア・ローマ時代のパイデイアと修辞学の教育」（『敬和学園大学研究紀要』第17巻，217-231，2008）

リシェ，ピエール／岩村清太訳『中世における教育・文化』（東洋館出版社，1988）

和田正美「ソクラテスの倫理・教育思想―ソクラテスについて―」（『関西国際大学研究紀要』第15号，149-162，2014）

Scheuerl, Hans(Hrsg.): Klassiker der Pädagogik. Erster Band. Von Erasmus von Rotterdam bis Herbert Spencer. München. Zweite überarbeitete Auflage. 1991

第3章 教育の歴史（西洋編）II

—近代から現代まで—

　本章では，「教育の歴史（西洋編）II」として，近代から現代に至る西洋教育史を扱う。まず第1節「啓蒙主義の教育」では，イギリスのロック，フランスのルソー，ドイツのカントを，次に第2節「新人文主義の教育」では，フンボルト，シラー，フィヒテ，ペスタロッチーをそれぞれ取り上げる。第3節「19世紀の教育」では，この時代に特徴的な動向から子供の教育（フレーベル），教育学の科学化（ヘルバルトほか），教育の近代化（公教育制度，モニトリアル・システム）の動向を追う。そして第4節「20世紀の教育」では，新教育運動と第二次世界大戦後の教育のさまざまな動向に着目する。

第1節　啓蒙主義の教育

科学革命のもたらしたもの

　17世紀を中心として生起した「科学革命」によって確立された「科学的方法」は，自然の認識に留まることなく，やがて社会の認識にも多大な影響を与えるようになった。ニュートン（Sir Isaac Newton, 1642-1727）が，自然を単純な法則性へと還元できるものとし，その法則について，「われわれの実験」を通して認識され，定式化されるものであることを明らかにしたことは，信仰によって認識されるものとしてとらえられてきた従来の世界観を覆すことになった。すなわち，世界は，人間の理性によって合理的に認識することのできるものへと転換したのである。このことは，人間の理性に対する絶大なる信頼を意味している。

　17世紀の後半になると，このような立場から，人間の理性を啓発することによって，中世的な伝統から脱却し，人間的な自覚と自立，社会的な自由と解放の実現が目指されるようになった。これが，啓蒙運動と呼ばれるものである。イギリスに始まり，フランスで開花し，ドイツへと波及していった啓蒙運動の担い手は，「哲学者（フィロゾーフ）」と呼ばれた。彼らにとって，教育は，「啓蒙」という思想を展開し，その理想を実現するための重要な役割を担うものとしてとらえられた。それゆえに，「哲学者（フィロゾーフ）」と呼ばれた人々の教育についての論述は，少なくない。

　確かに，彼らの主張の根底には，すべての人間が理性的な存在として同等であるという共通の考え方を見出だすことができる。しかしながら，政治的には国家の統一化が進展し，経済的には商業資本主義の発達が著しいこの時代の根底を流れる啓蒙主義の思想に基づく彼らの活動と主張について，一義的にとらえることは，きわめて困難である。実際，彼らの主張は，それぞれの国において，異なる特色をもつものとして表れている。

イギリスにおける啓蒙思想

　イギリスにおける啓蒙思想の原型は，イギリス経験論の創始者であるロッ

ク（John Locke, 1632-1704）の思想にみられる。
その著『人間悟性論』（1690）において，ロッ
クは，誕生の時点で，人間の「心に刻みつけ
られて」いるような知識や観念（「生得的原
理」，「生得観念」）が存在することを否定し，
「あらゆる観念の起源は経験にある」ことを
主張している。つまり，彼は，人間の根本的
なあり方が自由と平等を基本としたものであ
ると言うのである。さらに，彼は，人間が人
間であるためには，「人間的理性」を獲得す
ることが必要であると主張している。ここに，

ロック

「白紙」（タブラ・ラサ）の状態で生まれる人間が，感覚経験を通して知識を
求め，「人間的理性」を獲得するための教育のあり方が模索されることにな
るのである。

　それゆえに，ロックの教育論では，訓練と形式陶冶の重要性が強調される
ことになる。なぜならば，ロックにおいて，教育とは，好ましい習慣の形成
に他ならないからである。すなわち，彼は，理性的には未発達の状態にある
子供は，大人の理性に従うことによって，自らの理性を育み，やがて自己の
理性に従うように教育されなければならないと言うのである。

　したがって，子供の教育は，身体の教育（体育）から始められることにな
る。『教育に関する考察』（1693）の冒頭に記された「健全な身体に於ける健
全な精神，とはこの世にある幸福な状態を簡潔にしかも充分にいいあらわし
た言葉である。」という言葉からも明らかなように，彼の教育論では，健康
であることが出発点とされるのである。

　ロックにおいて，精神の教育（徳育）は，その後に続くものとされる。な
ぜならば，「身体が精神の命ずるところに従いその任務が果せるように，身
体を丈夫に活潑にするための適切な配慮ができたら，その次の教育の主要な
仕事は，精神を正しくすること」が求められるからである。それゆえに，子
供には，大人の理性に従う習慣が身に付けられなければならない。なぜなら
ば，「若いときに，自己の意志を他人の理性に服従させることになれていな

い者は，自己の理性を活用すべき年齢になっても，自分自身の理性に傾聴し
従うことは，めったにない」からである。

　学習（知育）は，ロックにおいて，「もっとも小さい問題」としてとらえ
られている。それは，彼が，知識を教えること以上に，知識を獲得する能力
を育むことを重視しているからである。ロックによれば，この能力は，やが
て他の方面においても十分に応用できるものであるとされる。それゆえに，
彼は，それぞれの学習内容における思考の訓練の必要性を強調している。

　以上のような，特色をもつロックの教育論は，啓蒙主義運動の幕開けにき
わめて大きな役割を果たしたと言える。

フランスにおける啓蒙思想

　フランスでは，啓蒙思想の担い手である「哲学者（フィロゾーフ）」たちに
よって，ロックが「知恵の師匠」として権威づけられ，人間的理性に対する
信頼と教育のもつ可能性は，ますます確かなものとしてとらえられるように
なった。例えば，ロックの思想をフランスに導入した人物とされるヴォル
テール（Voltaire, 1694-1778）は，自らのイギリス研究の成果に基づいて，当
時のフランスの政治・社会・宗教を鋭く批判した。また，コンディヤック
（Étienne Bonnot de Condillac, 1715-1780）を通してロックの経験論を継承した
エルヴェシウス（Claude Adrien Helvétius, 1715-1771）は，その著『精神論』
（1758）において，人間精神の源泉を完成と経験であるとし，人間の能力は
環境と教育によって形成されると主張した。さらに，ディドロ（Denis
Diderot, 1713-1784）は，ダランベール（Jean Le Rond D'Alembert, 1717-1783）
の協力を得て，フランスにおける啓蒙思想の代表的な業績とされる『百科全
書』（1751～1780）を刊行し，啓蒙思想の普及に努めた。ラ・シャロッテ（La
Chalotais, 1701-1785）は，「イエズス会の司祭と学者との倫理・教育について
の報告書」（1761）と「イエズス会の文献と倫理と教育についての報告書」
（1762）という二つの報告書を記し，アンシャン・レジーム期以降，フラン
スの中等教育を実質的に支配してきたイエズス会を解散に追い込み，国家に
よる身分・階層に応じた教育を提唱した。

　このように展開されてきたフランスの啓蒙思想に新たな展開をもたらした

人物が，ルソー（Jean-Jacques Rousseau, 1712-1778）である。すなわち，彼は，人間の理性によってとらえられるものだけでなく，「人間の理性」によってとらえられないもの（＝感情）に着目し，人間を包括的な存在としてとらえ直すことによって，啓蒙思想のもつ合理性の限界を克服したのである。それゆえに，ルソーは，「啓蒙主義の完成者」とも，「啓蒙主義の克服者」とも称される。とりわけ，「啓蒙主義の克服者」としてのルソーの思想の特色は，彼の教育論において，明瞭に表れている。

ルソー

　自然主義と呼ばれるルソーの教育論の基本的な立場は，有名な「自然にしたがえ」という言葉に端的に表されている。ルソーにおいて，人間はもはや，単なる理性的な存在としてはとらえられない。人間の本性は一つの総体としてとらえられなければならないが，その中心は「感情」であり，理性は感情の周辺に位置する二次的なものに過ぎないとされる。それゆえに，理性によって生み出される文化の進歩は，人間の本性を破壊し，堕落させるものとしてとらえられることになる。ここに，

ルソー

大人を基準とする不完全な存在としてではなく，幸福な現在を送る権利をもつ完全な存在としてとらえる子供観と，伝統や習慣など，あらゆる人為的なものから解放された「自然人」の育成という教育の目的が示されることになるのである。

　教育小説『エミール』（1762）の冒頭において，「万物をつくる者の手をはなれるときすべてはよいものであるが，人間の手にうつるとすべてが悪くなる」と示されているように，ルソーによれば，人間の本性は，生まれながらにして善なるものである。したがって，この善なる状態を文化によって歪めることなく育んでいくことが，教育の方法の核心となる。すなわち，彼は，人間の本性に備わる善性を自由に発展させることを要求するのである。それ

は，外部からの強制や注入を否定するものであると同時に，子供を取り巻く
有害なものを取り除くことの必要性を示唆している。このような教育の方法
が，「合自然の教育」，「消極教育」と呼ばれるものである。

　これらの傾向は，彼の教育の内容にも共通するものである。「わたしたち
の知恵と称するものはすべて卑屈な偏見にすぎない。わたしたちの習慣とい
うものはすべて服従と拘束にすぎない」というルソーの言葉は，このことを
明確に表している。つまり，子供の生活と結びついたことがら，子供が必要
とすることがらが，教育の内容となるのである。

ドイツにおける啓蒙思想

　ドイツにおける啓蒙思想は，ルソーの思想を踏襲しつつ，学校教育の改革
運動として展開されていった。世界主義，実利主義，実利主義教育内容とい
う三つの主張を柱とする立場から「善良にして幸福な市民の教育をめざす学
校を築き上げようとする努力」がなされた。この運動の担い手が，汎愛派と
呼ばれる人々であり，彼らの思想は，「汎愛主義」と呼ばれる。その代表者
であるバゼドウ（Johann Bernhard Basedow, 1724-1790）は，ルソーの『エ
ミール』に強い感銘を受け，『学校と学問機関ならびに，それらが公共の福
祉に与える影響について，人間の友および有産者諸君に対する提言』（1768）
を著し，その立場を明確に示している。学校では，「実務の教育」，「肉体の
訓練」，「能率的な言語教育」が行われるべきであるとする彼の主張は，多く
の賛同者を得るものとなった。また，彼は，この提言に基づき，「人間愛に
基づいた実践的人間を形成し，あわせて，全ドイツの学校改革の酵母体とな
るべき使命」をもった「汎愛学院」（「汎愛学舎」とも訳される）をデッサウに
設立している。後にバゼドウの設立した汎愛学院を引き継いだカンペ
（Joachim Heinrich Campe, 1746-1818）は，児童文学の先駆者と称される人物
であり，自らもハンブルクに汎愛学院を設立している。さらに，『蟹の本』
（1780），『蟻の本』（1806）で知られるザルツマン（Christian Gotthilf
Salzmann, 1744-1811）も，バゼドウの精神と事業に共鳴した汎愛派の一人で
ある。彼もまた，自らの汎愛学院をシュネッペンタールに設立し，バゼドウ
の教育法の改善に努めた。近世体操教授の始祖とされるグーツ・ムーツ

(Guts Muths, 1759-1839)，地理教授の大家であるカール・リッター（Carl Ritter, 1779-1859）は，ザルツマンの汎愛学院の教師としても著名である。

　このような汎愛派の人々の思想——とりわけ，バゼドウの事業——とその源流として位置づけることのできるルソーの思想から多大な影響を受け，独自の思想を展開した人物が，カント（Immanuel Kant, 1724-1804）である。バゼドウからの影響は，例えば，カントが『教育学』（1803）において，教育における実験の重要性を指摘したうえで，「この点において，いわば先鞭をつけた唯一の実験学校はデッサウ学院であった。もとよりそこには非難されるような多くの欠陥もあったが，しかしそれにもかかわらずわれわれは当学院にこの名誉を与えねばならない」と述べていることから明らかにされるであろう。さらに，ルソーからの影響については，カントの散歩で町の人は時間がわかるとさえいわれるほど規則正しい生活を送っていた彼が，ルソーの『エミール』を読んだときだけは，それが狂ったという逸話から，その大きさを窺い知ることができる。

　カントの思想は，レーブレ（Albert Reble, 1910-2000）が述べているように，「ルソーが一般的生活感情と教育学の分野において啓蒙の完成者，克服者であるように，カントは哲学の分野におけるそれであった」といえる。すなわち，彼は，哲学の分野において，知的な「理論理性」よりも上位に意志的な「実践理性」を置くことを主張することによって，啓蒙主義の哲学を克服していくのである。

カント

　教育に対するカントの絶大なる信頼は，「人間は，教育によってはじめて人間となることができる。人間とは，教育が人間から作り出したものにほかならない」という『教育学』の言葉からも十分に読み取ることができる。カントによれば，人間は自らの理性を必要とする存在であり，その働きによって，自らを完成させなければならないとされる。しかしながら，人間は他の動物とは違い，すぐにはそうすることができない。カントもまたルソーと同じく，誕生時における人間が無力であることを認めている。ここに，教育の必要性が明らかにされる。人間性の中には多くの萌芽（＝「自然的素質」）が

ある。そのすべてを調和的に発展させ，人間が自らの使命を達成できるようにすること（「人間性の完成」）が，カントにおける教育の目的である。

　カントによれば，教育は，「養護（保育，扶養）」と「訓練（訓育）」と「教授ならびに陶冶」の三つに大別することのできるものである。このうち，「養護（保育，扶養）」からは，ルソーの「消極教育」に通ずる強い影響を見出すことができる。これに対して，「訓練（訓育）」からは，ルソーとの決定的な違いを明らかにすることができる。すなわち，彼は，子供の自然的な自由よりも訓練による強制を重視しているのである。これは，カントにおいて，「訓練（訓育）」が「動物性を人間性に変える」ためのもの，「人間がその動物的衝動によって，人間の使命である人間性から逸脱することのないように予防する」ためのものとして位置づけられていることによるものである。すなわち，彼は，人間の自然的素質をただ単に消極的に養護するだけではなく，積極的に開発していくことを主張したのである。このような傾向は，カントの主張する「実践的教育」の段階において，より明確なものとなる。それは，例えば，人間の自然性についての立場，道徳性の育成に関わる理性のとらえ方などにおいて顕著である。

　カントにおいて，「啓蒙」という言葉は，もはや「人々に正しい知識を与え，合理的な考え方をするように教え導くこと」というような一般的な意味においてはとらえられていない。それは，「人間が自らにその責めを負っている自己の未成熟状態から脱却すること」を意味するものとしてとらえられていた。このようなとらえ方は，近世市民社会の成熟という点で，イギリスやフランスに後れをとっていた当時のドイツの状況から生み出された独自性をもつ主張であった。

第2節　新人文主義の教育

新人文主義の性格

　人間の理性に対して絶大なる信頼を置く啓蒙思想は，必然的に，人間を一面的なものとしてとらえざるをえないという傾向をもっていた。人間のもつ

合理的な側面を強調する啓蒙思想においては，それゆえに，個人主義的・主知主義的な色彩が強く，人間の感情や意志の働きなど，人間の非合理的な側面は軽視されていた。18世紀も後半になると，このような傾向に対する批判と反省から，新人文主義と呼ばれる思想がドイツを中心に発展した。それは，言い換えれば，ルソーによって提起され，カントによって哲学的な文脈において改善の方向性が示された人間性への問いに対する一つの結論であったともいえる。とりわけ，当時のドイツでは，ナポレオンの抑圧から祖国を解放し，独立に向けた気運が高まっていた。それゆえに，このような背景のもとで誕生・発展した新人文主義は，哲学・芸術・文学・教育など，さまざまな分野を包括するものであり，歴史主義，民族的な傾向をもつものであった。

　その先駆者の一人とされ，古典文献学の創始者とされるヴォルフ（Friedrich August Wolf, 1759-1824））は，近代的な人間の形成における模範が，ギリシャにおいてのみ与えられることを主張し，古典の研究によって，「純粋に人間的教養を助長し，知情意のあらゆる能力を美しき調和にまで高める」ことを目指した。彼のこのような主張は，新人文主義の性格を端的に表すものといえる。それは，古代への単なる帰還と模倣にすぎなかった旧人文主義に対して，現在の人間の形成を目指したという点である。すなわち，新人文主義においては，人間の知的側面に限らず，感情的・意志的側面をも含んだ人間性の調和的な発達が理念とされ，古代ギリシャの文化の復興によって，現在の文化の向上と発展が意図されたのである。

フンボルト

　最も純粋なドイツ新人文主義の代表者といわれるフンボルト（Wilhelm Freiherr von Humboldt, 1767-1835）は，新人文主義の端緒となる新しい歴史哲学の道を示す哲学者・教育学者であると同時に，現代言語学の先駆者とも位置づけられる言語学者であり，プロシアの学校制度を整備し，ベルリン大学の創設に尽力した教育改革者であった。法律学，倫理学，心理学，人類学，言語学など，フンボルトの研究領域はきわめて多岐にわたる。それだけに，ドイツの新人文主義の誕生と発展において，彼は，さまざまな功績を残し，ドイツにおける新人文主義運動は，フンボルトにおいて最高点に達したとさ

えいわれる。しかしながら，その多大なる功績の根底には，人間の形成という教育的な思想が一貫して流れていたと言うことができる。

　親交のあったヴォルフの影響もあり，フンボルトもまた，ギリシャ（あるいは，ギリシャ人）を高く評価している。フンボルトによれば，「ギリシャ人の性格が人間的存在における理想のすべて」であるとされる。それゆえに，ギリシャ人の性格を研究することは，「一般にどのような状況のもとでも，どのような時代においても，人間形成によい影響を与えるはずである」と，フンボルトは述べている。彼にとって，ギリシャ研究は，「人をして全人たらしめるものであり，より偉大な，より高貴な人間，すなわち，知力，道徳性，美的能力の豊かさ，感受性を同時に備えた人間たらしめるもの」としてとらえられていた。言い換えれば，それは，自己の性格をギリシャ人の性格と同化させ，新たな思想を生み出すためのものであったのである。

　それゆえに，彼の教育論においても，ギリシャ研究が大きな役割を担うことになる。すなわち，彼は，個人を「小宇宙」としての「全体」にまで形成すること，言い換えれば，人間の形成を一つの全体として調和的に完成させることを目的とする人間の陶冶の過程の範型をギリシャ民族に求めるのである。人間を人間として形成することを目指す彼の教育論からは，ルソーの影響を十分に読み取ることができる。

　そこでは，言語が重要な役割を果たす。すなわち，フンボルトにおいて，言語研究は，人間を人間として形成するための理論的な内容を深めるものとして位置づけられていたと考えることができる。フンボルトによれば，言語は人間の存在一般を構成するものであり，他のあらゆるものに先行するものとして位置づけられるものである。それゆえに，言語はあらゆる陶冶の前提となるものである。言語は，人間と世界との直接的なかかわりにおいて生み出されるものであり，人間は，言語によって世界を解明する。このように考えたとき，言語以外の陶冶は，言語的な人間形成であると見ることもできる。ここに，人間の形成における言語の意義を明らかにすることができる。

　フンボルトがプロイセン内務省の文化及び公教育局長に任命され，教育改革者としての辣腕をふるった時期は，1809年から，わずか16カ月に過ぎない。しかし，この短い期間において，彼は，プロイセンにおける初等教育からギ

ムナジウムを経て大学へと至る単線型の学校制度を確立した。そこには，
「学校」を普遍的な人間の形成を第一の使命とし，「既成の知識，解決済みの
知識」を学ぶ場として位置づける新人文主義的な思想と，「大学」をこれと
は明確に区別され，「学問をいつもまだ解決されていない問題として取り扱
い，そのためにいつも研究しつづける」場として理論づける彼の見解が，色
濃く表れていたといえる。

シラー

　人間性の解放が強く叫ばれ，新たな創造が希求されていた「疾風怒濤」の
時代には，文学・芸術の分野においても，政治的・教育的な性格が色濃く表
れていた。このような時代に生き，『ドン・カルロス』や『ヴィルヘルム・
テル』などの劇作家として著名なシラー（Friedrich von Schiller, 1759-1805）
もまた，フンボルトと同じく，カントの哲学を手がかりとして，新しい歴史
哲学の端緒を紐解く哲学者であり，芸術による教育を提唱した教育学者で
あった。

　シラーによれば，ルソーによって提唱された「自然」という概念は，「現
実の自然」と「理念の自然」とに区分されるものであるとされる。これらは，
対立的なものとしてではなく，一つに調和されるべきものとして，とらえら
れなければならない。すなわち，彼は，「現実の自然」に留まるべきではな
く，これを「理念の自然」へと調和的に発展させることが，人間の目指すべ
きことがらであると言うのである。

　ここでもまた，ギリシャ人がその典型とされる。シラーによれば，ギリ
シャ人は，「形式に富むと同時に内容は充実し，哲学するとともに形成し，
繊細であると同時に精力的でありつつ，空想の若々しさを理性の大人らしさ
と結合して堂々たる人間性を形作っている」とされる。これが，目指すべき
「理念の自然」の内実である。シラーは，人間という存在を自己の物理的・
感性的側面から生み出される「質量衝動」と，自己の絶対的・理性的側面か
ら生み出される「形式衝動」という二つの相対する力に迫られている存在と
してとらえている。ここに，両者の対立を解消し，調和的な人格の統一を図
ること，すなわち，感性と理性，内容と形式との調和が，求められるべき課

題となる。

　芸術は，この課題の解決を図るための欠くことのできない手段である。シラーによれば，人間性の統一は，「質量衝動」と「形式衝動」とが互いに作用し合うところに生み出される「遊戯衝動」が，両者を媒介し，融合させることによって，はじめて図られるとされる。そして，この「遊戯衝動」を最もよく働かせることのできるものが，美の領域に関わる芸術であると，シラーは述べている。すなわち，シラーにおいて，美は，「遊戯衝動」によってもたらされる人間性の統一によって生み出されるものであり，美的教育とは，美を理解する能力を引き出すものに他ならないのである。物理的状態から，美的状態を経て，道徳的状態へと進展する人間の発展の道筋は，それゆえに，芸術の力によるものである。このような意味に於いて，彼は，「人間は言葉の完全な意味に於いて人間である場合にのみ遊戯し，また彼の遊戯する場合にのみ完全に人間である」と主張するのである。

フィヒテ

　シェリング（Friedrich Wilhelm Joseph von Schelling, 1775-1854），ヘーゲル（Georg Wilhelm Friedrich Hegel, 1770-1831）とともに，カントを除く狭義のドイツ観念論者の一人に数えられるフィヒテ（Johann Gottlieb Fichte, 1762-1814）は，カントの哲学に強い影響を受けつつ，その二元論的な世界観を克服し，一元論的な世界観の確立を目指した哲学者であると同時に，これに基づく国民教育論を展開した教育者でもあった。彼は，自らの生きる時代を「人類が自己を一個人として考えることをやめ，人類全体のために理性的に生きはじめなければならない時代」であると規定している。このような主張もまた，ナポレオンの支配下にあった当時のプロイセンの状況を色濃く反映したものであると言える。

　フィヒテは，哲学を生の模像としての「知識学」と名づけている。フィヒテによれば，知識はすべて反省的なものであるとされる。それゆえに，知識学とは，人間の生の最高の反省の模像を意味している。彼は，このような立場から，唯一の理性である「自我」が，自我ではないすべてのものである「非我」との交流を通して導き出されるものであると考えたのである。つま

り，フィヒテにおいて，「自我」は，「非我」を手段とする活動の主体として
とらえられたのである。彼は，この唯一の理性である「自我」によって，プ
ロイセンの社会の改造を目指したのである。

　それゆえに，彼の教育論は，きわめて国家主義的な性格を帯びるものと
なった。フランス占領下のベルリンにおいて，1807年から翌年にかけて14回
にわたって講演した記録をまとめた『ドイツ国民に告ぐ』には，このような
性格をもつフィヒテの教育思想が生き生きと表れている。彼は，ドイツ国民
が，少なくとも居住地と言語において，本源性を備えていることを主張する
ことによって，敗戦に打ちひしがれるドイツ国民を鼓舞し，ドイツ再興のた
めの統一的な国民教育の必要性を強く訴えている。「新しい教育」と語られ
るこの統一的な国民教育は，(1)「平等の原則に基づく教育」，(2)「今日移
動社会における教育」，(3)「全面的な教育」，(4)「生徒の自己活動」という
四つを原則とする構想のもとに展開されたものであった。確かに，これらの
構想のいくつかは，当時のプロイセンにおいて，必ずしも実現可能なものと
は言えなかった。しかしながら，フィヒテの教育思想は，その後のプロイセ
ンにおける教育改革を進めていくための大きな力となったのである。

ペスタロッチー

　ペスタロッチー（Johann Heinrich Pestalozzi, 1746-1827）は，教育の文脈に
おいて，啓蒙主義を克服した人物であるといわれる。主知主義的・個人主義
的・現実主義的な啓蒙主義の傾向を，教育において克服したペスタロッチー
の功績は，それゆえに，哲学の文脈において，啓蒙主義を克服したカントの
功績と対置することのできるものでもある。しかしながら，ペスタロッチー
の思想は，すべて彼自身の体験に基づいて生み出されたものであるという点
において，カントのそれとは明確に区別される。したがって，ペスタロッ
チーにおいては，理論と実践が相互に影響し合うものとして，密接に関連づ
けられることになる。それゆえに，例えば，「人間とは何であるかという理
論的な問題は，ペスタロッチにとってはやがて人間は何を要求するかという
実践的問題に転じてくる」のである。このことから，ペスタロッチーの教育
思想においては，すべての人間に共通な人間性の涵養という側面と個々の人

81

ペスタロッチー

間に固有な環境や境遇への適応という側面とが，有機的に関連づけられることになる。それは，彼の教育思想の全体を貫く，最大の特色であると言うこともできる。

　このことは，ペスタロッチーが，人間の頭と手と心の調和的な発達を目指し，「全人」を教育の理想としていることからも窺い知ることができる。それは，ペスタロッチーが，「基礎陶冶」と呼ぶところの理念であり，「人間の心情，人間の精神，及び人間の技術の諸能力と素質とを合自然的に発展し形成する」ものに他ならない。すなわち，ペスタロッチーにおいて，人間を他の被造物から区別する資質と能力を意味する人間性は，知的・技術的・道徳的な領域に区分されるものとしてとらえられているが，これらを調和的に発展させることによって，人間を幸福へと導くことが教育の使命とされたのである。

　こうしたことから，ペスタロッチーは，家庭の居間を教育の出発点としてとらえている。『シュタンツだより』（1799）において，彼は，「よい人間教育は，居間におる母の眼が毎日毎時，その子の精神状態のあらゆる変化を確

実に彼の眼と口と額とに読むことを要求する」と述べている。家庭の居間に
おいて実践される教育はまさに，すべての人間に共通な人間性の涵養という
側面と個々の人間に固有な環境や境遇への適応という側面とを一体化させた
ものであり，自発的・方的的・直観的・調和的なものである。しかもそれは，
一定の共同体のもとで展開されるものである。ここには，人間の内的な発達
の道程と人間を取り巻く外的な環境との交互作用から導かれるペスタロッ
チーの主張する教育の原理が，すべて含まれている。それゆえに，彼は，
「家庭教育のもつ長所は学校教育によって模倣されなければならない」と主
張するのである。彼が，晩年の著作である『白鳥の歌』(1826) において，
「生活が陶冶する」と語るのも，この主張に通じるものである。

　したがって，ペスタロッチーにおいては，家庭の居間の教育の担い手であ
る母親は，教師の模範としてとらえられることになる。それは，母親が自己
の母性愛を教育の第一の原動力とするように，教師もまた，自己の愛を教育
の第一の原動力にしなければならないということを示唆している。ペスタ
ロッチーにおいて，「愛」という概念は，母親と子供との関係においてのみ
語られているわけではない。それは，神と人間，君主と国民との関係におい
ても，両者を結び付けるきわめて重要な役割を果たすものとして，とらえら
れていたのである。

第3節　19世紀の教育

　この節では，19世紀における教育思想の中から，特に際立った特徴をもつ
①子供の教育，②教育学の科学化，③教育の近代化という三つの視点から述
べていくことにする。子供の教育については，フレーベルの教育思想を，教
育学の科学化に関しては，ヘルバルトとその学派及び教育学における実証主
義的傾向を，教育の近代化については，近代公教育制度の思想とイギリスで
誕生したモニトリアル・システムに焦点を当てることにする。

子供の教育とフレーベル

　18世紀末の10年間と19世紀初頭の数十年間において，特にドイツを中心として登場した文学，芸術，思想上の潮流はロマン主義と呼ばれている。これは，18世紀を特徴づけた啓蒙主義へのある種の反動としてとらえることができるもので，その核心にあるのは，「根源への回帰」，つまり「特に人間の発展のまだ粗悪化されていない力強い出発点へと回帰する」ことであった（岡本　2000：198）。この「根源への回帰」が，人生の初期段階に属する子供への関心を呼び起こした。興味深いことに，子供の固有性へと着目して，子供部屋，子供服そして遊具が作られたのも，この時代のことである。また当時のロマン主義者たち（L. A. v. アルニム，C. ブレンターノ，グリム兄弟ら）による民話やメルヘンの収集・編集がなされたのも，技巧的に歪められていない「自然なままの文芸」が，民族のいわば「子供時代」につながるものとみなされていたからである。

　さて，こうしたロマン主義の教育思想を代表する人物の一人が，「ドイツ最大の教育者」，「幼稚園の創始者」と称されるフレーベル（Friedrich Wilhelm August Fröbel, 1782-1852）である[1]。フレーベルの教育思想を特色づけるものから，ここでは彼の万有在神論，受動的・追随的教育観，幼稚園の思想の3点を取り上げて解説することにしよう。まず，彼は，神が超越者でありながら，万物のうちに神性として内在するという万有在神論

フレーベル

（Panentheismus）の立場に立っている[2]。フレーベルは主著『人間の教育』（*Die Menschenerziehung*, 1826）において，神が万物の唯一の本源であり，万物の中に存在し，万物を生かし，支配していると述べている。そして万物の本質を「神的なもの」（das Göttliche）ととらえている。したがって表題にもなっている「人間の教育」が目指しているのは，「その神的なものを，意識的に，また自己の決定をもって，純粋かつ完全に表現させるようにすること，およびそのための方

法や手段を提示すること」（フレーベル　1964：13）である。このような教育
は本来，子供に対して外から命令したり干渉したりする作用ではない。むし
ろそれは，「神的なものの作用は，妨害されない状態においては，必ず善で
あるし，また善でなければならない，全く善以外のなにものでもありえな
い」（フレーベル　1964：18）ことを信頼した，「受動的，追随的」な作用で
ある。この受動的・追随的教育は，「神的なもの」をその本質とする子供の
善性を尊重し，子供の自由な自己活動や自己表現，そして子供自身の内にあ
る「神的なものを自己の外に形づくる」（フレーベル　1964：51）という創造
作用を促すものとなる。

　ところで『人間の教育』は，7歳から18歳までの子供を対象とした「カイ
ルハウの一般ドイツ教育施設」での教育体験を踏まえて書かれたものであっ
た。本書の表題にはまた，「第1巻，少年期の前期まで」と記されていると
おり，その続編も予定されていた。つまり，フレーベルは決して「人間の教
育」を人生の初期段階にのみ限定してとらえていたわけではなく，「人間の
教育」の全体を視野に入れていた点は注意しなければならない。しかし，彼
がすでに『人間の教育』において，大人である「われわれがもはやもってい
ないもの」，すなわち子供の生命が持っている「あらゆるものに生命を吹き
こみ，あらゆるものに形象を与えていく力」を，「われわれは，子どもたち
から，もういちど，われわれの生命のなかに移そうではないか」（フレーベ
ル　1964：119）と語るとき，「子ども」の存在は，人間の全段階において特
別な位置を占めているのである。フレーベルにとって，「子ども」は硬直化
し，生命性を失った大人に再び生命性を取り戻す，あの「根源への回帰」を
もたらす存在として，とりわけ重要視されていくことになる。彼が，子供の
生命性の「元素」として「内なるものの自由な表現」である「遊戯」をとら
え，その後，独自の遊具として「恩物」（Gaben）を開発するに至ることも，
また，守りの生け垣によって子供たちを外部の脅威から庇護する「幼稚園」
（Kindergarten）の思想と実践を展開していくのも[3]，こうした文脈から理解
されるであろう。

教育学の科学化

　ヘルバルト（Johann Friedrich Herbart, 1776-1841）は「近代教育学の祖」と評される。それは，シュライアマハー（Friedrich Ernst Daniel Schleiermacher, 1768-1834）と並んで，世界で初めて教育学を自律した体系的な学問として基礎づけようとした人物だからである。ヘルバルトは主著『一

般教育学』（*Allgemeine Pädagogik aus dem Zweck der Erziehung abgeleitet*, 1806）において，教育目的は倫理学に，教育方法は心理学に依存する彼の体系的教育学の基本構造を示している。教育目的については，教育の全体を規定する究極目的となる「強固な道徳的品性」（Charakterstärke der Sittlichkeit）の陶冶を取り上げて，それを実践哲学（倫理学）によって基礎づけていく。また，教育方法に関しては，彼独自の表象心理学に基づき，「管理」（Regierung），「教授」（Unterricht）及び「訓練」（Zucht）の三つを鍵概念として展開

ヘルバルト

していく。「管理」は，「教授」や「訓練」の教育環境を整備するために，子供の自然的欲望や行動を統制する作用である。「教授」は，教材を媒介して間接的に子供に働きかけ，子供の中に「興味の多面性」を涵養していく。しかもこの「教授」は，知識・技能の伝達と道徳的品性の陶冶とを包括した「教育的教授」（erziehender Unterricht）と呼ばれるものである。「訓練」は，「教授」とは異なり，教材を媒介せず直接子供に働きかけ，道徳的品性の陶冶へと向かう。

　さて，前述の「教授」の過程について，ヘルバルトはそれを「明瞭」（対象の明確な把握に専念）・「連合」（対象を既知のものに結びつける）・「系統」（連合を経た知識を系統的にまとめる）・「方法」（系統だてられた知識を新しい対象に応用）の4段階に分けて説明する。これがいわゆるヘルバルトの4段階教授法（Unterrichtsmethode der vier Formalstufen）と呼ばれるものである。この4段階教授法は，ヘルバルトの後継者によって，さらに5段階教授法（Unterrichtsmethode der fünf Formalstufen）へと発展していく。ヘルバルト

学派のツィラー（Tuiskon Ziller, 1817-1882）は，ヘルバルトの「明瞭」を「分析」と「綜合」の二つにして，「分析」，「綜合」，「連合」，「系統」，「方法」の5段階に分けた。さらにライン（Wilhelm Rein, 1847-1929）は，教育現場での実践しやすさを追求して，「予備」（新教材への興味をもたせる），「提示」（新教材を生徒に提示），「比較」（既知の知識と新しい経験から得た知識を比較），「総括」（「比較」した両者を体系的にまとめる），「応用」（体系化された知識の応用）の五つに整理した。これがいわゆる5段階教授法として，ドイツのみならず世界各地の教育界に大きな影響をもたらした。

　19世紀も後半に入ると，教育の事実や経験から知識を獲得し，それによって教育学を構築しようとする実証主義的傾向が登場してくる。実証主義の創始者は，一般にフランスのコント（Auguste Comte, 1798-1857 ）とされる。彼は1830年から1842年にかけて『実証哲学講義』（全6巻）を著し，人類の知識が神学的，形而上学的，実証的の3段階を経て進歩していくととらえた。彼のいう実証的精神とは自然科学的精神を指しており，観察や実験といった自然科学的手法を社会事象の研究にも適用する社会学の創設につながった。コントの思想は，イギリスのスペンサー（Herbert Spencer, 1820-1903）の社会哲学やフランスのデュルケム（Émile Durkheim, 1858-1917）における教育の社会学的研究，またドイツのライ（Wilhelm August Lay, 1862-1926）やモイマン（Ernst Meumann, 1862-1915），アメリカのソーンダイク（Edward Lee Thorndike, 1874-1949）ら，教育の心理学的研究へも影響をもたらした。

　実証主義的傾向をもつ心理学は，ドイツが生んだ近代心理学の父・ヴント（Wilhelm Wundt, 1832-1920）とともに始まる。彼は1879年，世界最初の心理学実験室をライプツィヒ大学に設けて実験心理学を確立した。彼の後継者には，前述したライ（「子供から（vom Kinde aus）」の教育学）やモイマン（実験教育学 Experimentelle Pädagogik）がいる。アメリカではヴント門下のホール（Graville Stanley Hall, 1844-1924）が，アメリカで最初の心理学実験室を設立した。また，前述したソーンダイクは，彼の弟子であり，アメリカにおける教育心理学の創始者となった。

教育の近代化

　19世紀を特色づける「教育の近代化」は，近代市民社会の成立と密接に関連して生じた。近代市民社会が目指したものは，万人の自由と平等の尊重であった。このことが教育の自由と平等（機会均等）の保障へとつながっていくのである。つまり，近代公教育とは，近代市民社会における教育の自由と平等を制度的に保障しようとするものであり，それは公教育の場としての学校の近代化をうながしていくものともなった。ここではまず，近代市民社会の精神が学校へも反映され，学校が教育の自由と平等を保障する場へと移行する，その思想面に注目してみることにしよう。

　近代公教育において「教育の自由」を保障するということは，「教育する権利」を親の自然権として保障し，また子供自身の「教育を受ける権利」を保障することを意味している。したがって教育の原点は家庭教育にあるということになる。しかし，家庭教育の自由にゆだねるだけでは，子供の「教育を受ける権利」が十分保障できない危険性がある。そのため，公権力が子供の「教育を受ける権利」を「平等」に保障するために，「無償の義務教育」を提供することによって関与してくる。こうして教育の自由と平等の保障は，「無償の義務教育」という形となって現れてくることになる（教育の義務性，無償性）。また，個々人の「信教の自由」を保障するために，公教育が非宗派的（世俗的，中立的）であることも求められてくる（教育の世俗性・中立性）。以上に示された教育の義務性，無償性，世俗性（中立性）が，まさに近代公教育の理念を形作るものとなっていった。

　こうした近代公教育の理念は，すでに18世紀に活躍した「公教育の父」と称されるフランスのコンドルセ（Marie Jean Antoine Nicolas de Caritat, Marquis Condorcet, 1743-1794）における教育の無償性・中立性の主張や，ルペルチエ（Louis-Michel Lepeletier de Saint-Fargeau, 1760-1793）における教育の義務性の主張などに見られる。ただし，近代公教育のこうした理念がヨーロッパ各国で現実化していくのは，19世紀以降になってからのことである。

　ところで「教育の近代化」は，18世紀後半から生じ19世紀前半にヨーロッパを席巻した産業革命とも密接に関連している。産業革命の波は，工場による産業の機械化，製品の大量生産化をもたらした。それとともに，工場の労

働者やその子弟の教育への関心も高まったのである。例えば，イギリスの
オーエン（Robert Owen, 1771-1858）は，イギリス屈指のニュー・ラナーク紡
績工場の経営に従事し，1816年，工場内に性格形成学院（The Institution for
the Formation of Character）を開設している。この学院は，幼児，児童，成
人をそれぞれ対象とする幼児学校，昼間学校，夜間学校の三つから構成され
ていた（この幼児学校はイギリス最初の幼児教育機関として，またフレーベルの
幼稚園創立に先立つものであった）。

　工場における機械化，大量生産化は，学校の仕組そのものの変革へも影響
を及ぼしてくる。それは学校の中に多数の子供を収容し教授する方法の開発
へとつながっていく。その代表的なものとして，イギリスのベル（Andrew
Bell, 1753-1832）とランカスター（Joseph Lancaster, 1778-1838）が偶然にもほ
ぼ同時期に開発したモニトリアル・システム（助教法）が取り上げられるで
あろう。これは生徒をいくつかの班に分けて，そこに生徒の中から選ばれた
助教（monitor）を配置し，助教の助けを借りて教授活動を行っていく方法
である。これによって，一人の教師のもとでも多数の生徒を集めて教えるこ
とができるようになった。そのため，モニトリアル・システムは教師不足の
問題を解決し，経済的で効率的な教育を実現できるものと考えられた。ただ
し，こうしたシステムは，あたかも工場における大量生産に似て，多数の生
徒に対する機械的な知識の詰め込みに陥る危険性もあった。

第4節　20世紀の教育

　この節では前世紀との関連を意識しつつ，20世紀における特徴的な教育動
向として，子供の教育の展開としての新教育運動，さらに第二次世界大戦後
のさまざまな教育刷新の動きについて，教育実践レベルと理論レベルで取り
上げていくことにする。

新教育運動

　19世紀末から20世紀初頭において，子供の自発性や個性を顧慮せず，どち

らかと言えば画一的な知識の注入（インドクトリネーション）に偏る教育のあり方を旧教育ととらえ，子供の個性を尊重し，その全人格的な育成へと向かう教育刷新の動きが生じてくる。こうした動きは総称して新教育運動と呼ばれている。「新教育」（（英）new education，（仏）éducation nouvelle）という名称は，フランスの社会学者で新学校「ロッシュ校」（L'Ecole des Roches，1899）の創立者であったドモラン（Joseph Edmond Demolins, 1852-1907）の著書『新教育』（L'éducation nouvelle: L'Ecole des Roches，1898）に由来するともいわれている。ただし新教育の呼称は，一般的にドイツでは「改革教育」（Reformpädagogik），アメリカでは「進歩主義教育」（progressive education）として語られ，そこには多様性がみられる。こうした動向を代表する教育思想家・実践家たちは，それぞれの個性的な取り組みもさることながら，従来の教育体制の内的改革から体制そのもののラディカルな変革まで，実に多様なあり様を見せている。そのため単純に一括して論じることは難しい。しかし，ごく一般的な対比構図を概括的に示すならば，旧教育の場合は，大人（教師），教科，書物，知育，画一化，注入（詰め込む），管理といった語群が教育の中心に位置づけられることが多い。それに対して，新教育では，そうした旧教育のあり方に対して，子供，子供の生活，体験・経験や作業，知・徳・体を総合した全人教育，個別化，開発（引き出す），自由・自治等が重視されていく。

『子供の世紀』

　新教育運動にはさまざまな人物が属しているが，その代表的人物として，エレン・ケイ（Ellen Karolina Sofia Key, 1849-1926）を挙げないわけにはいかないであろう。スウェーデンの教育実践家・思想家である彼女は，20世紀を目前にひかえた1900年，『子供の世紀』（Barnets århundrade，邦訳名は『児童の世紀』）を著し，子供は愛情に満ちた幸福な家庭に生まれる権利を持つことを訴えた。また，従来の学校で起こっていることを子供の「精神的殺害」であると鋭く批判している。そして，「教育の秘訣は教育をしないところに隠れている」と述べ，子供の個性や自由を尊重する小規模な家庭学校への転換を訴えた。本書は発売当初，地元スウェーデンでは不評であった。しかし，

ドイツ語版（1902）はわずか6年間で
14版を重ねるほどに読まれ，『子供の
世紀』という書名は20世紀を指し示す
標語となった。また，「子供から」
（vom Kinde aus）という表現は，旗印
となって子供中心主義の教育が繰り広
げられていくことになった。

エレン・ケイ

田園教育舎運動

　しかし，教育を刷新しようとするこ
うした動きは，すでに19世紀の後半か
ら具体的には新しい学校と学校生活の
創出という形となって現れてきていた。
その嚆矢となったのは，イギリスのレ
ディ（Cecil Reddie, 1858-1932）が生ん
だアボッツホルム校（Abbotsholme
school, 1889）である。都会の喧騒を離れ，豊かな自然環境の中で師弟が寄宿
生活を行う。教育内容も知育に限定されない全人教育を目指したものであっ
た。この学校は，後のドイツにおけるリーツ（Hermann Lietz, 1868-1919）の
田園教育舎（Landerziehungsheim）の創設（イルゼンブルク校：1898，ハウビ
ンダ校：1901，ビーバーシュタイン校：1904，フェッケンシュテット校：1914）や，
前述したドモランによるフランスのロッシュ校などの創設へ直接的な影響を
及ぼしていった。なお，リーツに始まる田園教育舎運動は，ヴィッケルスド
ルフ校（G. ヴィネケンと P. ゲヘープ，1906），オーデンヴァルト校（P. ゲヘープ，
1910）そして「人間性の学校」（P. ゲヘープ，1937）の創設へとつながって
いった[4]。

進歩主義教育運動

　一方，アメリカでは，シェルドン（Edward Austin Sheldon, 1823-1897）か
ら始まる1860年代のオスウィーゴー運動（Oswego Movement）が新教育運動

の源流としてとらえられている。彼はニューヨーク州オスウィーゴー師範学校の初代校長となり，そこでペスタロッチー主義の教育実践を行った。さらにデューイ（John Dewey, 1859-1952）が「進歩主義教育運動の父」と讃えるパーカー（Francis W. Parker, 1837-1902）による改革運動は，クインシー運動（Quincy Movement）と呼ばれている。これは彼が視学官として1875年から1880年にかけてマサチューセッツ州クインシーで取り組んだ教授法の抜本的改革への試みであった。1883年，彼はクック郡師範学校（Cook County Normal School）の校長となり，その附属学校は「最も進歩的な学校」として評価された。

　その後，進歩主義教育運動の展開に大きく貢献したのが，『民主主義と教育』（*Democracy and Education*, 1916）を著したデューイである。彼はプラグマティズム（実用主義）の教育哲学者であり，1896年にシカゴ大学附属小学校を開設し，そこでの教育実践を通じて自己の思想を検証した（後にこの学校は「シカゴ大学実験学校」the Laboratory School of the University of Chicago と呼ばれた）。この学校での実践記録をもとに，デューイは『学校と社会』（*The School and Society*, 1899）を著し，教育の中心が子供へと移動する変革をコペルニクス的転回になぞらえて支持した（デューイ　1985：79）。ただし，『経験と教育』（*Experience and Education*, 1938）において述べられているように，彼自身は伝統的教育と進歩主義教育とを極端に「あれかこれか」の二者択一でとらえる考え方の危うさ，不毛さも指摘している（デューイ　2004：16-28）。

労作学校運動

　19世紀末には，新カント学派の哲学者ナトルプ（Paul Natorp, 1854-1924）が現れ，ヘルバルト学派を批判し，人間の調和的発展を求めるペスタロッチー教育学の復権のために腐心した。彼は『社会的教育学』（*Sozialpädagogik*, 1898）を著し，人間の調和的発展に貢献する「労作共同体」（Arbeitsgemeinschaft）へと学校を転換すべきであることを訴え，ドイツの改革教育に対して理論面で貢献した。ただし，労作共同体としての学校を実践的に推し進めていった立役者は，ケルシェンシュタイナー（Georg

Kerschensteiner, 1854-1932) である。

　ラングベーン（Julius Langbehn, 1851-1917）の『教育者としてのレンブラント』（*Rembrandt als Erzieher*, 1890）が大きな反響を呼び，アヴェナリウス（Ferdinand Avenarius, 1856-1923），ランゲ（Konrad Lange, 1855-1921），リヒトヴァルク（Alfred Lichtwark, 1852-1914）らによる芸術教育運動が展開した頃，ケルシェンシュタイナーは特に「芸術による教育」（鑑賞）を用いた子供の「受動的な享楽能力」育成の傾向に異議を唱えた。彼は真の公民教育を実現しようとする立場から，その手段として子供の手作業（Handarbeit）を重視し，職業教育と一般教育を融合した労作学校（Arbeitsschule）の必要性を訴えた。そして1895年にミュンヘンの視学官となるや，彼は1919年までの在任期間中，ミュンヘンの学校改革に取り組んだのである。1908年1月，彼は「ペスタロッチーの精神における未来の学校——労作学校」と題する記念講演を行ったが，その際，子供が書物中心に学ぶことになる「書物学校」（Buchschule）を批判し，「労作学校」への変革を訴えた。彼の考えをまとめた『労作学校の概念』（*Begriff der Arbeitsschule*, 1912）は各国語に翻訳され，労作学校運動が展開していった。なお，この運動に属する代表的な人物には多様性がみられ，精神的な労作を重視するガウディヒ（Hugo Gaudig, 1860-1923）なども属している[5]。

新しい教育実践

　新しい革袋には新しい葡萄酒を入れるべきであるのと同様に，新しい学校生活においては，また新しい教育実践方法が試みられていくことになる。ここでは，アメリカのデューイとその影響を受けた新しい教育実践の取り組みについて一瞥することにしよう。まずデューイの学習理論に基礎を置く新しい取り組みとして挙げられるのが，問題解決学習（problem solving learning）である。これは大人の側が学習内容を系統的に整理して提示するような系統主義の立場とは異なり，子供の生活経験における問題の解決過程を学習形態として組織したものである。デューイは問題解決学習における特徴的な思考の働きを，次の5段階の過程に整理した。すなわち，①問題の感知，②問題の設定・明確化，③可能な問題解決の予想，④その予想の根拠と

なるものを推論によって練り上げる，⑤観察や実験によって予想が正しかったか否かを導く，の5段階である（Dewey　1978：236-237）。

　なお，デューイの影響を受けて，アメリカではその後，キルパトリック（William Heard Kilpatrick, 1871-1965），パーカースト（Helen Parkhurst, 1885-1973），ウォッシュバーン（Carleton Wolsey Washburne, 1889-1968）らが新しい教育実践の試みを行った。キルパトリックのプロジェクト・メソッド（project method）では，「全精神を打ちこんだ目的ある活動」をプロジェクトと呼ぶ。そして彼は学習過程を①目的の設定，②計画の立案，③実行，④判断の4段階で定式化し，子供自身が合目的的で自発的な活動として学習を展開するように努めた。パーカーストのドルトン・プラン（Dalton Plan，正しくはDalton Laboratory Plan）では，学校生活を社会生活と同一原理で運営しようとする（学校の社会化）。彼女は社会生活に必要な基本的条件を自由と協同に見出し，子供と教師の契約仕事（contract job）として学習を位置づける。子供たちは月初めに教師から学習内容を記した配当表（assignment）を渡され，それを各自の進度でこなしていくことになる（学習の個性化）。さらに，ウォッシュバーンのウィネトカ・プラン（Winnetka Plan）は，彼がイリノイ州ウィネトカ市教育長として開始した教育実践である。彼は教育内容を共通基本教科（数学，国語など）と創造的グループ活動（音楽，体育など）に区分し，前者においては学習進度の個別化を図り，後者においては集団活動を重視している[6]。

　その他，ドイツでは，ケルシェンシュタイナーとともにドイツ学校改革同盟の理事をしていたペーターゼン（Peter Petersen, 1884-1952）が実践したイエナ・プラン（Jena-Plan）も見逃すことができない。ペーターゼンはペスタロッチーの夢みた「人間学校」（Menschenschule）に共鳴し，1924年4月からイエナ大学附属学校で新しい試みを開始する。彼は従来の学校に見られる学年学級制を解体し，新たに彼が「基幹集団」（Stammgruppe）と呼ぶ異年齢集団を核とする対話，作業，遊戯，行事という四つの学習の基本形態による学校生活（生活共同体）に着手した[7]。この取り組みが後に「イエナ・プラン」と命名され，世界的に知られることになった。

新教育連盟

　もう一つ，新教育運動の動向として挙げておかねばならないのは，国際的な新教育の組織・ネットワークの誕生である。1921年8月，イギリスのエンソア（Beatrice Ensor, 1885-1974）が「新教育連盟」（New Education Fellowship, 略称 NEF）を創設した（1966年より World Education Fellowship, 略称 WEF に改称）。この連盟には，スイスのフェリエール（Adolphe Ferrière, 1879-1960：活動学校）をはじめ，医師として障がい児教育の研究から出発したイタリアのモンテッソーリ（Maria Montessori, 1870-1952：「子どもの家」の創設，モンテッソーリ法）やベルギーのドクロリー（Ovide Decroly, 1871-1932：ドクロリー法），あるいはアメリカのデューイ，キルパトリック，ウォッシュバーン，パーカースト，またフランスのフレネ（Célestin Freinet, 1896-1966：フレネ教育），イギリスのニイル（Alexander Sutherland Neill, 1883-1973：サマーヒル・スクールの創設），ドイツのペーターゼンといった多くの著名な教育思想家・実践家たちが関与した。なお，エンソアは「人種，信条，性，階層，皮膚の色の差別なく，人類の世界同胞の核を形成する」との根本目的をもつ神智学協会（Theosophical Society, 1875-）のメンバーであり，この協会は新教育連盟の発足に際して助力をしている。シュタイナー（Rudolf Steiner, 1861-1925）は一時期この協会のドイツ支部事務局長に就任したが，後に決別し，1919年，新たに彼独自の人智学（Anthroposophie）に基づく自由ヴァルドルフ学校（Freie Waldorfschule, 別名シュタイナー学校）を設立した。

第二次世界大戦後の新しい動向から

　以上のような新教育運動は，次代を担う子供の自発性と個性を尊重し，子供中心の教育を推し進め，一定の役割を果たした。しかし，帝国主義化が押し進み，やがて第二次世界大戦という未曽有の破局的な出来事へと突入していった世界において，この運動は軍国主義や全体主義が支配する教育の潮流に対して抗う力にはなりえなかった。1945年を迎え，とりわけアウシュヴィッツに象徴されるような人間性の危機に遭遇した後で，人々はもはや何事もなかったかのように戦前の楽観的なムードへと逆戻りすることはできなかった。しかし，そうした状況の中から，実存哲学との関連において，人間

発達の連続的な過程を突然中断せしめる苦痛な出来事を契機とする人間発達の可能性に着目し、それを「教育の非連続的形式」（O.F.ボルノー）としてとらえていく新たな地平も生まれてきた（『実存哲学と教育学』1959）。

　戦後の冷戦時代には、人工衛星の打ち上げにおいてアメリカが旧ソ連に先を越されるという1957年の「スプートニク・ショック」が生じた。これを契機に、アメリカでは科学技術教育の振興政策がとられ、「教育の現代化」が推し進められていく。1959年、科学教育の改善に関わってウッズホール会議が行われたが、その議長を務めたブルーナー（Jerome S. Bruner, 1915-2016）は『教育の過程』（*The Process of Education*, 1960）を著し、科学に必要とされる数、量、確率の学習は、子供の思考様式に一致させるようにして、できるだけ早くから教え始め、後になってまた繰り返し教えていく螺旋型カリキュラムを提唱している。彼はまた、これに関連して、学習に当たっては子供用にアレンジされた問題解決的な教材を用いて、子供自身による探究と発見を通して学習が進行する発見学習（discovery method）を重視した。

　この他、1960年代には、学校教育の枠組みを超えた教育のあり方を模索する動きも生じてくる。その一つが生涯教育の提唱である。1965年12月、フランスのラングラン（Paul Lengrand, 1910-2003）は、ユネスコ本部成人教育推進国際委員会において「生涯にわたる統合された教育」（lifelong integrated education）を提唱した。これが契機となって、その後の生涯教育（及び生涯学習）の世界的な展開が推し進められていくことになる。生涯教育の目的は、職業訓練、学位や資格取得、教養・娯楽等々さまざま考えられる。しかし、ラングラン自身は生涯教育の目的を、「自分の生活の種々異なった経験を通じてつねによりいっそう自分自身になるという意味での存在の発展」（ラングラン　1972：49）に置き、そのための生涯にわたる自己教育を重視していた。

　もう一つ、さらに脱学校論についても触れておきたい。イリイチ（Ivan D. Illich, 1926-2002）は1971年、『脱学校の社会』（Deschooling society）を著し、学校がもたらす「価値の制度化」の問題点を指摘した。学校の中で子供たちは、①カリキュラムに基づく細分化された教授と学習、②学習結果の測定、③進級や卒業・資格付与といった一連の専門化されたプロセスの中に組み込まれる。これによって学校がもたらす制度化された教育にこそ意味があると

する価値観が醸成されていく。そしてそうした価値観が広く社会へと浸透し，何事においても専門化され，制度化されたものに価値を置き，それを求める傾向性が増幅されていく（イリッチ　1997：80）。イリイチはこのような「価値の制度化」を批判し，脱学校化に関わってラーニング・ウェブ（Learning Web）という学習のネットワークづくりを提唱した。ただし，彼は単に学校教育を否定しようと目論んだわけではなく，学校に見られる「価値の制度化」の検討を通じて現代社会の問題点を鋭く描いたのだと言えよう。なお，イリイチが提唱した脱学校化の試みをさらにホーム・スクーリング（Home Schooling）の形で具体的に展開したのが，ホルト（John Holt, 1923-1985）である。

　最後に20世紀後半に生じた教育学の科学性をめぐる新しい動きにも触れておくことにしよう。この動きは特に学術的教育学の確立へ向けて腐心し続けてきたドイツ教育学の内部で生じた。1918年から1933年まで，また1945年以降の主流を形成していたのは，ディルタイ（Wilhelm Dilthey, 1833-1911）の哲学とその精神科学的方法の影響を受けた，いわゆる「精神科学的教育学」（Geisteswissenschaftliche Pädagogik）の代表者たち（H. ノール，E. シュプランガー，Th. リット，W. フリットナー，E. ヴェーニガーら）であった。しかし，1960年代に入ると，ブレツィンカ（Wolfgang Brezinka, 1928-2020）に代表される自然科学をモデルとする新実証主義の教育科学（Erziehungswissenschaft）の立場からその非科学性が指摘された。また，ヴェーニガーの弟子たち（I. ダーマー，H. ブランケルツ，W. クラフキー，K. モレンハウアーら）は，フランクフルト学派に由来するイデオロギー批判（Ideologiekritik）の視点を導入し，精神科学的教育学の修正を試みた。このように20世紀後半には，教育学の学問的確立という課題へ向けての活発な取り組みがみられたが，この課題は21世紀を迎えた現在においても未解決のまま残されている。

〈註〉
1）ただし，フレーベルの思想には，ロマン主義の原則に反するキリスト教的神秘主義の傾向が見られたり，時代としては後期ロマン主義に属していながら，思想的には前期ロマン主義に根ざした「遅れてきた」思想家と位置づけられたりする点には注意が必要である。

2）万有在神論は，フレーベルの基本思想であるが，彼自身は，それを「球体法則」と称
している（豊泉　2014：ⅲ）。

3）フレーベルは1840年6月，ドイツのバート・ブランケンブルクに「一般ドイツ幼稚
園」という世界最初の幼稚園を創設した。

4）ドイツの改革教育の中には，田園教育舎運動に見られるような教育実践上の変革のほ
か，教育理論上の刷新の動きも現れた。その代表者として，ディルタイ学派のシュプ
ランガー（Eduard Spranger, 1882-1963）を挙げておこう。彼はディルタイの他，パ
ウルゼン（Friedrich Paulsen, 1846-1908）からも影響を受けて文化教育学
（Kulturpädagogik）を樹立した。これは子供からの教育には客観的な文化の媒介が必
要であると主張するもので，シュプランガーは『生の形式』（*Lebensformen*, 1921）
において，文化の媒介を経て発展する人間の六つの理想型（理論的，経済的，美的，
社会的，宗教的，権力的人間）を掲げた。

5）社会主義国では，旧ソ連のクループスカヤ（Nadezhda Konstantinovna Krupskaya,
1869-1939）が『国民教育と民主主義』（1915）を著し，人間の全面発達を目指して教
育と労働を結合した総合技術教育（ポリテフニズム）を展開した。

6）「〜プラン」として取り上げられるものとしては，この他，アメリカのモリソン
（H.C.Morrison, 1871-1945）による各学習単元の指導過程を5段階（探索・提示・理解
（同化）・組織化・発表）で構成し，その完全な修得を目指すモリソン・プランや，
ヴァージニア州教育委員会が1934年に提出した学習指導要領案で，教科カリキュラム
を排し，社会生活の観点（問題単元）でコア・カリキュラムを編成するヴァージニ
ア・プランが有名である。

7）社会主義国において学校を集団的訓練の場とし，「基礎集団」を編成して軍隊的規律
を重んじたのが，旧ソ連のマカレンコ（Anton Semyonovich Makarenko, 1888-
1939）である。

学修課題

(1) 第3章が取り上げた各時代を通じて，教育理念はどのように変遷したか，
まとめなさい。

(2) 第3章の中から，あなたが特に関心を抱いたトピックあるいは人物につ
いて，詳しく調べてみなさい。

〈引用・参考文献〉
石山脩平『西洋近代教育史』（有斐閣，1959）
伊藤忠好『ペスタロッチの教育思想』（福村出版，1977）
稲富栄次郎『ルソオの教育思想』（福村出版，1966）
稲富栄次郎監修『教育人名辞典』（理想社，1962）
I. イリッチ／東洋・小澤周三訳『脱学校の社会』（東京創元社，1997）
岩田朝一『ロックの教育思想』（学苑社，1983）
梅根悟・勝田守一監修『教育学講義他』（明治図書出版，2001）

岡本英明『解釈学的教育学の研究』（九州大学出版会，2000）

長田新編『ペスタロッチー全集』全13巻（平凡社，1959〜60）

小原芳明編『西洋教育史』（玉川大学通信教育部，2003）

木村謹治『ゲーテ・シルレル』（岩波書店，1937）

シャトレ／野沢協監訳『啓蒙時代の哲学』（白水社，1998）

シラー／清水清訳『美的教養論』（玉川大学出版部，1969）

皇至道『西洋教育通史』（玉川大学出版部，1962）

J. デューイ／毛利陽太郎訳『学校と社会』（明治図書出版，1985）

J. デューイ／市村尚久訳『経験と教育』（講談社，2004）

豊泉清浩『フレーベル教育学研究』（川島書店，2014）

長井和雄ほか編『ロマン主義教育再興』（東洋館出版社，1986）

長尾十三二『西洋教育史（第二版）』（東京大学出版会，1991）

東岸克好ほか著『西洋教育史』（玉川大学出版部，1986）

東岸克好ほか著『教育思想史叙説』（葵書房，1971）

フィヒテ／冨野敬邦・森霊瑞訳『ドイツ国民に告ぐ』（玉川大学出版部，1970年）

福島政雄『ペスタロッチの根本思想』（福村出版，1976年）

フレーベル／荒井武訳『人間の教育（上）』（岩波書店，1964）

フンボルト／クラウス・ルーメルほか訳『人間形成と言語』（以文社，1989）

W. ボイド，W. ローソン／国際新教育協会訳『世界新教育史』（玉川大学出版部，1966）

ボルノー／峰島旭雄訳『実存哲学と教育学』（理想社，1966）

ボルノー／浜田正秀訳『人間学的に見た教育学（改訂第二版）』（玉川大学出版部，1973）

三井善止，土山牧民，鯵坂二夫，小野寺律夫，杉峰英憲『西洋教育史（第7版）』（玉川大学通信教育部，1986）

三井善止編著『教育の原理』（玉川大学出版部，2006）

山田栄ほか共編『増補新西洋教育史』（協同出版，1974）

ラングラン／波多野完治訳『生涯教育入門』（財団法人全日本社会教育連合会，1972）

ルソー／今野一雄訳『エミール』全3巻（岩波文庫，1999〜2000）

レールス編／天野正治ほか訳『現代ドイツ教育学の潮流』（玉川大学出版部，1992）

ジョン・ロック／押村襄訳『教育に関する考察』（玉川大学出版部，1953）

Dewey, John. How We Think, in: John Dewey: *The Middle Works 1899-1924, Volume 6: 1910-1911,* edited by Jo Ann Boydston, Southern Illinois University Press, 1978.

Herbart, Johann Friedrich. *Sämtliche Werke.* in 19 Bd. In chronologischer Reihenfolge herausgegeben von Karl Kehrbach und Otto Flügel, Bd.2, Neudruck der Ausgabe Langensalza 1887, Aalen: Scientia Verlag, 1964.

Reble, Albert. *Geschichte der Pädagogik.* 22.Aufl., Stuttgart:Klett-Cotta, 2009

第4章 教育の歴史(日本編)Ⅰ
—古代から近世まで—

　本章では「教育の歴史（日本編）Ⅰ」として，古代・中世・近世という広範にわたる日本教育史を概観する。第1節「古代の教育：飛鳥時代から平安時代まで」においては，まず「憲法十七条」や大友家持の「族に喩す歌」（やからにさとすうた）を，次に「大学寮」と「国学」を取り上げる。さらに「寺院の教育」では，最澄と空海を扱う。第2節「中世の教育：鎌倉時代から室町時代までの分権的自主自律の教育」では，中世日本社会の特徴を示してくれる武家と寺院の教育に迫る。第3節「近世の教育：社会構造の変動と自主自律教育の成熟期」では，江戸時代の教育を取り上げる。特に，民間の初等教育機関ともなった寺子屋と，高等教育機関ともなった私塾の教育に着目する。

　今を去ること二千数百年の昔，古代中国儒教の祖孔子（552-479B.C.）及び
その高弟たちの言行録である『論語』の「為政篇」には，「故きを温ねて新
しきを知る以て師と為るべし」との言葉がある。人の教師となる資格として，
過去の事績をよく探求考察し，新たな世のための知見を見出だすことが求め
られる，という意味である。また時を隔てて20世紀イギリスの歴史家 E.
H. カー（Edward Hallett Carr, 1892-1982）もまた次のように言う。「歴史とは
歴史家と事実との間の相互作用の不断の過程であり，現在と過去との間の尽
きることを知らぬ対話である」と（E. H. カー　1962：40）。

　このような先哲先学の言葉にもあるように，歴史とは単なる過去の事実の
列挙ではない。それは過去と現在と未来との関わりの探求である。過去は現
在の，現在は未来の原因であり，現在は過去の，未来は現在の結果である。
つまり，私たちが歴史を学ぶ意義は，私たちが今こうしてこのように生きて
いる現在は果たしてどのような過去の経緯に基づいているのか，そして私た
ちが今この現在に経験しつつある出来事，選択した社会の姿が，今後の未来
にどのような結果をもたらすのかを探求することにある。

　教育史の学びについても全く同様のことが言える。現代の日本社会を生き
る私たちは，幼少の頃から国家社会が用意した多分に意図的目的的な教育制
度のなかで育てられ，個々の人格を形成している。そのような体制を直接間
接に形作っているのは，古代から近代に至る祖先たちが担ってきた教育文
化・思想・制度の積み重ねである。同様に，私たちの子や孫の世代が経験す
るだろう教育の体制には，今この時代を，責任をもって担う私たち自身の選
択した教育の諸相が直接の影響を与えているのである。つまり教育史を学ぶ
ことの意義は，今現在の私たち自身の住まう時代と社会のあり方を理解し，
そして未来の社会の姿を思い描いてみることにあると言ってよいだろう。

第 1 節　古代の教育：飛鳥時代から平安時代まで

日本教育史のはじまり

　日本教育史の最古層をどこに求めればよいかという問いは，かなりの難問である。人間のどのような営みを教育と呼べばよいのかという，教育の定義そのものに関わる根本的な問いだからである。人が人へと何かを伝達する事をもって，教育の端緒とするのであれば，人と人とが関わり合い，互いの経験や思想を伝え合いながら形作ってきた創世以来の人類史は，間違いなく教育史とは同一歩調を取るに違いない。

　だが，古記録古文献の類いにその痕跡を求めようとするなら，おそらく日本教育史がその最初の足跡を示すのは，『日本書紀』応神天皇の15年 8 月の記述だろう。 4 世紀後半頃と比定されるその事績は，当時の百済（くだら）の王が遣わした阿直岐（あちき）という人物が経典をよく読むことができたので，太子・菟道稚郎子（うちのわき）の師としたということである。阿直岐はさらに応神天皇に自分より優れた人物として王仁（わに）を推薦し，翌16年の 2 月に百済より招聘，太子は彼から諸々の典籍を習って精通しないものはなくなるほどに至ったという。皇太子という当時の為政の根幹的な立場にある人物が，渡来人によって東アジア文明に濃厚に触れてゆくところが日本教育史の始まりにあるということは，我が国の教育が外来文化文明の摂取を後々までも基調としてゆくさまを想起させる。

　文献として残る我が国最古の教育的言説は，『日本書紀』推古天皇12（604）年 4 月の条に見られる，上宮厩戸豊聡耳太子（かみつみやうまやどのとよとみみのひつぎのみこ），一般には聖徳太子として知られている人物が定めたとされる「憲法十七条」である。憲法と名がついているが，それは今日にいう国家の根本法となる基本原理・原則を定めた法規範という意味でない。むしろ当時の東アジア文明の根幹とも言える儒教・仏教の精神に基づいて，聖徳

厩戸皇子

103

太子が貴族や官僚に対して教え諭した政治道徳集と言った方がよい。全17条の具体的な内容については，第7章で原文と訳文（部分）とを掲げて解説する。

　憲法十七条が公的な教訓集であるのに対して，私的な立場で自分の一族に伝えた教訓が，我が国最初の和歌集として名高い『萬葉集』（8世紀後半頃成立）に見られる。巻20にある大伴家持（718頃-785）の「族に喩す歌」がそれである。家持は聖武天皇から桓武天皇に至る律令体制下で朝廷に仕えた貴族であり，『萬葉集』選録者の一人とも推定されている歌人でもあるが，本来大伴氏は天皇に近侍してきた武人の家柄である。この歌も，子々孫々に対して武人としての家の歴史と名を汚すことなく誠心誠意忠勤せよとの遺命を趣旨としている。次節で述べる中世武家家訓の先取りとも言えるかも知れない。

律令制のための教育：大学寮

　聖徳太子の死後，中大兄皇子と中臣鎌足による蘇我氏追い落としの政変，そして天智天皇による「大化の改新の詔」（646）を経て，我が国は律令体制に移行することになる。「律令制」とは，律令・格式に基づいた中央集権的な法治国家システムのことである。我が国の場合，それは当時の東アジア文明圏の中にあって，隋・唐の律令制度を模範として整備された，7世紀後半の飛鳥時代から10世紀の平安時代までの二百数十年にわたる国家統治制度であった。

　「律」とは今日でいう刑法，「令」は行政法と民法など，「格」とは，律令の規定の補足・改正条項，「式」は律令と格の施行細則を指していう。その動きが本格化するのは天武天皇治世の「飛鳥浄御原令」（689）からであり，以後「大宝律令」（701），「養老律令」（718），「弘仁格式」（820），「天長格式」（830），「令義解」（833），「貞観格式」（869～871），「延喜式」（927）と，幾度かの改正がなされた。

　このような大規模かつ精密な法体系の制定と運用は，必然的に大量かつ熟練した官僚集団を必要とする。そのため令には官制・田制・税制・兵制等に並んで学制が詳細に規定された。「大宝律令」の中の「学令」がそれにあたる。その中心となるのが，国家官僚養成機関としての「大学寮」という我が

国初のシステム化された国家的教育制度である。大学寮は，律令制下の式部省（文官の人事，礼式，叙位・任官，行賞を司る）直轄で，官僚候補の学生に対する儒教に基づいた教育と試験，及び儒教の祖孔子やその他の先哲を祭る重要儀式である釋奠（またはしゃくてん）を行った。

　学生の入学資格は，位階五位以上の貴族の子弟，及び東西史部（朝廷で代々記録・文書をつかさどった部曲）の子の13歳以上16歳以下に限られた。ただし，六〜八位の同年齢の子弟も特に請願すれば入学を許可されたという。

　設立当初の大学寮では，儒教のテキストである周易・尚書・周礼・儀礼・礼記・毛詩・春秋左氏伝といった経書を専攻するコースを本科とし，それに書（筆法）・音（中国語の発音）を補助学科として付随させた。学生定員は400名で，教官としては博士を1名，助博士（養老令においては助教と呼ばれた）2名，書博士と音博士を各1名置いている。学生はまず音博士について経書の文句を充分に読みこなせるようになった後に博士から講義を聴いた。このような経書の学習を本旨とする学科は，後に「明経道」と呼ばれるようになったが，学科の呼称を「道」というのは，前述の貞観格式（869〜871）以降のことと考えられている。現在でも主要な教育用語であるカリキュラム（curriculum）はもともとラテン語起源で「競走路」のことをいい，その英訳は道筋の謂であるコース（course）である。洋の東西を越えた発想の符合が認められる。

　設立当初の大学寮では，このように明経道が中心的な地位を占めていたが，神亀5（728）年には漢文学・歴史学を掌る文章博士と同時に律令の解釈と運用にあたる律学博士（ほどなく明法博士と改称）が新たに置かれ，翌々年の天平2（730）年にはそれぞれ学生定員20名と10名の独立した学科となった。前者は後に紀伝道，後者は明法道と呼称されるようになる。当初，文章生と明法生は雑任や白丁といった下級官人または庶民の子弟から採用されることと規定され，従五位下以上の位階をもつ貴族子弟を学生とした明経道よりは格の低いものとみなされていた。しかし9世紀の前半から桓武天皇の治世に律令制が振興されると明法道の地位は相対的に上昇し，紀伝道に至っては弘法大師空海や橘逸勢（782?-842）とともに三筆の一人として高名な嵯峨天皇の時代に，文章博士の地位向上によって，弘仁12（821）年には明経道をも

105

制して最上位を占めるようになった。

　大学寮の学生は将来の官僚候補生であるから，律令制における官吏登庸法は大学寮のカリキュラムや試験のあり方を少なからず規定していた。官途に就くためには，学生は大学寮による寮試という卒業試問を受けなければならなかった。その結果が8割の正答率で次の段階，すなわち本体である式部省による省試に進むことになる。省試は秀才・明経・進士・明法・算のいずれかのコースに分かれていて，成績上位者は八位～初位の位階が授けられて官吏に登庸された。また成績優秀な学生の一部には得業生として大学に残り博士を目指す者もいた。

　こうした本科以外にも計算や測量に従事する技術官僚養成を目的とした「算」のコースを設置して算博士を置き，30名の学生定員を割り当てた。本科の補助学科という扱いであった「書」に関しても，書記官養成を目的として，本科生以外に書学生を若干名採ることとされていた。律令制における技官養成への配慮はこれに留まらず，大学寮以外にも陰陽寮（おんみょうりょうとも。30名定員）・典薬寮（82名定員）・雅楽寮（296名定員）などが置かれ，それぞれ陰陽・天文・暦，医学・薬学，雅楽が教授された。

国学

　律令制下では地方の行政区分を「国」といい，その行政機関を国衙または国庁といった。国府（府中と呼ばれることもある）は国衙の所在地，または国衙を中心とする都市のことである。律令制は前述のように中央集権体制であるから，国を治めるのは土着豪族である国造ではなく，中央から派遣された国司である。

　中央の朝廷が多くの行政官を必要とするように，地方の国衙もまたその運営には国司を頂点とする官僚システムがなければならない。そのための人材養成機関が「国学」である。国学は，すでに大宝律令において各国の国府に1校の併設が義務づけられていた。大学寮のような専属の事務官は置かれず，国司が直接管轄することになっていた。カリキュラムは中央の大学寮や典薬寮に準じるもので，各国ごとに国博士と国医師を置くことになっていたが，それぞれの国の国力には差があり，発足当初から一人の国博士が複数国を兼

任したり，中央にいながら名目だけ国博士に任ぜられたり（遥授という），国府の事務作業に動員されるようなこともあるなど，人材難に悩まされていたようである。

　入学資格は郡司の子弟のうち，13～16歳の聡明な者，とされていたが，欠員がある場合には庶民の子弟に入学を許すこととなっていた。定員は国の規模によって異なり，大国（大和，伊勢，越前，武蔵など）で学生50名医生10名，上国（山城，尾張，駿河，相模など）で学生40名医生8名，中国（若狭，能登，土佐，薩摩など）で学生30名医生6名，下国（和泉，志摩，伊豆，対馬など）で学生20名医生4名とされていた。成績優秀な国学生は，希望があれば中央の大学寮で学生となり，官途に就く道も開かれていた。

　先に述べたように，国学は慢性的な人材難が主たる要因となり，実態としてははかばかしい成果を挙げることができなかったようである。律令制度の崩壊とともに国学も衰退し，平安時代末期の12世紀初期に廃絶されたと考えられている。

大学別曹

　大学寮の学生が授業を受けていたのは、寮内の寄宿舎と教室を兼ねた施設である「直曹」だった。その生活費は「学料田」（後に勧学田と改称）から支給されていた。直曹は学科ごとに分かれていて、文章生は文章院、明経生は明経道院、算生は算道院、明法生は明法道院で暮らしかつ学んでいた。

　しかし、律令制下にあってもすべての学生が平等だったわけではなく、平安時代になると一部の有力貴族は、一族の子弟のための寮舎兼自習施設を設けた。その創設は、いずれも遷都が成ってからほどない平安初期に集中している。主なところを見ると、延暦末期から大同初年中（800年代初期）には和気広世（生没年不詳）が「弘文院」を創設、さらに藤原冬嗣（775-826）が「勧学院」を弘仁12（821）年に設立した。承和14（847）年には嵯峨天皇の太皇太后橘嘉智子と時の右大臣橘氏公が「学館院」を、元慶5（881）年には在原行平が皇親、諸王、皇別氏族のための「奨学院」を創設した。

　これらは10世紀半ば頃までにはいずれも公認されて「大学別曹」という大学寮の付属機関となったが、その維持運営は設置した各氏に委ねられていた

107

ので，かなりの独立性を有していた。この有力氏族による独自運営は，本来律令に基づいた公的な機関であるはずの大学寮に私的な力関係を忍び込ませるもとになった。藤原氏のように大学別曹を有する有力氏族の出身者は，学資の保障を得て安定した勉学環境をもつことができる。

　一方，それ以外の氏族出身の学生との間には，必然的に格差が生まれたのである。そもそも平安時代の初期，当時の文章博士であった菅原清公が承和元（834）年頃に直曹である文章院を整備したことに，こうした不均衡が生じる発端があった。さらに文章博士の地位向上，さらに菅原氏よる文章博士の世襲化の進展が，文章院や文章生に対する菅原氏の支配強化をもたらした。こうした事態への反発が，藤原氏をはじめとする有力氏族の私的寮舎設立に拍車をかけたのである。

　こうした事態は大学寮の存立基盤そのものを揺るがしてゆく。大学寮内であっても，そのような権力争いと無縁であるわけもなく，菅原氏や大江氏といった教官の間で博士の地位を世襲させるために，特定の家系で知識の独占を図るようになり，学説や学生の官吏登用をめぐる派閥が形成されるようになった。授業も大学寮ではなく自らの私邸を用いて限られた子弟や門人に対してのみ行われるようになった。さらに藤原氏摂関政治による権力の独占など，律令に基盤をおいた行政への官僚供給という大学寮の本旨そのものが次第になし崩しにされてしまうようになる。

　任官制度上も，在学中の学生が教官によって無試験で判官や主典（3等・4等級相当）といった官職に推薦される「道挙」と呼ばれる制度が早くも9世紀末頃に導入される。平安時代中期の10世紀後半には，大学別曹に対しても所属学生を諸国の掾（国府の判官級役人）への無試験任官の推挙を行う「院年挙」を認めるようになった。こうなると，大学寮の卒業は官吏登用のための必須の要件ではなくなり，大学寮の試験が形骸化されるきっかけとなった。こうして院政期を経て，平安時代の末期には，大学寮の意義そのものが有名無実となるに至るのである。

寺院の教育

　我が国への仏教が公式に伝来したとされる6世紀半ば以来，寺院は当時の

朝鮮半島や中国大陸におけるグローバルな文明の摂取拠点であった。それは宗教施設というよりも，むしろ学問所であったという方が真相に近いらしい。すでに奈良時代には，法隆寺（7世紀前半頃創建）を「法隆学問寺」と称していた例もある。そもそも仏教という外来思想は，インドの古典文章語であり神聖文字でもある梵語（サンスクリット語）で記されたテキストに基づくものであり，日本へは中国で漢訳した経典を介して伝来したわけだが，そのため仏教入門者はまず師僧について漢籍の読解力をつけた後でなければ，仏典に触れることができなかったからであると考えられる。

　日本天台宗の開祖である最澄（767-822）は，日本教育史の上では最初の私立総合大学を創設した人物として評価できるだろう。桓武天皇の信任を受けた最澄は，延暦23（804）年，遣唐使とともに入唐して円（天台の教理）・密（密教）・禅・戒律の四つを学んで翌年帰国，これらを総合して日本天台宗を開き，国家の宗教として公認された。

　一乗止観院は最澄の没後，創建年号をとって「延暦寺」という寺号を許され，その後の日本仏教教学の一大中心地となった。天台法華の教えの他に密教，禅（止観），念仏など多様な教学上の展開を推進し，あたかも仏教の総合大学の様相を呈していたのである。最澄は『法華経』を根本教義とし，すべての人間は最終的に例外なく悟りと救済に至ることができるという一乗思想（天台法華一乗）を展開した。

　最澄は弘仁9（818）年「山家学生式」を著して，新たに比叡山に国家公認の僧となるための具足戒の儀式を行う「戒壇」を設け，そこで天台宗の年分度者（各宗派割り当ての国家給費学生僧）を大乗の戒律で受戒できるよう，当時の嵯峨天皇に上奏した。「山家学生式」とは，天台宗（山家）の学則集である。最澄はその中で得度受戒した僧を12年間比叡山から一歩も出さずに籠山修行に専念させ，一条思想に基づく純粋な大乗仏教の僧侶を養成することを求めている。この修行を終えた者の成果から適性を判断し，学問にも実践にも優れた者を国の宝として比叡山に留め最上席の者とし，学問のみに優れた者は地方の国師に，実践のみに優れた者は国の実務担当者として用いようとした。

　延暦寺が輩出した数々の名僧には，天台宗の密教（台密）の発展に尽力し

た円仁（794-864），円珍（814-891），中興の祖良源（912-985）のほか，念仏系
では『往生要集』の著者源信（942-1017），融通念仏宗の開祖良忍（1072-1132），
浄土宗の開祖法然（1133-1212），浄土真宗の開祖親鸞（1173-1262），禅系では
日本臨済宗の開祖栄西（1141-1215），日本曹洞宗の開祖道元（1200-1253），さ
らに日蓮宗の開祖日蓮（1222-1282）などがいる。このようにその後一大隆盛
をみる鎌倉新仏教の開祖たちに平安末期から鎌倉時代にかけて大きな影響を
与えたという点で，最澄と比叡山延暦寺の名は，日本教育史上特筆に値する
と言えるだろう。

　平安初期の日本真言密教の開祖である空海（774-835）は，延暦23（804）
年最澄らとともに入唐し，青竜寺の恵果からインド伝来の密教の奥義を伝授
された。帰国後は高雄山寺に住み，弘仁14（823）年には京都の東寺（教王護
国寺）を与えられて真言密教の研究・普及活動を推進した。真言密教とはイ
ンドで成立した最後期の仏教の姿で，日常の人間の言葉を廃し，大日如来の
言葉すなわち真言に直接ふれ，身（体）・口（言葉）・意（心）のすべてにお
いて一体化することで，現世における成仏（即身成仏）が可能となると説い
た。

　空海の文化・教育上の事績は多岐にわたるが，その教育史上の意義は何と
いっても綜藝種智院の創設にあるだろう。これは我が国初の民間に対して開
放された私立学校である。その名は，密教の根本経典の一つである『大日
経』の「初阿闍梨兼綜衆芸」と『摩訶般若経』の「以一切種智知一切法」
という語に由来する。諸々の学芸を兼ね総べ，仏の有する完全無欠の知恵
（悟り）に至り衆生を救済しようという志を涵養する，という意味である。

　綜藝種智院は，空海の崇敬者の一人藤原三守（785-840）による邸宅の寄進
を受けて，天長5（828）年に創設された。空海にはかねてより民衆救済の
願望があり，そのために仏教・儒教・道教の三教（密教・顕教・儒教の三教と
もいう）を学ぶ学院の設立を企図していたという。一般庶民を貴賤の別なく
受け入れるというのは，大乗仏教固有の平等観によるのはもとより，「種智
院式」において言及されているように，空海の留学の地であった唐の閭塾
（町中にある幼年者の学舎）や郷学（県に置かれた青少年の学舎）がそのモデル
となっているのであろう。

　これ以前にも，空海自身も建学の趣旨を記した「綜藝種智院式弁序」^{しゅげいしゅちいんのしきじょをあわせたり}の文中であげているように，吉備真備^{きびのまきび}の「二教院^{にきょういん}」（770頃）と石上宅嗣^{いそのかみのやかつぐ}の「芸亭院^{うんていいん}」（771頃）という先例はあった。ともに学ぶ志のある者に開放した図書館兼教育施設のようなものであったらしい。しかしその対象は当時の通例であるとはいえ，あくまでも貴族に限られていた。これに対し，空海の綜藝種智院が庶民教育を志していたということは，我が国の教育史においては画期的な出来事なのである。

　学科は上述の趣旨に即して，世俗の人々の利益となるよう仏教ばかりでなく儒学も課した。それに合わせて教師も僧侶と俗博士の双方を招聘した。その教師の資質としても，深く幅の広い学識を有していることは言うに及ばず，高い徳性と献身性とを備えた公平無私な人材を求めた。こうした教師の資質の重視にも，空海の当時としては革新的な教育構想を看て取ることができるだろう。

　承和2（835）年に空海が入滅し，同7（840）年に三守も没すると，経済的基盤を失った綜藝種智院は維持困難となり，その後20年ほどで廃校せざるを得なかった。官からの独立を保った私学の運営には，理念の後継者と物心両面における後援者の存在が欠かせないということであろう。しかしながら，たとえその志は充分に遂げられなかったとしても，空海の試みは，先に述べた最澄とともに，庶民への仏教信仰の普及及び仏教指導者養成という次代の鎌倉寺院教育への先駆として，充分に評価されるべき事績である。

第2節　中世の教育：鎌倉時代から室町時代までの分権的自主自律の教育

武家政権の時代

　平安末期における院政の時代から，保元・平治の乱を経て平家による政権の樹立と争乱の果ての滅亡といった統治体制の激変期が，我が国中世の幕開けである。前代の中央集権体制は，新たな支配層である武家による支配体制へと徐々に移行していった。鎌倉政権による守護・地頭の任命に伴う分権的

統治機構が全国に及ぶに至り，前代の律令制下において中央集権的官僚養成を目的とした学制自体の意義も失われた時代であった。大学寮や国学，有力貴族による別曹など，公設・私設の学校組織あるいは準学校組織は，制度自体のほころびや経済的基盤の喪失が原因で解体，あるいは有名無実化していった。

　室町時代中期以降に守護大名らよる一国単位の領国化が進み，現地の実態に即した統治のために基本法令である「分国法」が制定されるようになる。利害得失や関心事を異にする武士，貴族，庶民といった社会階層の独立性は，こうした一連の歴史的推移において強まってゆき，教育も階層や職域ごとの実情に即し，それぞれの意志と責任とにおいて行われるようになった。つまり，こうした鎌倉時代（1185〜1333）から室町時代（1336〜1573）に至る約400年にわたる中世の教育の特徴を一言で表すなら，自主自律の教育といったところだろう。本節では，中世日本社会の特徴を最も色濃く反映している武家と寺院の教育を中心に概要を述べてゆく。

武士の文化志向と金沢文庫

　武家の時代といっても，学問が軽視されていたというわけではない。政権の基盤作りと維持のためには，武技以上に社会的秩序や価値規範の大もととなる文化を質量ともに豊かなものにしておかなければならない。鎌倉幕府初代将軍源頼朝（みなもとのよりとも）（1147-1199）は，京から鎌倉へと下向して来た大江広元（おおえのひろもと）（1148-1225）を政所別当に，中原親能（なかはらのちかよし）（1143-1209）を政所公事奉行（まんどころくじぶぎょう）に，算道の三善康信（みよしのやすのぶ）（1140-1221）を問注所執事（もんちゅうじょしつじ）に抜擢するなど，大学寮出身で都の文化的素養を積んだ知識人たちを優遇し，幕府運営実務の重責を担わせた。

　こうして鎌倉の御家人たちにも幕府の統制下において安定した生活が可能になってくると，次第に公家によって醸成された王朝文化を学ぶ志向性が促されてきたようである。それまでの武士の余技は，犬追物（いぬおうもの），流鏑馬（やぶさめ），笠懸（かさがけ），相撲，狩猟など，戦闘技術に通じるものが奨励されていたが，源家三代の将軍没後に公家将軍を迎えるようになって以降，書道や蹴鞠（けまり），管弦，郢曲（えいきょく）（宮廷由来の歌謡）などの芸能のたしなみが求められるようになったことが，1300年頃成立の鎌倉幕府の歴史書『吾妻鏡』（あずまかがみ）の文中から窺える。

　鎌倉幕府第3代執権で「御成敗式目」を定めた北条泰時（1183-1242）も，きわめて学問熱心なことで知られている。その泰時の甥で，金沢北条氏の初代である北条実時（1224-1276）は，3代執権泰時から8代時宗の時代に至る長きにわたって幕府の要職を務めた後，六浦庄金沢（現神奈川県横浜市金沢区）に退隠した。若年より学問に対する志の高く相当な蔵書家でもあった実時は，晩年の建治元（1275）年頃，その蒐集した和漢の書を収める書庫を退隠の館に設けた。これが「金沢文庫」の創建とされる。

　実時の没後，生前に金沢の邸宅敷地内に建立した称名寺の一角に独立した文庫が設けられ，累代の子孫によって集積された和漢の膨大な典籍によって充実していった。元弘3（正慶2，1333）年の北条氏滅亡の後は，「称名寺学林　武州六浦金沢学校」として名高くなった称名寺に管理が引き継がれ，住持による法談や和漢の典籍に関する講義を聴聞しに来た諸国の好学の徒らに対して，文庫の閲覧や書写が許されたという。このように金沢文庫の創設と発展は，武士がもはや単なる王朝文化の模倣者の立場から，自ら文化発信者の立場へと移行してゆく様子を物語る重要な事績と言えるだろう。

武家家訓

　北条泰時の弟で六波羅探題や連署を務めた重時（1198-1261）は浄土宗に帰依する一方で儒学を重んじ，さらには言語，動作，日用の瑣事までにわたって教訓した「六波羅殿御家訓」や，より仏教色の濃い「極楽寺殿御消息」（一説に重時作ではないとも）を遺した。いわゆる武家家訓である。「家訓」とは，家長の地位にある者が子孫や一族，あるいは家臣団を対象として書き遺した訓戒である。家が社会集団の基本的単位を成していた我が国中世においては，父は子の，主君は家臣の師でもあったと言える。

　武家家訓の有力なルーツの一つとして考えられるのは，家督相続に際して作成された財産目録文書である。親から子への譲渡物等を列挙した目録の末尾には，通例として遺命・遺戒が添えられたが，それが分離独立して「置文」という現代の遺言にあたる文書が成立し，それが家訓へと発展していったと考えられる。武家家訓は，特に室町末期の戦国時代以降，類例が多くなる。

　戦国における下剋上の世は，各家各人の実力主義の世である。冷徹な情勢判断力や領内の人心を一つにする集団統率力などの有無は，家の存亡を左右する重大事である。祖先の重厚な経験に裏打ちされた知恵の累積は，リアリズムに富んでおり，そうした能力の涵養にとって最適な教材であったことであろう。北条重時の家訓を先例として，高名な室町幕府の守護大名や戦国大名の家には必ずと言ってよいほど家訓が伝承されていた。いくつか例を挙げると，室町幕府守護大名のものとしては，斯波義将作で永徳3（1383）年成立の「竹馬抄」，永享元（1429）年の奥書がある今川貞世（了俊）作「今川状」（今川壁書とも）などがある。また，後北条氏に伝わる「早雲寺殿廿一箇條」や，上杉氏の「上杉謙信公家訓十六箇条」も，成立年代不詳ながら後世まで名高いものとして伝わっている。「早雲寺殿廿一箇條」については，第7章で原文・訳文（部分）をあげて詳説する。

足利学校

　我が国の教育史の中で異彩を放っている「足利学校」は，中世末期を代表する教育機関である。イエズス会宣教師のフランシスコ・ザビエル（1506-1552）は「日本で最も大きく最も有名な」坂東の大学（アカデミー）と，その書簡に記している。創建の年代については諸説あるものの，現在のところ不詳である。その原形は足利氏の氏寺「鑁阿寺」であると目されている。鑁阿寺では創建以来教学活動が盛んであったという。

　足利学校に関して唯一明確な史実の裏づけのあるのは，永享4（1432）年以降，当時の関東管領であった上杉憲実（1410-1466）が，室町幕府より下野国足利庄（現栃木県足利市）の管理を委ねられてから後，憲実の庇護と寄進を受けて，目覚ましい復興を成し遂げたということである。憲実は自らの膨大な蔵書を寄贈し，さらに鎌倉から当時の易学（陰陽二元論を基盤とした占い）の権威であった円覚寺の僧快元（生年不詳-1469）を招聘して学校の初代庠主（学校長）に任じて運営にあたらせ，学則を定め，宿寮も整備した。これによって足利学校は，次第に盛況となり，北は奥州から南は遥か琉球まで，ほぼ全国から志ある学徒が遊学してくるようになった。

　教育内容は易を中心とする儒学が主体であったが，それ以外にも老荘思想

の典籍，史記や文選といった史書・詩文など多岐にわたる中国古典，さらには仏典や国典も含まれた。戦国から安土桃山に至る南蛮文化の移入時には，天文学や医学なども導入されたほど，まさに一大総合大学の観を呈していたという。兵書の講読も，戦国期には特に盛んであった。応仁の乱以後，大名による領国の形成期においては戦略・戦術の指針を立てる兵学や，吉凶を判断する占筮に通じている者は戦国武将にとって必須の人材であった。中世末期の下剋上という状況にあって，冷徹な状況判断の欠如が直ちに衰亡を結果した時代であったからこそ，こうした時代の要請に呼応した実学的な教育が足利学校に繁栄をもたらし，その出身者たちは厚遇されたのだろう。足利学校は，その後幾度かの衰退と復興を繰り返しながら，明治5（1872）年までは存続していた。

寺院の教育

　寺院の教育には，平安期からの流れを受けて二つの側面があった。一つは後進の僧侶の養成を目的として，専門的な教理の教授と修行の指導を行った高等教育機関としての側面，もう一つは僧侶を志す少年や一般信徒の子弟に読み書きをはじめ，漢学や書道の教授をする初等教育機関としての側面である。前者は13世紀以降に比叡山延暦寺内部における教学の復興運動に始まり，やがて有力寺院設立の勧学院で営まれた。当初は寺院の教育といえばこうした学僧の養成がほぼ全面を覆っていたが，鎌倉時代に入ってから徐々に一般世俗の子弟に対して教育を施すようになった。戦国期の名高い武将たちも，その幼年期を寺で過ごした者が大半である。

　世俗の子弟が童，あるいは児と呼ばれて寺に入ることを登山あるいは入山と言った。中世を通じて登山の年齢は7歳が最も多く，寺に留まって学問修行に励む期間はほぼ7カ年であった。僧になることを選ばない者は13，14歳で寺を出る。これを下山，または児立ちといった。寺入りは，前述のように当初は貴族の影響を受けて文化への憧憬をもち始めた上級武士の子弟から始まり，次第に一般武士の子弟にも広まっていったが，武士階層のみならず，商人など民衆層の子供たちにも門戸は開かれていた。

　初学者の教科書には千字文や「往来物」を用いていたようである。往来物

115

の起こりは平安時代中期に文章博士や大学頭を務めた藤原明衡（989-1066）が撰述したとされる「明衡往来」と考えられている。明衡往来は漢文体で書かれた我が国最古の模範書簡文例集であると言ってよい。藤原明衡が出雲守であったことから「雲州消息」「雲州往来」とも呼ばれている。消息も往来も現代で言う往復書簡のことである。内容は現存する諸本によって異同はあるが，正月から12月まで月ごとの時候の挨拶や実用的な短文，故事来歴や年中行事，説話などが含まれている。

　明衡往来，何種類もの往来物が作成されたが，特に南北朝時代以降，中世から近世に至るまでよく用いられていたのは「庭訓往来」である。南北朝末期から室町時代初期に天台宗の僧で儒学者でもあった玄慧（生年不詳 -1350）の撰述によるとされるが確かではない。当時民衆と直接する立場にあった六位以下の下級官人の消息文の体で記述されている。内容はきわめて多岐にわたっており，衣食住，職業，領国経営，建築，司法，職分，仏教，武具，教養，療養などに関する一般常識に関する語彙と文例で占められている。

鎌倉新仏教と教育

　鎌倉時代に入り，仏教の世界にも新しい動きが生じてきた。この頃の仏教は，教学活動に専心するよりもむしろ民衆の救済と教化に重心を置いていたと言える。南都西大寺や鎌倉極楽寺を拠点としながら僧侶の戒律を復興し，その一方社会的に差別を受けていた人々の救済活動に尽力した真言律宗の叡尊（1202-1290）と忍性（1217-1303）は，それまでの日本仏教界の社会活動に対する意識の乏しさに比べると，画期的と言えるだろう。

　いわゆる鎌倉新仏教においても，民衆に対する積極的な関与の傾向は著しい。建久9（1198）年に『選択本願念仏集』を著した日本浄土宗の開祖法然は，専修念仏の布教にあたって，漢字ではなく仮名書きを推奨したように，それまで仏教教説を語るのに用いられた難解な漢語よりも民衆の日常的に用いる平易な和語こそが民衆教化のためには相応しいと主張していた（『黒谷上人語灯録』）。法然の弟子で浄土真宗の宗祖である親鸞は，『顕浄土真実教行証文類』（一般には『教行信証』として知られる。1247年頃成立）という専門性の高い浄土教の理論書を著しながら，一方で堂塔伽藍の必要を認めず，

民衆が集まる場に自ら足を運び，「講」（経文の講釈を聴く組織）を布教の場とし，師である法然に倣って和文をもって教化にあたった。

　時宗開祖の一遍（1239-1289）は，鎌倉新仏教開祖の中で，唯一比叡山を出身としていない。生涯寺をもたず，15年間を費やした諸国遊行の道にあって念仏札の配布や和歌・和讃，そして念仏踊りなど多様な媒体を通し，平易でしかも相手の浄不浄を問わない念仏勧進を行った。仏教を庶民層に浸透させる重要な契機となったと言える。一遍自身は死後に一切の著作を遺さなかったが，門弟たちによって記録されたその言行は，江戸期後半の宝暦13（1763）年に『一遍上人語録』として編纂されて現代に伝わっている。

　法華経こそ釈迦以来の唯一正統な経典であるとして，他宗を激しく排撃した日蓮は，建長6（1254）年に鎌倉の路上で通行人に対し辻説法を開始した。日蓮は法華経を唯一の経典と信じることによって現世の成仏が可能となると説き，そのために文応元（1260）年に『立正安国論』を著して，仏国土の建設を主張した。すなわち日蓮もまた，堂塔伽藍から民衆の世界へと自ら飛び込んで教化の道を志した一人であった。また日蓮は絶えず信徒宛に仮名交じり文の手紙を送り，法華経への信仰を平易に説いていたことにも，鎌倉新仏教の志向性を見ることができるだろう。

　武家の世にあって，政治や文化の重要な一翼を担ったのは，禅宗であった。以心伝心をこととし，むしろ煩瑣な経文の解釈に拘泥することをよしとしない禅宗の気風と「只管打坐」や「臨機応変」に見られる実践性，そして禅僧の簡素な生活様式などが，死生を超越して戦場に身を投じる武士の精神によくなじんだからだと思われる。日本の禅宗は臨済宗と曹洞宗に大別されるが，前者は時の中央の武家政権に支持されたのに対し，曹洞宗は地方豪族や下級武士，そして一般民衆の間に広まった。

　日本臨済宗の開祖栄西は，比叡山延暦寺において出家得度した後，仁安3（1168）年に南宋に留学，臨済黄龍派の法脈を受けて帰朝した。建久9（1198）年には『興禅護国論』を執筆して禅が他宗派を否定排撃するものではなく，むしろ数多の経典中に重要性が指摘されており，仏法の復興には不可欠であることを説いた。同年鎌倉に下向し，鎌倉2代将軍源頼家（1182-1204）と尼将軍北条政子（1157-1225）の帰依を受けた。頼家の外護を受けて，京都に建

仁寺を創建し，これによって禅宗興隆の礎となった。

　一方寛喜3（1231）年から建長5（1253）年にかけて『正法眼蔵』を執筆，その後の日本思想史に重要な足跡を残した日本曹洞宗開祖の道元は，貞応2（1223）年に南宋にわたって中国曹洞宗の印可を受け，帰朝後都から遠く離れた越前の国の深山に永平寺を開き，修行の指針である「永平清規」を定めた。この清規の中には，「典座教訓」（衆僧のための炊事を司る典座の心得），「弁道法」（坐禅の儀式作法），「赴粥飯法」（食事作法），「衆寮清規」（寮内生活の規範），「対大己五夏闍梨法」（長上に対する礼法）が規定されており，坐禅や仏典の読誦のみならず，衣食住といった日常生活の瑣事すべてが禅修行に通じるという道元の思想が強く打ち出されている。さらに「教外別伝」（師の全人格をそのまま弟子に伝えること）や「師資相承」（悟りの機微は師から弟子へと受け継ぐべきもの）といった，学問教授とともに師の人格が弟子を感化するという禅宗の重要な指導方針にも，その後の日本教育の伝統の発生を見ることができる。

　この他にも，中世は庶民の間に各種職能集団が成立し，芸道の活動も盛んになった時代であった。なかでも世阿弥（1363頃-1443頃）は，父観阿弥（1333-1384）とともに室町時代初期に将軍家の庇護を受けながら大和猿楽（後世能楽と呼ばれる）を大成しつつ，数々の伝書を遺して猿楽の振興と家業の継承とを図った。著述は多いが，特に応永年間（1394～1428）に成立した『風姿花伝（花伝書）』は，父観阿弥の遺訓に基づき，猿楽の修行法，演技・演出論や美学など世阿弥自身が会得した芸道の集大成として位置づけられる。中・近世を通して特定の関係者の眼に触れることは少なかったが，20世紀になってから再発見され，最古の能楽論・演劇論として，また教育論として評価されるようになっている。

　このように中世を通して我が国には官公設の学校は存在しなかったものの，それは教育の不在を意味するものではない。むしろ，宗教や芸術など多方面にわたって認められるこの時代の文化の発展が，何よりも人々の自主的自律的な教育隆盛の証しを立てていると言えるだろう。こうした中世によって形成された基盤が，次代の江戸期における学問と教育の著しい普及を準備することになったのである。

第3節　近世の教育：社会構造の変動と自主自律教育の成熟期

太平の世における文字文化の成熟

　慶長8（1603）年，徳川家康が江戸に幕府を開いてより明治維新に至る265年間を一般に江戸時代と言っている。江戸時代は，封建制度に基づく武家政治が大成した時期であり，幕府は一定の自治権を有する三百諸侯の上に立った中央政権である。

　江戸時代の封建的領主制は，前代豊臣政権時代の刀狩りや太閤検地に由来する武士と農民の社会的機能の分離と重農主義によって成り立っていた。諸侯の家中である武士を城下町に集住させて行政官とし，領内の村落に石高を登録された百姓から年貢を現物徴収し，藩と藩主の財源や藩士の給与として分配するのが藩の領地支配の基本形態であった。

　城下町に集住していた武士は，農漁山村部在住の百姓との年貢の徴収などのやり取りに文書を活用していた。各村内の政治は村民の自治により，有力村民が村役人を務め，年貢も村の連帯責任で領主に納入を請け負う「村請」制であった。村役人たちは，年貢や賦役業務の処理，領主からの触書の下達，下々からの願書・訴状の執筆，村内のさまざまな事象に関する記録の作成など，高度な文書処理能力・計算処理能力を要求されていた。

　大量の年貢米は，換金されて商品流通機構に乗る。さらに，武士の城下町集住は，都市住民層の増大とその需要に応えるための商品作物の生産を促進する。農業が自給的経営から商品生産経営へと大きく転換するのがこの時期なのである。このため，貨幣経済が全国的な規模へと進展し，生産者である農民と，流通を担う商人との間に交渉の機会が増大する。したがって，一般農民層にも書記能力に加えて計算能力も不可欠な資質となったのである。このような識字・計数能力の需要は，都市部の商工業従事者たちにとっては一層切実であったことは言うまでもない。取り分け，商人にとっての識字・計数能力は商活動に不可欠の資質であり，商家では奉公人にも手習・算盤を厳しくしつけた。

　文化の発達と教育の普及に，最も深い関係をもっているものは，印刷出版
事業である。江戸開幕の慶長年間には，家康の奨励によって古文献の保存と
書物の筆写・出版が増加することで文化の発達と教育の普及を大いに助長し
てきた。出版文化の誕生と，商業出版の興隆は，書物の流通量を飛躍的に増
大させ，かつ書物の低廉化をももたらした。それまで特定階層しか所有する
ことのできなかった古典籍や漢籍，学者たちの著作がテキストとして流通す
るようになったことが，広範な社会層への学問の普及を可能にした。

　学問が多かれ少なかれテキストを読み，その内容を理解することを基盤と
する以上，こうした近世社会における印刷テキストの大量供給の意義はきわ
めて大きい。幕府も寛政5（1793）年に設立した和学講談所で「群書類従」
の編纂と刊行を開始し，次いで同11（1799）年には昌平坂学問所で官版とし
てのテキスト出版事業に取り組んだ。各藩の中でも，会津藩や水戸藩などの
ように，後述する藩校内に編纂局・開版所・印刷所などの出版機関を設け，
藩費を投じてテキスト類を出版する「藩版」が顕著に現れてくるようになる。
このように武士階級のみならず，一般民衆にまで至る識字能力の需要と出版
メディアの拡大とが，以下に述べるさまざまな民間教育施設の全国的な普及
をもたらしたのである。

寺子屋の普及

　寺子屋は，平安時代に源を発する寺院の世俗子弟教育の流れをくむ教育機
関であり，名称は江戸時代に生じたが，前代の室町末期から開業の例が見え
る。大寺院が専門の僧侶養成教育に比重を戻す一方，地方の小寺院がその受
け入れにあたっていたが，児童数の増加に対応し切れず，神官，医者，主家
を持たない武士・富裕農民などが，初等教育にあたる私塾を開いて小寺院と
同程度の教育を分担するようになった。通学する児童を「寺子・手習子」と
いい，教場を「寺子屋・寺習所」などと呼んだ。江戸中期の享保年間（1716
〜1736）あたりから開業が目立ち始め，明和・安永（1764〜1781）の漸進期
を経て，天明・寛政期（1781〜1801）に飛躍的に増加し，さらに文化・文政
期（1804〜1830）に激増の一途をたどって，天保期から幕末（1830〜1867）に
かけて極盛期に至った。

　農村部の識字層は，江戸中期までは村役人層に限定されていたが，天保の頃より上述のような一般農民層が商品経済に巻き込まれるようになると，教育需要の高まりは寺子屋の開業を大幅に後押しした。ただし，都市部とは異なり，経営的に自立できる寺子屋は農村部には乏しく，村役人が退役後，近隣の子弟を集めてボランティアで読み書きの初歩を教えるのが一般的であった。僧侶・神官による開塾例も少なくなかった。普通は師匠が一人で教えたが，児童数が多いと組を分けたり，夫婦や親子で教えた例もあった。

　収容児童数は教場の規模により，20〜30から40〜50人というところが多かった。入学（登山・寺入ともいった）の年齢も定まっていなく，男女ともに6，7歳頃が一般的で，父母が付き添って机（天神机という）や硯筆，草紙のような学用品を携えて師匠宅を訪れた。入門後，4，5年間通学し，任意で退学（下山）できた。特筆すべきは，女児の入学が許されたことである。寺子屋以前には，官私いずれにあっても女児の入学は許可されなかったからである。

　学科は手習を主とし，文字を読み，毛筆で巧みに書く（能書）練習をするのが基本であった。この他に算盤の初歩を教えたり，女児には裁縫や女礼を教えるところもあった。手習は「いろは」文字から始まり，数字や初歩的な漢字，名頭（人名），ごく簡単な短句・短文，と進み，日用文書の作成法を学ぶ。ここまでが共通の基礎課程である。最初の頃は師匠が書いた手本の筆法を授けられ，合わせて読み方を教えられた。その筆法を真似て草紙に何度も書いて練習する（臨書）。入門時に持参する天神机は，子供たちが個々人で手習をするように並べられており，師匠は部屋の隅，または中央前方にいる。子供たちが臨書をしている間，師匠は机間を巡視し，その手を取

寺子屋風景（渡辺崋山（登）著『一掃百態』より）

り，筆の運びを指導した。時には師匠のいる机の前に座って対面し指導を受けることもあった。

　このように，寺子屋における教育は，個別学習・指導を基本としていると言える。上述の基礎課程を学ぶペースも個人個人で異なるし，基礎課程を終えた後のカリキュラムも，近代の学校とは異なり，一人ひとりに合わせたものになっていた。同年齢で，同時に登山・下山をした子供たちの間でさえも，それぞれ異なる手本を学んでいた例が少なくない。師匠が一人ひとりの能力，あるいは必要性を考慮して，適切な手本を選択したのである。いわば，カスタム・メイドのカリキュラムである。

　基礎課程終了後の寺子たちは，往来物をテキストとして次の学習段階に進む。近世の往来物はその内容上，地理・産業系・教訓系に大別される。地理・産業系のテキストは全体の50％弱を占めているが，町村・国名といった地名の学習と，「商売往来」「農業往来」「百姓往来」「番匠往来」といった産業別テキストからそれぞれの職業に関わる事物の語彙を修得するようになっていた。

　往来物のもう一つの眼目は，道徳教育のテキストとしての側面である。そもそも寺子屋の師匠は訓育に留意し，掟書き（校則）に反する児童に対しては，厳格に臨んだ。江戸期には中世以来の『実語教』・『童子教』やそれらに由来するテキストが多数刊行されていた。商品経済の急速な発展による伝統的な生活規範の動揺に対して，勤勉，節制，親孝行など，ごく日常的な庶民の自己規律を平易に説いたものがその中心であった。

　こうした共通性の高い基礎課程と，数千種にも及ぶバラエティ豊富な往来物から選択された選択制の学習課程という2段階方式で子供たちは学び，それぞれの生活に必要な識字能力の深化を図り，日常普通の知識を身に付け，道徳的な心得をも学んでいったのである。維新政府による明治5（1872）年の学制発布後，速やかに全国に普通教育を施すことができたのも，こうした寺子屋の普及による素地があったからであろう。

私塾と学問の普及

　前述のように，江戸時代を通じて教育と学習の機会が民間において飛躍的

に拡大した一方，学術の振興も著しく，多くの学者を輩出した。近世においては，志のある者に対しては社会階層を超えて高等教育への機会が開かれていた。幕府も諸藩による公設の高等教育施設も存在したが，近世社会により特徴的なのは，これら民間の学者の大部分が武士・庶民の別を問わず集まってくる好学の士に専門の高等教育の門戸を開いたことである。こうした学者の私邸を教場とした学問所を教育史学上「私塾」と総称している。

　私塾の大きな特徴の一つは，身分制からの解放である。遊学制度を有する諸藩の家中の武士たちが，各自の学習目的と学習段階に応じて塾を選択し，紹介状を携えて入門するケースが19世紀以降活況を呈した。遊学先の塾では，庶民階層の出身者と机を並べて学問に励んだ。私塾では，そのように士庶同学が一般的であって，知的能力の優劣が上下関係の原理であった。学問という志を同じくする者たちが，封建的割拠制と身分制という近世の社会体制を超えてともに集う機会を提供したのが他ならぬ私塾なのである。

　江戸期を通じて全国に1500余校にも達したという私塾には，共通の学制はなかったので，専攻する学問も漢学，国学，蘭学，その他諸々多様極まりないものであり，組織，学科，規模に関しても一定したものはない。京都堀川で「古義堂」を経営した伊藤仁斎（1627-1705）のように画一主義を採らず，門人の個性を尊重して自由な討究の方法によって学問の向上と人格陶冶にあたった塾も少なくなかったという。古義堂は一名堀川塾と言い，仁斎が寛文2（1662）年，京都堀川の自邸に開いた私塾である。仁斎の子々孫々に至るまで優秀な塾主を輩出し，約230年にわたって経営された。門人は仁斎の代だけで3000人に及ぶほど，全国から多数が参集した。

　儒学者にして優れた漢詩人でもある広瀬淡窓（1782-1856）は，豊後国日田郡（現大分県日田市）の出身，文化2（1805）年同地に全寮制の私塾桂林園を開いた。同14（1817）年には「咸宜園」と改称，独自の教育方針とシステムで本格的に教育活動を推進した。咸宜園は徹底した平等主義と実力主義を貫いた。そもそも「咸宜」とは「みなよろしい」との意味で，塾名に理念としての平等主義を托しているほか，年齢・身分・学歴の三者を問わないという「三奪の法」を掲げている。そして入門後の学習活動と毎月末の試験の成績を厳正的確に評価し，これを公表する「月旦評」を導入した。些末な注釈に

拘泥することなく，諸学派全般に視野を広げ，独自の敬天思想を立て，塾生各自の志を生かした学習・研究の方向づけを重視した。学習範囲は儒教が中心ではあるが，和書や，仏教書，老荘思想，さらには数学や医学，天文学にまで幅広く及んだ。咸宜園は淡窓の死後も，10代の塾主によって明治30（1897）年まで存続，運営された。塾生は全国各地から集まり，入門者は延べ4000人を超える日本最大級の私塾となった。

　江戸時代の学術界の動向は多種多様であったとはいえ，主流はやはり家康以来の学事奨励の対象とされた儒学であった。儒学はもともと中国春秋時代（770～403B.C. 頃）に生きた孔子による実践道徳を主体とし，孔子やその門流に連なる思想家たちの遺書を解釈する訓古学が主体であった。

　しかし宋の時代になると，儒教を原理的に討究する学派が現れて，その哲学的な解釈が始まった。2派があって，一方を朱子学といい，他方を陽明学という。朱子学は，宋代の朱熹（1130-1200）によって大成された，人間の本性と宇宙の根本原理を同一とする（性即理），思弁性の強い主知主義哲学である。朱子学は鎌倉時代後期までには，禅僧の基礎教養として広まり，相国寺に学び，近世日本儒学の祖といわれる藤原惺窩（1561-1619）から門人 林羅山（1583-1657）に受け継がれ，羅山による「上下定分の理」（天が上にあり地が下にあるように，君臣・親子・夫婦・兄弟等あらゆる人間社会の上下関係や士農工商の身分もまた，絶対不変の天理であるとする説）が，社会階級や身分秩序を是認する基礎理念として評価され，幕府の正学としての地位を確立した。

　他方の陽明学は，中国明代の思想家王陽明（1472-1529）によって大成された，知行合一を旨とする主意主義的哲学である。我が国では近江にて私塾徳本堂を開設した中江藤樹（1608-1648）とその弟子の熊沢蕃山（1619-1691）が代表的な陽明学者であり，幕府の昌平坂学問所で儒官として表向きは朱子学を講じていた佐藤一斎（1772-1859）も，その実は陽明学の大家であった。幕末長州藩で松下村塾を主宰し，高杉晋作ら倒幕の主導者たちを育てた吉田松陰（1830-1859）もまた，陽明学思想を行動原理としていた。大坂町奉行所与力で，貧民救済を志して幕政批判のために乱を起こした大塩平八郎（1793-1837）が，陽明学を講じる「洗心洞」の塾主であったこともよく知られている。

　老荘思想や禅宗の影響を受けて思弁的な性格を帯びてしまったこうした宋学全盛の潮流に対して，敢えて異を唱えて儒教の本源である孔子や孟子の諸説に復帰することを唱えるのが，「古学」である。古学には大きく分けて3派がある。その一つは，前述の伊藤仁斎による「古義学派」である。仁斎は最も肝要なのは，孔孟の道の実践であり，もっぱら彼らの遺書に依拠してその真偽を明らかにすることをその学風とした。仁斎の長子で堀川塾の後継者となった伊藤東涯（1670-1736）が弟子のなかでも特に名高い。

　元禄から享保期にかけて時の将軍の信任を受けて幕政に影響を及ぼした荻生徂徠（1666-1728）は古学のもう一つの流れである「古文辞学派」を主導した。徂徠は始め林羅山の子鵞峰（1618-1680）やその子鳳岡（1645-1732）に就いて朱子学を学んだが，後に漢籍・和書・仏典等を独学した。元禄期に5代将軍綱吉の側用人柳沢吉保に重用され，政治上の諮問に答えるようになる。吉保失脚後は江戸日本橋茅場町に私塾・蘐園塾を開いた。やがて徂徠派という一つの学派を形成する。朱子学に立脚した古典解釈を徹底的に批判し，古代中国の古典を字義に即して実証的に読解する古文辞学を確立した。

　この他にも，伊藤仁斎や荻生徂徠に先行して，最も早く古学を唱え，かつ山鹿流の兵学を開いて後世に大きな影響を及ぼした山鹿素行（1622-1685）は，儒学全盛の中国崇拝的な風潮に異を唱えて日本を尊び，武士道に学理的な裏づけをなした。また学派間の相互排撃の弊害を矯正し，それらを折衷・包摂して自らの学を成した者に，江戸で私塾嚶鳴館を開き米沢藩主上杉鷹山の師となり，また御三家筆頭尾張藩に招かれて藩校明倫堂の督学（学長）になった細井平洲（1728-1801）がいる。さらに儒教のみに拘泥せず，道教や，仏教，神道などをはじめ，経済学，自然科学，農学，医学なども自由に学んで独創的な学問を立てた人材も，江戸中期以降に輩出した。豊後国（現在の大分県国東市）で梅園塾を開き，独自の自然哲学である「条理学」を唱導した三浦梅園（1723-1789），大阪の商人で仙台藩の財政再建に辣腕を振るった実証的経世学者山片蟠桃（1748-1821）など，自然科学や社会科学の萌芽があった。

　封建社会機構が一応完成した元禄期に，我が国の文芸復興ともいえる「国学」が興った。宋学や仏教の思弁的な教説とは対照的に，実証的な研究姿勢を有していた。先駆者としては，下河辺長流（1627-1686）や契沖（1640-1701），

荷田春満（1669-1736），賀茂真淵（1697-1769）らがいるが，国学に一大発展
をもたらしたのは，真淵の弟子の本居宣長（1730-1801）である。宣長は当時
既に読解不能に陥っていた『古事記』の解読に成功し，後世に多大な影響を
及ぼした『古事記伝』を，明和元（1764）年から寛政10（1798）年の三十余
年をかけて執筆，さらに源氏物語等を研究し，日本人の美意識・倫理意識の
根幹に「もののあはれ」の心情を見出だした。また，作為のない自然の心
情・態度を古代日本人の精神の純粋な発露とする古道論に立脚して外来思想
である朱子学や徂徠学に依拠した封建制に対する批判を展開し，国学にある
種の政治性を帯びさせたことが特記される。宣長が伊勢松坂の私邸に設けた
書斎鈴屋は全国的な国学普及の拠点となり，多くの門人が集った。宣長の没
後門人で，宣長の古道論を踏まえながらもやがて独自の霊魂観・他界観を有
する復古神道論を提唱した平田篤胤（1776-1843）は，江戸後期から末期にお
いて私塾・真菅乃屋を開いて国学の民衆レベルへの普及を促す一方，尊王攘
夷運動の精神的支柱となった。篤胤の諸説は，明治維新直後の文教政策に大
きな影響を及ぼした。

　同様に，幕末の尊皇攘夷運動を主導したのが，水戸学である。水戸学派は，
水戸徳川家の『大日本史』編纂事業に携わるために集まった学者たちの総称
である。同書編纂は徳川光圀の明暦3（1657）年頃から始まり，明治39
（1906）年に至る249年間の大事業であった。全体の基調は朱子学の大義名分
論に基づき，皇室（室町以降は特に南朝）への崇敬をあらわにしている。高
名な水戸学者としては，幕末期に藩主徳川斉昭が設置した藩校・弘道館の教
授頭取で，尊王攘夷思想の体系的に論じた『新論』の著者会沢正志斎（1782-
1863）や，『弘道館記述義』において水戸学の骨子を尊王思想に基づいて解
説した藤田東湖（1806-1855）らがいる。

　江戸期の学術文化の多様性は，さらに蘭学までに及んだ。いわゆる鎖国政
策を採って日本人の海外交通を禁止し，外交や貿易を厳しく制限していた徳
川幕府治下の我が国に，オランダを経由のヨーロッパ学術が本格的に導入さ
れることになったのは，享保期に8代将軍吉宗が漢訳蘭書の輸入禁止を緩和
し，青木昆陽（1698-1769）らにオランダ語学習を命じ，実学を奨励した後の
ことである。鎖国政策を緩和し，蘭学を手厚く保護した田沼意次が10代将軍

家治の側用人として権力を握っていた安永3（1774）年には，私塾天真楼を主宰した杉田玄白（1733-1817）や前野良沢（1723-1803）らがオランダの医学書『ターヘル・アナトミア』を訳して『解体新書』として刊行した。この蘭学草創当時を，玄白が回想して文化12（1815）年に執筆した手記を，福沢諭吉（1835-1901）らが明治2（1869）年に『蘭学事始』と題して刊行している。文政7（1824）年にはシーボルト（Philipp Franz Balthasar von Siebold, 1796-1866）が日本を訪れ，長崎出島の郊外に「鳴滝塾」を開いて高野長英（1804-1850）などの門下生に西洋医学を教えた。

　天然痘治療に貢献して日本近代医学の祖といわれる緒方洪庵（1810-1863）は，天保9（1838）年大坂瓦町に適々斎塾（通称適塾）を開設して，蘭法医学の研究に邁進しつつ，塾生の教育に懇切かつ厳格な姿勢で尽力した。門弟には，安政の大獄で刑死した幕末の志士橋本左内（1834-1859），日本近代陸軍の創設者大村益次郎（1824-1869），日本赤十字社初代総裁の佐野常民（1823-1902），慶応義塾の創設者で啓蒙思想家の福沢諭吉など，幕末から明治にかけて近代日本国家の誕生に貢献した人物がいる。

　嘉永6（1853）年アメリカ海軍提督ペリーの浦賀来航が引き金となって余儀なくされた開国により，英学，仏学，獨逸学などの新たな学問が流入するようになった。これをもって蘭学と呼びならわされたヨーロッパ由来の学問は，まとめて洋学と呼ばれるようになる。以来洋学は，語学・医学・天文学・物理学・測地学・化学の分野でさらに多岐にわたって発展し，幕末から明治維新を経て我が国の文明開化の基盤を成した。

武士階層の学校教育：昌平坂学問所と藩校

　江戸時代において，武士の身分を対象とした学校教育には，江戸幕府直轄の「昌平坂学問所」（昌平黌ともいう）と，藩ごとに設営した「藩校」とがある。昌平坂学問所と各地の藩学には系統的な関係はないが，藩の多くは藩校設置に当たって昌平坂学問所を範とし，江戸後期にはその教官を学問所の卒業生から採用するところも少なくなかった。

　寛永7（1630）年，学事顧問の林羅山が3代将軍家光より，上野忍岡に屋敷地約5350坪と金200両を下賜され，ここに書院学舎を建てて家塾としたの

がそもそもの始まりであった。同9（1632）年，御三家筆頭尾張藩主徳川義<ruby>徳川義<rt>とくがわよし</rt></ruby>直から孔子像と祭器，それらを安置する孔子廟が寄進され，釈奠を行う聖堂としての体裁が整えられた。元禄3（1690）年，5代将軍綱吉の発意で，忍岡の聖堂が神田台（湯島）に移された。

　以後江戸中期に至るまで，学頭林家の人材難，及び新井白石や荻生徂徠といった他学派の幕政に対する影響力の増大によって，しばらくの間聖堂の権威は低下していた。しかし，陸奥白河藩主松平定信（1759-1829）が老中筆頭・将軍補佐となり幕政を取り仕切るようになると，断固とした復興策が講じられた。「寛政異学の禁」がそれである。寛政2（1790）年，林家の奉ずる朱子学が正学として権威づけられるとともに，学問所では朱子学以外の学問を講ずることを禁じた。ただし，この禁はあくまでも学問所に対してのみ出されたものであって，民間における学問の多様性を否定するものではない。朱子学の正学・基礎学としての位置づけを確立するという趣旨であった。

　寛政9（1797）年には聖堂を学問所という呼称に変更した。ここに幕府直轄学校昌平坂学問所が確立したのである。同学問所は，稽古所と授読所を併設し，幕府直参の子弟を読み書きの初歩から教育し，行儀の指導を重んじ，さらに学問の研鑽を督励し，公儀有為の人材を養成することを目的とした。講義，会読，輪講等の学習様式を活用し，志望により通学生と寄宿生を分けてこれを教育した。寄宿生はさらに，寄宿寮生と書生寮生の2種に分けられた。前者は旗本・御家人を，後者は諸藩士及び処士（仕官していない士）の入舎を許した。書生寮は諸藩からの俊英を集め，実質的に藩学の教官養成の最高学府の役割を果たした。

　幕府の直轄学校は昌平坂以外にも設けられていた。奥医師多紀元孝（1695-1766）が開設した私塾躋寿館を寛政3（1791）年に直轄として「医学館」と改称，同5（1793）年には盲目の国学者塙保己一（1746-1821）の出願を許可して「和学講談所」を開設した。他に私塾を移管して直轄とし，各地に新設したことにより次第に増加して，江戸期を通じて二十数校が直轄学校として開設された。そのうち約半数の10校は，江戸後期から幕末における社会状況への対応の必要から洋学を教授研究するものであった。

　藩校は，諸藩が設立した学校をいう。多くは藩内に設けられたが江戸藩邸

内に設置されたものもあった。藩士の子弟教育を目的とし，午前は学問，午後は武芸を授けるのが一般的であった。幕末までに219校，明治を迎えた後も廃藩置県までにさらに増加して，最終的には255校にまで達した。会津の日新館，米沢の興譲館，熊本の時習館，鹿児島の造士館，長州萩の明倫館，水戸弘道館等が特に名高い。

　藩学には全国的に共通した学制派がなく，教則や教授方法も各藩で自由に定められていた。多くは義務制で，7～9歳で入学，概ね15，16歳の元服を機に退学して出仕した。一部の藩（神戸藩，島原藩など）では，庶民の入学が許されたが，大勢は武士階級，それも藩士の子弟に限定されていた。しかし，幕末になるに従って階級を超えた入学を認める傾向は拡大し，維新前年の慶應3（1867）年には40弱の藩が庶民を受け入れた。

　江戸前期の藩学は，概ね好学の藩主が学問奨励の趣旨をもって設けた施設であり，いわば，成人教育機関であった。昌平坂学問所を範として儒学中心の課程を採り，一方で武芸の修練を重視していた。

　中期の吉宗時代は，学問が実学的傾向を帯び，文教政策と経済政策が次第に一致するようになった。もとより儒学が藩学における首座にあったことには変わりはない。しかし次第に財政打開に力点を置いた藩政改革に資するための学問・人材養成という方針転換がなされ，教科も算術・土木工学・本草学・天文学等が重視されるようになってきた。これによってはじめて，藩学が藩体制の維持に直結する公的機関であるという認識が成立する。藩校設立の機運も全国的に高まり，宝暦以降にその端緒をもつ藩校は，江戸期全体のおよそ85％に相当する。

　藩学への就学が，藩士の子弟全体を対象とした半ば強制に近いものになるのは，幕末に至ってからのことである。会津の日新館は天明期に，備後福山の誠之館では文化期に，家中の子弟すべてを就学させ，藩学が設ける一定の課程を修了しなければ，世禄を継がせない制度まで採用していた。

　この頃になると，素読・句読の初等教育から高等教育までを体系づけた教育課程も組織されるようになった。宝暦から安永期に入ると，国学勃興の時潮に応じて従来の儒学に加えて和学科を設置し，和書を講ずるようにもなった。さらに文政期以降，幕藩体制の危機が本格化し，欧米列強の外圧に対処

する必要に応じて，語学・医学・兵学などの西洋諸学科を設置した藩校が激増した。早くも仙台藩は，ロシアとの接触もあって対外的関心が強く，文政4（1821）年，藩学養賢堂に蘭学方を置き，翌年には医学館にこれを移管して蘭法科としている。洋学を医学と兵学の範囲に留めず，一歩進めて殖産興業に直結する知識として積極的に導入したのが薩摩，佐賀，福井，松代藩等，幕末の動乱の中で先進的な役割を果たした諸藩であった。

民衆教化の動向

　17世紀末から18世紀初頭にわたる経済の転換期を背景に，町人社会の道徳的混乱を主体的に克服し，「商いの道」を積極的に倫理化したのが石門心学の創始者石田梅岩（1685-1744）である。梅岩は享保14（1729）年，京で初めて講席を開いた。神道・儒教・仏教それぞれの長所をとって，独自の「天人合一」に要約される世界観・性理の形而上学を基礎に，当時著しく勃興しつつあった商品経済活動の社会的機能に立脚した営利事業を肯定し，商家における斉家の道を，通俗的に平易に説いて信奉者を得た。

　心学は弟子の手島堵庵（1718-1786）らによって教団的に組織化され，日常的実践的な処世哲学として急速に全国に普及していった。天明から寛政期にかけて，幕府・諸藩の人民教化策の一翼を担って，江戸期を通じて京・大坂・江戸はもとより地方の城下町や農村部にまで影響を及ぼし，商人たち以外に武士や農民層にも影響を与えた。心学運動にみられる組織的特色は，修養団体として同志的結合を基礎とし，その限りにおいて封建的割拠を超えた広がりの中で活動することが可能な集団であった。

　商品生産の進展と流通過程の変動は，一方でそれに対応できない生産力の低い地方に急激な農民階層分解をもたらし，貢租の過重化とあいまって人口減少や潰れ百姓の続出など，いわゆる農村荒廃の状況を現出した。このような農村を対象に独自の仕法や処世訓をもって農村復興に尽力し，農民に大きな影響を与えたのが小田原藩の農村復興政策を指導した農政思想家二宮尊徳（1787-1856）である。宇宙の根本である太極を積極的に志向する心の状態である「至誠」，至誠を保ちながら日常的実践に取り組む「勤労」，それぞれの分に応じた生活を守るという「分度」，そして余剰生産分を惜しみなく他へ

譲る互恵的精神である「推譲」を標語とした「報徳仕法」（尊徳仕法）は，封建的収奪に一定の限度を設けるとともに，農民の勤倹力行を要求する小農経営の再興策で，報徳思想と呼ばれる農民哲学と倫理思想に裏づけられたものであった。

　江戸期は，家の存続と発展が武士から庶民層に至るまで普遍的な関心事となった時代であった。そのため各家の成員の教育が重要な課題として意識されるようになっていた。儒者をはじめ，多くの知識人たちも育児・教育に関心を寄せ，その著述の中に章節を割いて論じたり，育児そのものを専一に論じた一般書を著して刊行している。本節でこれまで触れてきた学者たちの中から数例挙げても，中江藤樹が『翁問答』（1641）で，その弟子熊沢蕃山が『大学或問』（1687）で，山鹿素行が『武教小学』（1656）などで部分的に論じていることが指摘できるほか，福岡藩黒田家に仕えた貝原益軒が『和俗童子訓』（1710）を，その弟子の小児科医香月牛山（1656-1740）が『小児必用養育草』（1703）を，米沢藩主上杉鷹山の師細井平洲が「もりかがみ」（弟子たちの編纂による遺稿集『嚶鳴館遺草』巻三所収，1835）を著して，体系的に育児について論じている。

　19世紀に入ると，民衆教化の文脈の中で育児論は盛んに唱導された。特に農村改良運動との連動が特徴的である。大原幽学（1797-1858）は，下総国香取郡（後の千葉県旭市）を拠点に独自の実践道徳である「性学」を唱導し，農民生活の総合的な指導に当たった農政学者である。天保4（1833）年頃から教化活動を開始した。道徳的経済説，性理学，個性尊重主義に基づき，身近な実践道徳を平易に説いて，農民の精神的向上と独自の農事改良運動に努めた。幽学の著書『微味幽玄考』（1836年から1858年にかけて執筆）の最終巻は「子育編」と題され，朱子学の性理の説を基盤に据えながら家存続のための後継者養成としての子育てや教育を，民衆の生活実態や生活感覚に即して論じている。胎教の重視や発達段階に応じた教育の必要性を説くのは他の育児書にも見られるが，特徴的なのは「換え子教育」と呼ばれる方法論である。これは5，6歳から14，15歳までの子供を互いに預かり合って教育するもので，家と親子関係を地域共同体のレベルにまで拡大すると同時に，生みの親への甘えを断って，子供の自制心・克己心を涵養する効果があるとの主張で

ある。

　これら近世育児論の全体的傾向は，その人間観に宋学の性理・理気の説を採りながらも，育児・教育の具体的実践に関しては，むしろ近世社会の構造や民衆の生活感情に即して実際的に論じられているということである。なお，貝原益軒『和俗童子訓』に関しては，第7章で原文の一部を訳出して解説する。

郷学

　寛政以降になると，常設の農民教化機関としての教諭所や郷学（ごうがく）も各地に設けられるようになった。郷学は，郷校（ごうこう）あるいは郷学校（ごうがっこう）ともいい，郷村にある学校という意味である。幕府や藩が直接に計画して設立したものや，家老級の有力者や代官が自費でその知行地に設けたり，庶民の有志が出費して幕府・藩の許可を得て創設したものもある。いずれにせよ，監督と保護には，幕府や藩といった行政当局が当たった。このように，民営であっても公の監督や認可を受けた点で寺子屋とは異なっている。

　幕府は江戸府内に3カ所の教授所を設けた。最古のものは享保8（1723）年，浪人儒者菅野兼山（すがのけんざん）（1680-1747）の請願によって設立が認可された深川教授所であり，幕府は敷地や資金の助成を行った。武士，庶民を問わず，小学や四書の儒学的素養を教育することを目的とした。寛政3（1791）年には服部栗斎（はっとりりつさい）（1736-1800）の麹町教授所が，天保4（1833）年には大郷浩斎（おおごうこうさい）（1793-1855）の麻布教授所がこれに続いた。いずれも管理は昌平坂学問所に預けられた。

　本邦初の公設庶民教育機関は，岡山藩の「閑谷学校（しずたにがっこう）」である。岡山藩主池田光政（いけだみつまさ）が，寛文8（1668）年，領内123の各村に公設の手習所を設け，読書と習字を授けさせていた。同10（1670）年，閑谷仮校舎を建設，領内各所の公設手習所はこれに集約し，その後元禄15（1702）年に孔子廟（大成殿）と壮麗な講堂，文庫や学房（寄宿舎）などを備えた本格的な学校を完成させた。財源としては学田を恒久的に給付し，課役を免除し，必要なすべてを公費で充当した。教科は読書と習字のみで，素読と講習は朱子学に基づいた。教科書は四書五経をはじめ，史書類や儒学以外の典籍にも及んだが，徳育に最も

力を注いだ。生徒は村役人層の子弟が中心であったが，武士庶民共学で，領内他領の別なく入学を許した。筆墨は給付され，文庫の書籍は希望に従って貸与した。

　江戸中期には，経済力と文化の力がある民衆層が，自ら学問を本格的に学び，そこで得た知見によって社会問題に積極的に対応していこうとした自己教育運動が見られるようになった。その代表例が大坂上層商人によって享保9（1724）年に儒者，三宅石庵（1665-1730）を初代学主として迎えて設立した「懐徳堂」である。懐徳堂は，日常的に自ら学問しつつ外に対して開かれた教育機関にされており，同11（1726）年には官許を得て，公的に学問所として認知された。

　このように，江戸時代の身分制度は緩やかな流動性を伴っていたものの，比較的固定した支配層（武士）と被支配層（百姓，町人等）の関係を基盤としていた。相対的に安定した社会体制において，江戸時代は日本史全体を通しても最も多方面に文化現象が花開いた時期と言ってよい。もともと家康は当初より文治主義的な政策を推進したが，それが4代将軍家綱の頃より形をなし，江戸期全体を通じた社会の基調となっていった。教育・学習活動は身分階層ごとに成り立つ社会のあり方を直截に反映して極めて多様であり，各人が自己の志望と責任とにおいて自律的に営んでいたのである。

学修課題

(1) 古代日本における大学寮の教育，最澄の教育，空海の教育が，日本教育史において果たした役割について簡潔にまとめてみよう。

(2) 自分の好きな戦国大名家に残されている家訓を調べ，現代の教育においても意義があると思われる条文を抜き書きしてみよう。

(3) 自分の住んでいる地域，またはその近隣にかつて存在した寺子屋や私塾，藩校や郷学など，近世的教育施設の歴史を調べてまとめてみよう。地域の公立図書館や郷土資料館などを活用したり，旧跡があれば実際に訪れてみるのもよい。

〈**参考文献**〉

有馬祐政，秋山梧庵編『復刻版　武士道家訓集』（博文館新社，2012）

石川松太郎『藩校と寺子屋』（教育社，1978）

江森一郎『「勉強」時代の幕あけ──子どもと教師の近世史』（平凡社，1990）

尾形裕康『日本教育通史研究』（早稲田大学出版部，1980）

小和田哲男『戦国大名と読書』（柏書房，2014）

E. H. カー／清水幾太郎訳『歴史とは何か』（岩波書店，1962）

斎藤昭俊『日本仏教教育史研究──上代・中世・近世』（国書刊行会，1978）

高橋敏『家族と子供の江戸時代』（朝日新聞社，1997）

高橋敏『江戸の教育力』（筑摩書房，2007）

田尻祐一郎『江戸の思想史──人物・方法・連環』（中央公論新社，2011）

辻本雅史，沖田行司編『新体系日本史16　教育社会史』（山川出版社，2002）

辻本雅史『「学び」の復権──模倣と習熟』（岩波書店，2012）

R.P. ドーア／松居弘道訳『江戸時代の教育』（岩波書店，1970）

桃裕行『上代学制の研究』（吉川弘文館，1983）

堀松武一編『日本教育史』（国土社，1985）

山住正己・中江和恵編注『子育ての書　1〜3』（平凡社，1976）

第5章　教育の歴史（日本編）II

—近代から現代まで—

　本章では「教育の歴史（日本編）II」として，明治時代から現在までの日本教育史を概観する。まず第1節「近代の教育I：明治」では，明治時代における公教育制度の整備に目を向ける。とりわけ1872（明治5）年の「学制」や1890（明治23）年の「教育ニ関スル勅語（教育勅語）」が重要となる。第2節「近代の教育II：大正」では，明治時代の教育に対する批判的動向として，大正デモクラシーと呼ばれる自由主義的教育が登場する。その代表的な出来事として「新学校」の設立と1921（大正10）年の八大教育主張講演会について考察する。第3節「近代の教育III：昭和（戦前・戦中）」では，1930年代に登場した生活綴方教育，1940年代における国民学校の登場に着目する。第4節「現代の教育：昭和（戦後）から現在まで」においては，敗戦後の日本における新体制を取り上げる。日本国憲法とその傘下にある教育基本法及び学校教育法の理念，さらにコース・オブ・スタディとして新たに登場した「学習指導要領」とその変遷（試案から法的拘束力を持つ基準へ）も追っていく。

第1節　近代の教育 I：明治

近代的国家の成立と教育

　明治時代は，欧米列強により，アジア地域の植民地化が進められた時代であった。18世紀後半からの産業革命により経済力と軍事力を増大させた欧米列強は，アジア諸国を政治的に従属させ，さらには植民地とした。このような世界的動向の中で，日本国内でも大きな政治体制の変革が起こった。すなわち，1868年の江戸幕府の廃止と明治政府の樹立である。新政府にとっては，近代化を実現し，国家の独立を守ることが大きな課題となった。とりわけ，国民の知識や技術の水準を高め，今後の国家を支える有能な人材を育成することは政府にとって急務であった。また，教育は国民の統合を実現するための有用な手段でもあり，中央集権的な体制を確立するためにも不可欠だった。

　そこで，政府は，まず高等教育の拡充に着手し，1868（明治元）年に旧幕府の教育機関の再編を行った。この再編により，国学や漢学（儒学）を学ぶ昌平学校（旧昌平坂学問所），医学を学ぶ医学校（旧医学所），洋学を学ぶ開成学校（旧開成所）が発足した。翌1869（明治2）年6月には，各学校を統合して大学校を創設することにした。そして，昌平学校を大学校として中心的な教育機関に位置づけ，他の2校を大学校分局と位置づけた。さらに，12月には大学校を大学と改称，医学校を大学東校，開成学校を大学南校と改称し，高等教育の制度を整えた。

　なお，この時期の学問は，江戸時代以来の漢学派と国学派が中心であったが，大学の教育をめぐり両者が対立し，代わって洋学派が力をもつようになった。この結果，1870（明治3）年に大学は廃止され，大学東校と大学南校が存続することになった。特に，大学南校では，洋学者や外国人教師により，洋学を中心とする教育が行われ，日本の近代化に大きく貢献した。この他にも，女性の教育機関として，1872（明治5）年に東京に官立女学校（東京女学校）を，1875（明治8）年には東京女子師範学校を設置し，その拡充に努めている。民間においても，福沢諭吉の慶應義塾，新島襄の同志社などの私立学校の創設が進み，新時代に必要とされる人材の育成に力を注いだ。

学制の公布と近代公教育制度

　明治政府は，日本の公教育制度の整備を積極的に進め，1871（明治 4 ）年
には，教育行政を担当する省庁として文部省が設置された。翌年には，フラ
ンスの教育行政やアメリカの教育制度を手本にした学制を公布し，公教育制
度の確立を試みている。この学制では，大学校，中学校，小学校の 3 段階の
学校を創設する計画をたてた。また，フランスの制度を参考に学区制を採用
し，全国を 8 大学区に分け，この大学区を32の中学区に，さらに各中学区を
210の小学区に分割する構想を打ち出した。そして，大学区には大学校を，
中学区には中学校を，小学区には小学校を，学区ごとに 1 校ずつ創設する計
画を立案している。この制度構想によれば，全国で 8 校の大学校，256校の
中学校， 5 万3760校の小学校が開設される予定であった。その多くは，実現
には至らなかったが，明治初期の小学校の設置数は 2 万校を超えるなど，当
時の人々の教育に対する熱意がうかがえる（ただし，その多くは地域の寺子屋
などを改組した小規模校であった）。この学校教育の急速な拡大には，江戸時
代に寺子屋などの，庶民向けの教育機関が一定の普及を見せていたことが大
きい。

　また，学制に先立ち，太政官は「学事奨励ニ関スル被仰出書（太政官布
告）」を発して，学制の理念を明らかにしている。この被仰出書では，国民
の「立身治産」のためには学問が重要であり，そのために学校が必要である
ことを説く。そして，学問は身を立てる「財本」であること（功利主義）や
男女問わず教育が必要であること（国民皆学），児童の就学には保護者が責
任を負うこと，今後は実学を重視すべきことが強調された。江戸時代は，身
分に応じた教育機関が整備されたが，政府は，従来の身分制度に基づく教育
を否定し，すべての人々が平等に学ぶ「国民皆学」の理念を明確にしたので
あった。この理念は，実際の社会制度や教育制度としては十分に実現されな
かったが，誰でも努力により立身出世が可能となったことを理念として明ら
かにしたことは大きな意味をもつといえる。明治当初には，個人の独立と国
家の隆盛が学問によってなされることを説いた，福沢諭吉の『学問のすゝ
め』がベストセラーになり，民衆に広く受け入れられていた。この『学問の
すゝめ』が広く読まれたことは，学問による立身出世が可能になった時代を

象徴するできごとでもあった（第7章第4節を参照）。

　一方で，学制では，学問を立身出世の「財本」と
し，その費用は受益者が負担すべきことを前提とし
ていた。このため，学校の建築費用や授業料など，
教育に関わる諸費用の負担を，国民に強いることに
もなった。また，教材もアメリカを中心とする海外
の教科書を翻訳したものが多く，教育内容が日本の
実情に適していなかった。このため，各地で学制に
反対する一揆が相次ぎ，全国的な就学率は伸び悩ん

福沢諭吉

だ。そして，国民の反発の強まりにより，1879（明治12）年9月に，学制は
廃止されることになった。

　教員養成についてみれば，1872（明治5）年には，東京に小学校の教員養
成を行う師範学校が設置され，アメリカ人のスコットを教師として招聘した。
この師範学校では，スコットによりアメリカ式の一斉教授法の指導が行われ，
ここで学んだ学生たちが，全国の学校でこの教育方法を広めていった（第7
章5節を参照）。また，文部省は，1875（明治8）年に高嶺秀夫や伊沢修二ら
を師範学科取調としてアメリカに派遣し，教員養成制度や教育の調査を行わ
せた。高嶺は，ニューヨーク州のオスウィーゴー師範学校で学び，「ペスタ
ロッチ主義」の開発教授法を日本に紹介した。また，伊沢はマサチューセッ
ツ州の師範学校等で師範教育や音楽教育を学び，その理論と実践を紹介して
いる。高嶺や伊沢らは，日本における近代的な教授法の確立に大きな役割を
果たした。

自由教育令と改正教育令

　学制は，国民の教育要求と大きくかい離していたため，多数の国民の反発
を招いた。また，政府の専制的な政治を批判する自由民権運動が全国に広ま
り，政府は，その融和策として学制の中央集権的な教育行政を改め，新しい
教育制度を模索することになった。この結果，文部大輔の田中不二麿や文部
省顧問のデイヴィッド・モルレーらにより教育令が公布された。この教育令
は，47条からなる簡素なもので，地方分権的なアメリカの教育制度をモデル

に，政府は教育制度の大綱を定めるのみとし，その運用を地方行政府に委ね，地域的実情に合わせて教育を行うとするものであった。結果，教育の権限が地方に移譲されるとともに，学校設置の条件や就学義務の規定も緩和され，学校設置数の増加や就学率の向上が目指されたのであった（教育年限は学制と同じ 8 年間だったが，毎年 4 カ月で 4 年間の合計16カ月の通学でよいとした）。この教育令は，その自由主義的な特徴から「自由教育令」とも呼ばれている。

　しかし，教育の権限が地方に移譲されたことや，就学の義務が大幅に緩和されたことで教育に対する行政の統制力が弱まり，就学率は一層低下する事態となった。そして，自由民権運動の全国的高揚に対する政府の危機意識の高まりもあり，1880（明治13）年に文部卿の河野敏鎌により改正教育令が公布された。この教育令では，教育の中央集権化を再度進めるとともに，府知事や県令の権限を強化するなど，教育に対する国家的な干渉が強まることになった。

　また，教育令の制定期は，政府の内部で教育政策の基本方針をめぐり，論争が展開された時期であった。特に，天皇の侍講であった儒学者の元田永孚らは，政府の欧化政策や欧米流の教育に対する批判を強めていた。元田は，1879（明治12）年に天皇の名において『教学聖旨』を発し，儒教的道徳に基づく教育の必要性を政府に提示した。一方，政府の参議であった伊藤博文は，井上毅に「教育議」を起草させ『教学聖旨』に反対した。ただし，伊藤は，元田の教育への干渉を拒否したが，自由民権運動への対策の必要性もあり，道徳教育の強化には同意した。以後，国民の国家観や価値観を儒教的道徳により統合しようとする動きが，政府の教育方針において強まっていく。この結果，文部省は，1881（明治14）年に「小学校教則綱領」を発し，「修身」を中心的な科目に位置づけ，徳育の強化をはかった。また，同年の「小学校教員心得」により，教員の政治活動を禁止するなど，小学校教員に対する規制も強化された。

日本における公教育制度の確立

　1880年代の後半から1890年代にかけては，日本が近代立憲国家としての体制を整えた時期である。例えば，1889（明治22）年には大日本帝国憲法が発

布され，翌1890（明治23）年には帝国議会が開設されている。なお，大日本帝国憲法には，教育に関する直接的な条文がなかった。このため，教育に関する法令は「天皇大権」の内の「臣民ノ幸福ヲ増進スル為ニ」発せられる「必要ナル命令」に含まれると解釈された。このため，以後，教育に関する事項は，議会の定める法律ではなく，勅令によってなされるという「教育法令の勅令主義」が成立した。この勅令主義により，戦前期の日本の教育に関する重要事項は，議会の審議を経ずに，政府の独断で決議されるようになった。

　また，これらに先立つ1885（明治18）年には内閣制度が成立し，初代文部大臣として森有礼が就任した。この森有礼により，日本における公教育制度の枠組みが確立されることになった。森は，国家の発展には，教育の拡充が第一と考え，1886（明治19）年に「帝国大学令」「師範学校令」「小学校令」「中学校令」など，学校制度に関する一連の法律を公布した。これらの法令をまとめて「学校令」と呼ぶ。従来の教育法令が，教育制度全般に関する法令であったのに対し，この学校令では，学校段階別に対応する法律を整備した点が画期的であった。この学校令により，小学校，中学校，帝国大学からなる近代的な学校教育制度の基盤が一応の確立をみる。

　学校令では，小学校は6歳から14歳までの8年間を対象とし，修業年限4年の尋常小学校と高等小学校が設けられた。そして，尋常小学校の4年間については，保護者が児童に教育を受けさせる義務を負うことを明文化し，初めて義務教育を条文として規定した。だが，小学校の教育は有償であり，就学猶予や免除規定などの抜け道もあったことから就学率は高まらなかった。また，中学校は5年制の尋常中学校と2年制の高等中学校から構成され，帝国大学への予備教育機関として位置づけられている。帝国大学は国家に有用な研究をする場であり，高級官僚養成の場であるとされ，国立の大学のみの設置が認められ，私立大学の存在は認められていない。師範学校は，尋常と高等に分け，全寮制を基本とし日常生活を通じた人間形成を重視するとともに，兵式体操などの軍隊式の教育方針が採用された点が特色であった。この他，1894（明治27）年に「高等学校令」，1899（明治32）年に「実業学校令」「高等女学校令」「私立学校令」，1903（明治36）年に「専門学校令」，1918

（大正7）年には「大学令」が公布され，森が確立した学校制度を基盤に，日本の教育制度は，その後も整備・拡充が続けられていく。

　しかし，学校令により日本の公教育制度の基本的な枠組みは一応の完成をみたが，初等教育段階への就学率は十分に向上しなかった。そこで政府は，1900（明治33）年に小学校令を改正し，尋常小学校の修業年限を4年に統一し，義務教育年限も4年と明確に定めた。この改正で特に重要な点は，義務教育費が無償とされたことである。さらに，将来的な義務教育年限の延長を視野に，尋常小学校と高等小学校を併置した尋常高等小学校の設置も推奨された。これらの改正により，小学校の就学率は徐々に上昇し，1902（明治35）年には90％近い子供が就学するようになり，1905（明治38）年には95％を超えている。このような動向を受け，1907（明治40）年には再び小学校令が改正され，義務教育の年限が6年間に延長された。この改正によって6年制の義務教育制度を基盤とする日本の公教育制度の実質的な確立をみたのであった。

教育勅語と国定教科書

　さて，ここまで確認したように，明治政府の一連の教育政策により，日本における公教育制度は一定の確立をみた。一方で，近代的な教育制度を確立させる過程で，その実質的な面では，大きな課題も含んでいた。すなわち，教育の目的や内容に関する国家の過度な干渉と統制である。明治から戦中期の教育目的と内容に大きな影響を与えたものに「教育ニ関スル勅語（教育勅語）」と国定教科書制度が挙げられる。

　教育勅語は，1890（明治23）年10月30日に発布された。起草に当たったのは，先の井上毅と元田永孚である。この勅語は，はじめに憲法学者でもあった井上が原案の起草に当たり，近代的公民としての資質を養成することを主張し，さらに，井上に協力した元田が，儒教的な観点から意見を述べて最終案が成立した。このため，儒教的な徳目と近代的公民としての資質の養成という，二つの性格を併せ持つものとなった。内容は，冒頭で，日本の歴史が，歴代天皇による統治とそれを支える「臣民」の忠誠により発展してきたものであると述べる。そして，この天皇と臣民の忠孝の関係こそが国家の理想的

141

あり方であるとする（「国体の精華」）。次に，「父母ニ孝ニ」などの儒教的な徳目や「国憲ヲ重シ国法ニ遵ヒ」などの公民としての資質を掲げ，「臣民」としての理想的な人物像を示す。最後に，この勅語の内容は，「皇祖皇宗ノ遺訓」であり，今後も理想的な国家のあり方を守っていくことを，天皇と臣民が共に誓うものであった。とりわけ，臣民である国民は，この「国体の精華」と臣民が守るべき道を遵守することが求められた。そして，教育勅語は，戦前の教育における最高目標として機能し，以後の教育内容を規定することになった。

　また，1903（明治36）年の小学校令の改正では，教科書の国定化も定められた。1886（明治19）年に森有礼文相が教科書の検定制度を実施して以来，文部省による検定を経た教科書が使用されてきたが，大きな変更がなされたのである。改正教育令以降，教育における国家主義的方針が強まるにつれて，教育内容に対する統制の要求が政府の内外から出されていたが，1903（明治36）年の国定教科書制度の確立により，その実現をみたといえる。以後，教育勅語と国定教科書により，政府は教育の目的と内容に対する統制力を強め，学校教育，とりわけ初等教育段階においては，国家に従順で，帝国主義的な国家目的や政策を積極的に支持する臣民の育成が目指されることになる。

第2節　近代の教育Ⅱ：大正

大正期の社会と教育

　1914（大正3）年に勃発した第一次世界大戦は，欧州全域を戦火に巻き込んだ。欧州各国が不在となったアジア市場で日本は独占的に経済活動を展開し，未曽有の好景気（大戦景気）を迎えた。この好景気を受けて，日本の経済力と軍事力も増大し，国際社会における地位も向上していく。そして，政府は中国大陸やシベリアへの出兵，軍備の拡張など，帝国主義的な膨張政策を取り続けた。一方で，国内においては，経済的な格差の拡大に伴い，国民の思想的「動揺」が起こり，大正デモクラシーの高揚など，大きな社会変化の時期を迎えた。このような状況の中，1917（大正6）年9月，内閣直属の

諮問機関として，臨時教育会議が設置された。この臨時教育会議設置の目的は，第一次世界大戦以来の世界的情勢に合わせて今後の教育政策を議論し，日本の教育制度の全般的な再検討と改革を実現することであった。臨時教育会議には，小学教育，高等普通教育，大学教育及び専門教育，師範教育，視学制度，女子教育，実業教育，通俗教育，学位制度の9項目について諮問がなされ，それぞれ改革要綱が答申された。以降，大正期の政府による教育制度の改革は，臨時教育会議の答申に沿って実行されることになる。

　特に大きな変化としては，1918（大正7）年3月に成立した市町村義務教育費国庫負担法がある。この法律により，学校の費用は設置者が負担するものとして，市町村の財政に学校の運営費を依存し，国が「補助」をしていた状況から，国が教育費の一部を「負担」すべき義務があるという転換がなされた。この結果，義務教育に対する国の責任が明確になり，財政の厳しい市町村に対しては交付金の増額がなされた。

　第一次世界大戦は，1918（大正7）年のパリ講和会議で締結されたヴェルサイユ条約により終結した。この大戦は，各国の総力をかけて臨む総力戦争の様相を呈し，その規模や損害は従来の戦争をはるかに上回ることになった。このため，戦争の惨禍に直面した欧州社会を中心に，全世界で平和を希求する声が強まり，国際平和の実現が人類の悲願となった。欧州社会における平和と民主主義を望む声を背景に，その実現に向けて，教育がもつ力に期待が寄せられた。1900（明治33）年には，エレン・ケイにより，『児童の世紀』が出版されたが，このような状況において，子供の自然な成長と発達に基づく学校改革の必要性を提唱する『児童の世紀』の思想は，世界的共感を呼んだ。そして，欧米を中心に，子供の個性と自主性を尊重する新教育が興隆する。この新教育の代表的な実践としては，フランスのドモラン，ドイツのリーツ，アメリカのデューイによるものが著名である。

　日本でも，新中間層と呼ばれる都市部の富裕層を中心に，大正期はデモクラシーと呼ばれる自由主義的な思潮が高揚した時代であった。例えば，吉野作造はデモクラシーを民本主義と和訳し，政治の目的を国民の福利に置き，国民の意向に基づき政策が決定されるべきことを主張した。折からのマスメディアの発達により，この民本主義の主張は多くの国民に広まり，今後の政

治的指針として共有されるようになったのである。以上のような西洋諸国における自由教育の広がりと，国内における自由主義思想の高まりを受けて，日本の教育者たちの中にも，新しい時代にふさわしい教育を生み出そうとする動きが強まっていく。この時期の自由主義的な教育を総称して「大正新教育」と呼ぶ。

　とりわけ，日本の教育界において，新たな実践が要求された背景には，明治期の教育に対する批判や課題意識の高まりがある。大正期の新教育において批判の対象となったのは，明治以降の画一的な教育方法であった。明治中期以降，日本の教育界では，ヘルバルト派による5段階教授法が盛んに受容されるようになった。ヘルバルト派とは，ドイツの教育学者ヘルバルトの学説をもとに発展した学派である。日本では，明治中期にハウスクネヒトや谷本富らにより，「予備」「提示」「比較」「総括」「応用」の5段階による，ラインの5段階教授法が紹介され，授業でとり入れられるようになった。ヘルバルトは，「教授」に主体的な人格を形成する機能を期待しており，心性の開発に重きを置いていた。この心性の開発を目的とするヘルバルト派の教育方針は，教育勅語に掲げられた徳目を中心に，徳性の涵養を第一とする日本の学校教育と親和性が高く，積極的に導入が進められたのである。

　しかし，この5段階教授法は，日本の教育現場に受容される過程で効率よく知識を注入する方法として形骸化され，詰め込み式の注入教育の性格を強め，子供の個性や教科の違いなどを考えずに，理論的枠組みに当てはめただけの授業が増加していく。このため，大正期には，教師中心の画一的で詰め込み式の一斉教授が日本の小学校教育の中核を占めるようになったのである。大正期に新教育を実践した教師らは，このような日本の教育の状況を，強く批判し，教育実践の改革に努力したのであった。

　また，この時期には，政府の側でも，公教育における方法改革の必要性が認識されていた。例えば，1917（大正6）年12月6日の臨時教育会議の第2回答申の第1項では，小学校教育の根本方針が明示されている。そこでは，小学校教育の目的に「国民道徳の徹底」を掲げ，従来の目的の堅持・強化を要求する一方で，教育方法については，従来の方法を暗記主義，画一主義と批判し，その改善や地方の実状に応じた教育の実施を求めたのであった。こ

の結果，1918（大正7）年の国定教科書の改訂により，教育内容の国家主義
的性格が強まることにもなった。

大正新教育の展開

　このような状況下において，大正期の教師たちは，
それぞれの立場から新しい教育のあり方を模索して
いく。大きな流れとしては，師範学校附属小学校を
中心とする実践と私立小学校を中心とする実践の二
つがあった。前者としては，明石女子師範学校附属
小学校の及川平治をはじめ，木下竹次（奈良女子高
等師範学校附属小学校），手塚岸衛（千葉師範学校附属
小学校），千葉命吉（広島師範学校附属小学校）らに

澤柳政太郎

よる実践や教育論がある。後者として
は，西山哲治（帝国小学校），中村春二
（成蹊学園），澤柳政太郎・小原國芳（成
城小学校），羽仁もと子（自由学園），野
口援太郎・野村芳兵衛（池袋児童の村小
学校）らによる実践が挙げられる。こ
れら大正期に革新的な教育を実践して
いた公・私立学校を「新学校」と呼ぶ。
また，新学校の影響を直接的・間接的

八大教育主張講演会の様子（於：東京高
等師範学校附属小学校講堂。丸枠は主催
者・尼子止水）

に受ける形で，地方の公立学校でも新しい教育の試みが取り入れられ，大正
期の新教育が発展していった。

　1921（大正10）年8月に開催された八大教育主張講演会は，これら大正期
の自由主義的な教育運動の強まりを象徴するものとされる。この講演会では，
8日間にわたり，毎日1名，合計で8名の講演者が登壇し，新しい教育論を
主張している。この時に檀上に登った講演者と講演題目は，樋口長市（自学
教育論），河野清丸（自動教育論），手塚岸衛（自由教育論），千葉命吉（一切衝
動皆満足論），稲毛金七（創造教育論），及川平治（動的教育論），小原國芳（全
人教育論），片上伸（文芸教育論）であった。聴講者は主催者の予想を大きく

145

上回り，2000名を超える人々が集まるなど，新教育への関心の高まりがうか
がえる。

　この時期の新教育に関する論説は，論者の個性，学術的な立場，教育目的，
教育実践の場所などの相違により，それぞれ独創的で個性的な教育論として
結実している。しかし，旧来の教師中心の教育を否定し，教育の主体に子供
を位置づけたという点では，各教育論は共通する土台に立つものであった。
また，明治期の教育のように，教育の目的を「実利的な知識」の習得に限定
するのではなく，精神や身体も含めて総体的に人間を捉え，人間形成こそが
教育の中心を貫く柱であると強く主張した点においても一致している。その
他にも，鈴木三重吉，北原白秋，山本鼎らの文学者や芸術家たちからも，既
存の公教育制度に対する鋭い批判がなされ，新たな人間形成のあり方が模索
された。

　さらに，大正期の新教育では，子供の主体的活動の実現に向けて，教材，
教具，学校の設備備品，机の並べ方に至るまでが再検討の対象となった。教
育空間としての学校が，新たな教育観の下に再構築されるに至ったのである。
とりわけ，新教育の実践者の多くは，子供の主体性を引き出すため，教育環
境に対する関心を強めており，いかに環境を整えるかに注目が集まった時代
でもあったといえる。そして，子供に適切な教育環境を用意するという意識
から，自然環境などの学校外の場に，新たな教育的な価値が見出されるよう
になったのもこの時期であった。このことは，日本における野外教育の普及
と発展，郊外住宅地の形成や学園都市の誕生とも密接な関係をもつなど，同
時代及び現代に与えた影響も少なくない。このような学園都市の代表として
は，成城学園などが挙げられる。

　しかし，大正期の新教育には，以下の限界があったことも指摘できる。ま
ず，教育方法上の改良が中心的命題となり，当時の国家主義的な教育目的に
対する批判や改善がほとんどなされなかった。大正期の新教育では，子供の
自由や自主性を尊重することが目指されたが，その自由や自主性を制限する
ことになる日本の公教育の国家主義的性格には無自覚な性質があった。むし
ろ，政府の国家主義的な教育目標を積極的に支持し，その枠組みの中での自
由と自主性の発達を目指す性格も強かった。このため，日本の帝国主義的な

膨張を，主体的に支える人材の育成に終始する結果になったとの批判もなされている。また，海外の理論や教授法の輸入が主になった実践も多く，日本の教育の実状に適合しなかった。さらに，新学校の影響を受け，新教育を実践した多くの公立小学校では，子供の自主的な学習活動を保証するだけの教育環境や教材を整備できずに，自由教育を適切に実践することが困難な実状もあったのである。

　そして，1931（昭和6）年に満州事変が勃発し，日本が戦時体制へと進む中で，自由教育に対する国家的な統制や社会的な批判が強まりをみせた。また，財政的な基盤が不十分な状況にあった当時の私立小学校は，財政的課題に恒常的に悩まされていた。自由教育への風当たりが社会的に強まるなか，児童数が減少し財政的に困難な状況に陥る学校もでてきた。これらの状況が重なったことで，大正期の新教育は社会的に十分に根づかないまま衰退していくことになる。しかし，この時期における自由主義的で革新的な教育の経験は，第二次世界大戦後に新しい教育実践の確立が目指される中で再び注目され，戦後の新教育を支える重要な教育的遺産となった。

　また，大正期は，従来のフレーベル主義に基づく，恩物中心の幼児教育に対する批判が起こり，幼児教育の研究や新たな実践が多くなされた時期でもあった。例えば，東京女子高等師範学校附属幼稚園の倉橋惣三らは，恩物を使った幼児教育を転換し，子供の活動性を重視した教育を実践している。また，政府においても1926（大正15）年に「幼稚園令」及び「幼稚園令施行規則」を発し，幼稚園の目的や教育内容等を定めた。この幼稚園令は，日本ではじめて幼稚園に関して単独で定めた法律である。

高等教育の拡充

　大正期には，中等教育や高等教育への進学熱が高まりをみせ，「受験競争」が激化した時代でもあった。1900年代以降，小学校の就学率が飛躍的に上昇したことにより，上級学校への進学を希望するものが増加した。特に，新中間層と呼ばれる都市部の富裕層は，企業に勤める賃金労働者が中心であり，明治以降の学校制度の中で，その社会的な地位を有した人々であった。彼らは，旧中間層と呼ばれる地主や自営農家，商工業者のように，子孫に継

承させる資本（田畑など）があるわけではなく，その地位を保証するのは，
教育により獲得した学歴と学力のみであった。このため，大正期には，新中
間層の家庭を中心に，子供の教育に熱心な保護者が増加していた。この教育
熱の高まりは，先の大正新教育が高揚した原動力でもあったが，一方で受験
競争の激化にもつながったのであった。特に，この受験競争に拍車をかけた
のが，初等教育の拡充に対して，数量的に未整備であった高等教育の状況で
あった。そこで，政府は，高等教育機関の拡充にも力を入れることになった。

　1918（大正7）年12月には，先の臨時教育会議の答申に基づき，「大学令」
を公布し，従来の大学制度を大幅に改善した。まず，大学令では，帝国大学
に設けられていた分科大学制度の撤廃を行い大学内に学部を設けた。分科大
学は，それぞれが独自性の強い組織であったが，学部は大学の一機関として
の位置づけがなされ，これにより大学全体の統合が進むことになった。また，
一学部により大学を形成する単科大学が認められたり，公立や私立の大学の
設置も認可されたりした。従来は国立の帝国大学しか認められなかったが，
公立や私立にも大学設置の途を開いたのである。これにより，公立・私立の
専門学校の大学昇格が進み，日本の大学は急激に数量的な拡大をみせた。

　さらに，大学令と同年に，「高等学校令」も公布され，7年制の高等学校
を原則とするとともに，公立と私立の高等学校設置も認められた。この高等
学校令の公布により，高等学校の設置数も一定の増加をみることになる。以
上の大学令と高等学校令により，日本の中等・高等教育の拡充が進むなど，
大正期は，戦前の高等教育の制度的な確立期でもあった。

第3節　近代の教育III：昭和（戦前・戦中）

農村経済の不況と生活綴方教育，郷土教育

　1929（昭和4）年，ニューヨーク株式市場の株価暴落に端を発する世界恐
慌が発生し，日本の経済も深刻な危機（昭和恐慌）に陥ることになった。こ
の世界恐慌は，農村の経済を支える製糸業や養蚕業に打撃を与え，その財政
は窮乏する。また，1930（昭和5）年には，米の豊作による米価の下落が起

こり，農村の経済をさらに圧迫した。とりわけ，東北地方は，1931（昭和6）年の大飢饉により危機的な状況となり，欠食児童や女性の身売りなどの惨状を呈した。これらの疲弊する農村部を中心に，1930年代には，子供の厳しい生活の実態に即した，新しい教育運動が展開されることになる。

　この新たな教育運動の主流となったのは，作文教育を中心に，従来の学校教育を再編することを目指す生活綴方教育であった。生活綴方を実践する教師たちは，疲弊する農村の状況を子供たち自身の目で直視させ，ありのままに作文とすることにより，その学びを展開した。子供たちが，これらの活動を通じて，自分が置かれた社会的状況を自覚し，その改善に向けた方策を，教師と共に学ぶことにより，農村の再建につなげようとしたのである。

　1930年代には，全国各地に教師たちが結成した綴方サークルが生まれ，地域性を反映した綴方教育が展開された。特に，成田忠久や国分一太郎らにより，東北地方を中心に展開された生活綴方は，「北方性教育」と呼ばれ，活発な教育運動を展開した。このような生活綴方の全国的な発展を支えたのは，ガリ版などの印刷技術や機器の普及であった。教師たちは，子供の文集や綴方の同人誌を作成し，相互の交流に努め，その発展に尽くした。

　また，小砂丘忠義が主宰した雑誌『綴方生活』は，全国的な機関誌の役割を果たし，各地の教師たちの交流を支えた。このように，作文を通じた教育が広く行われた背景には，綴方の国定教科書がなかったことが大きい。明治中期の教科書国定化以降，日本の教育内容は国定教科書によって強く規定されていたが，国定教科書のない作文教育においては，国家の教育要求から離れて，教師らの自主性や創造性を発揮することが一定程度可能であった。

　この他，マルクス主義の影響のもと，社会階級的な視点から教育を革新しようとする新興教育運動や，教育科学としての教育学と実践の創造を目指した，城戸幡太郎ら教育科学研究会による活動なども，この時期の特色的な教育である。このように，大正期の新教育運動に引き続き，1930年代には公教育の改革を目指した民間からの教育改良運動が活発に展開されたのである。しかし，これらの民間からの教育改良運動は，日本が戦時的な国家体制を形成するなかで弾圧の対象となり，衰退していくことになった。

　一方で，1930年代には，政府の側からも，地域性に根差して教育の画一性

を改善しようとする動きが見られた。すなわち，1930年前後から文部省が推進した郷土教育である。文部省は，師範学校に補助金を支給して郷土教育の研究に取り組ませたり，講習会を実施したりして，その普及と拡大を目指した。政府は，疲弊する農村経済を再建する方策として，1932（昭和7）年に農山村の自力更生運動を開始し，補助金の支給による農村の自主的再建を求めていた。郷土教育には，農村の自力更生を支える人材育成という側面があった。また，郷土教育推進の背景には，子供たちの愛郷心を養うとともに，その郷土への愛を基盤として，愛国心の涵養へとつなげようとする政府の意図もあった。なお，郷土教育運動は民間の側からも隆盛をみせ，地域の科学的認識と分析を通じて，農村経済の自主的再建を目指す教育も展開された。

戦時体制の構築と教育

　慢性的な不況に苦しむ国民は，有効な対策を実施できない政府や政党に不満を高めていた。このような状況下で，政党に代わって台頭したのが軍部であった。1932（昭和7）年の五・一五事件により，犬養首相が軍部の青年将校により暗殺されると，政党政治は終焉を迎え，軍部の発言力が増すことになる。そして，1930年代以降は，軍部が政府に対する影響力を強め，政治や教育に干渉していくことになった。

　大正期には世界的な軍縮の流れに協調した日本であったが，1931（昭和6）年の満州事変以降は，中国や欧米との対立が急速に深まっていた。とりわけ，1930年代から1940年代にかけては，対外戦争が常態化する時代となる。軍部や政府においては，総力戦体制を形成し，国民をこの体制の内部にいかに組み込むかが国家的な課題となっていく。そして，教育においても，戦争遂行を積極的に支持する世論を形成するための国民の思想統合や，将来の軍事力・生産力を担う青少年の教育が急務となり，学校教育の全面的な改革が模索されるようになった。

　まず1935（昭和10）年4月には，青年学校令が制定され，実業補習学校と青年訓練所を統合して青年学校が設置された。従来の制度では，文部省の管轄する実業補習学校と陸軍省と文部省が管轄した青年訓練所が，それぞれ勤労青少年の教育にあたっていたが，青年学校令により，統一的な制度となっ

た。この青年学校は，勤労に従事する青少年に対して，社会教育を行うための教育機関であり，普通教育の補修，職業訓練が行われた。一方で，心身の鍛錬と徳性涵養を重視しており，修身や公民科の学習，軍事教練も実施されるなど，軍事教育的な機関としての性格も強かった点が特色である。なお，この青年学校は，1939（昭和14）年には男子に限り義務化され，すべての青年男性は，青年学校で教育を受けなければならないことになった。

　また，日本国内では，大正期以降の市民社会の成熟に伴い，国家の利益よりも個人の権利を優先する自由主義的な思想が人々に共有されるようにもなっていた。一部の国民の間では，社会主義的な思想の広まりも見られ，1920年代の後半から，小作争議や労働争議が多発するようにもなっていた。これらの自由主義や社会主義的な風潮への対策のため，政府による教育に対する干渉や統制がさらに強められ，教育を通じた国民の思想統合を目指す動きが，より一層に活発化することになる。

　特に，1935（昭和10）年には，美濃部達吉の「天皇機関説問題」に端を発する国民の思想的動揺に対処するため，政府により8月と10月の2度にわたり「国体明徴声明」が発せられ，天皇の主権を強調することになった。さらに，同年には文部大臣の諮問機関として「教学刷新評議会」が設置された。この教学刷新評議会は，翌年に答申を出し，学校を国体に基づき子供を修練するための施設と位置づけている。そして，文部省は，この教学刷新評議会の答申に基づいて，1937（昭和12）年には『国体の本義』を刊行し，天皇による統治の正当性を明確にし，各学校段階で「敬神崇祖」の精神の養成を徹底しようと試みたのである。この『国体の本義』は，学校や社会教育の関連団体を通じて全国民に配布され，その後の教育の根本的な思想となった。このような政府による国体思想の宣伝・普及の活動は続き，1941（昭和16）年には『臣民の道』が出され，欧米の個人主義的な思想を批判し，国家に対する滅私奉公的な奉仕を国民に要求した。

　1937（昭和12）年7月には盧溝橋事件が発生し，日中間の戦争は全面戦争の様相を呈するようになる。政府は，この戦争に勝利するため，翌8月に「国民精神総動員実施要項」を閣議決定し，「国民精神総動員運動」を開始した。この運動では，節約や貯蓄を通じた戦争への協力が国民に促された。ま

た，翌年4月には，「国家総動員法」が成立し，総力戦を遂行するために，あらゆる人的・物的な資源の統制運用を行うことが可能な権限が政府に付与され，本格的な総力戦体制が形成されていく。このため，教育も，戦争の勝利にいかに貢献できるかが問われる時代となった。

　このような状況の中で，教育制度の全面的な改革を実現するため，近衛文麿内閣の諮問機関として「教育審議会」が創設された。この教育審議会は，1937（昭和12）年の設置以降，青年学校の義務制，小学校を国民学校に改組し義務教育を8年に延長すること，中学校，高等女学校，実業学校を中等学校へと一本化することなどの答申を出し，以降の教育制度改革の基本方針を示した。そして，実際に，これらの答申に基づき，1941（昭和16）年には小学校が新たに「国民学校」に再編され，1943（昭和18）年には中学校，高等女学校，実業学校が廃止となり中等学校に統合された。また，教員養成においても，1943年の「師範教育令」により，師範学校が専門学校程度の学校に変更されるなど，大きな制度上の改革が行われたのである。

国民学校の教育

　先にみた1940年代の教育制度改革の中で，とりわけ大きな変革がなされたのが，小学校の国民学校への改組であった。1941（昭和16）年3月に「国民学校令」が公布されると，翌4月から初等科6年，高等科2年の国民学校が発足した。明治初頭以来の小学校という名称が変更され，新たな初等教育機関として国民学校が誕生したのである。この国民学校では，従来の小学校の教育目的・内容・方法が刷新され，戦時体制に即した教育の目的と内容・方法により，国民を教育することが目指されている。

　まず，国民学校では，「皇国ノ道ニ則リ」，次世代の皇国を担う国民を「錬磨育成」することが目的とされた。この「皇国ノ道」とは，教育勅語に掲げられた「国体の精華」と臣民が守るべき道のことであり，国民学校は勅語の精神に従い，その教育を徹底することに最大の目標が置かれていた。

　また，国民学校の教育内容としては，合科主義と科学主義を特色としている。国民学校の初等科では，従来の教科を，皇国民として求められる資質と能力から，国民科（修身・国語・国史・地理）・理数科（算数・理科）・体錬科

（武道・体操）・芸能科（音楽・習字・図画・工作及び女子のみの裁縫）の4教科（高等科には実業科（農業，工業，商業，水産）も設置され5教科）に統合し，この教科の中に国語や算数などの各科目を設置した。それぞれの教科と科目の特性を生かしながら，相互の関連性を強め，皇国民の錬成を徹底しようとしたのである。

　さらに，国体思想の徹底した教化のため，武道，儀式，学校行事が厳格化された。このため，「行」や「型」，団体訓練を通じた心身の教育や，宮城遥拝，宣戦の詔勅の朗読など精神面の鍛練も実行されている。一方で，これらの精神教育に加えて，合理的・科学的資質を養うことも目標とされ，理科的・数学的知識の重点化も行われた。

　戦争に勝利するためには，兵士となる国民が近代兵器や科学技術に精通していることが重要であった。また，戦争を遂行するためには，国民が一致結束して協働することも必要とされた。このため，戦時下の学校教育においては，非合理的な日本古来の精神に基づき国民の思想を統合することと，合理的な科学技術を新興させることという，一見矛盾するような二つの課題を統合的に実現しなければならなかった。そこで，国民学校では，東洋的な精神教育と，理数系の科目の重点化による西洋的な科学の教育を融合させた教育が実践されたのである。

　また，その教育方法の基本的方針としては，生活と教育の結合を重視し，単に知識の教授に終わるのではなく，子供の興味や活動を通じた学習を展開した点も特徴的である。例えば，低学年からの「自然の観察」が行われたり，歴史教育において，史実を精選し暗記を排除したりもしている。これらの国民学校の教育方法は，大正期以来の新教育や民間教育の理論と方法論を取り入れたものであった。このような国民学校の教育の形成に，大きな影響を与えた思想として，当時の文部大臣であった橋田邦彦が提唱した「科学する心」という考え方がある（第7章8節を参照）。

　しかし，太平洋戦争の激化により，国民学校の教育は十分に行われずに，終戦を迎えることになった。戦局の悪化に伴い，日本本土が空襲を受けるようになると，都市部を中心に「学童疎開」が実施された。特に1944（昭和19）年以降は，東京をはじめとする13都市の国民学校初等科3年生以上の児

童は，強制的に学童疎開をさせられることになり，学校での授業は停止された。国民学校では，初等科に加え，高等科の2年間も義務教育化される予定であったが，この義務教育の延長も実施されなかった。

　また，学校の多くは，軍事用の工場として使用されるようになり，中学校以上の生徒や学生たちも，勤労動員により工場での労働に従事するようになった。また，1943（昭和18）年には，徴兵適齢期の文科系の学生を徴集する「学徒出陣」により，大学生の多くが戦地に出征するようにもなった。そして，1945（昭和20）年には「決戦教育措置要綱」が閣議決定され，国民学校初等科を除く日本国内の学校教育は事実上，全面的に中止されることになったのである。このような状況の中，1945年8月15日に日本は敗戦を迎え，以降は連合国の占領下において，戦後の教育改革が実施されることになった。

第4節　現代の教育：昭和（戦後）から現在まで

戦後の教育改革

　1945（昭和20）年8月15日，日本はポツダム宣言の受諾を発表して敗戦を迎え，連合国の占領下に置かれた。同年の9月からは，早くも教育が再開されることになったが，多くの学校が戦火により焼失しており，すぐに授業が始められる状況にはなかった。集団疎開から戻った児童の教育は，学校の校庭を使用して行われるなどしたため「青空教室」と呼ばれている。

　このような状況の中で，敗戦後の日本の教育は，新しい時代を生きる日本人の育成に向けて，制度や目的，教育の内容・方法など全面的に刷新されることになった。この教育改革を主導したのは，アメリカを中心とする連合国軍最高司令官総司令部（GHQ）であった。一方，日本政府の側も，国体つまりは天皇を中心とする政治体制を可能な限り維持するために，自主的な民主化政策を実施する必要性に迫られていた。そこで，文部省は，占領政策の具体的な方針が示される以前の1945（昭和20）年9月15日に「新日本建設ノ教育方針」を出し，文化国家を建設し，民主主義により日本を再建する方針を明示した。しかし，この方針には，「国体の護持」に努めることが含まれて

いたため，連合国には受け入れられな
かった。

　この日本側からの動きに対して，総
司令部は，日本の教育から極端な軍国
主義や超国家主義的性格を除去するた
めとして，1945（昭和20）年10月から
12月にかけて「教育の四大指令」を発
した。この四大指令により，（1）軍国
主義や超国家主義の排除，（2）戦犯教

第一次米国教育使節団来日（1946年3
月26日，玉川学園にて）

員の教職追放，（3）国家神道の排除，（4）修身・日本歴史・地理の授業停止
の措置が取られた。これらの指令は，戦前日本の教育の否定や停止が主で
あったため，教育の「否定的措置」と呼ばれる。

　さらに，1946（昭和21）年3月には，総司令部の要請を受け，アメリカか
ら第一次米国教育使節団が来日した。この米国教育使節団は，日本側が組織
した「日本側教育家委員会」の協力を受けながら，全国各地の教育の状況を
調査し，「教育使節団報告書」を総司令部の最高司令官ダグラス・マッカー
サーに提出した。この報告書では，教育の目的を個人の価値と尊厳に置くこ
とを強調するとともに，教育の自主性を改革の基調とすることを提言した。

　この結果，総司令部でも，これまでの「禁止的措置」を改め，「積極的措
置」へと方針を転換することになる。1946（昭和21）年8月には，東京大学
総長の南原繁を中心に，内閣の諮問機関として「教育刷新委員会」が設置さ
れた。その目的は，第二次世界大戦後の教育に関する重要事項を審議し，戦
後の教育改革の具体的方策を建議することであった。以後，教育刷新委員会
の建議により，戦後の教育改革が実施されていくことになる。

日本国憲法の制定と教育基本法，学校教育法

　1946（昭和21）年11月3日，戦前の「大日本帝国憲法」に代わり，新たに
「日本国憲法」が公布された。この日本国憲法では，国民主権，基本的人権
の尊重，平和主義を基本理念とし，その前文において，日本の不戦と国際平
和への貢献を誓った。また，憲法第26条では，「教育を受ける権利」と「教

155

育の義務」「義務教育の無償化」が規定されている。戦前は，教育が納税や
兵役と並ぶ国民の義務であったが，戦後の教育では，子供が「教育を受ける
権利」とその権利を保障する義務へと大きく転換がなされたのであった。

　また，1947（昭和22）年3月には，憲法の精神に基づく「教育基本法（旧
教育基本法）」が制定された。教育基本法の前文では，「民主的で文化的な国
家を建設して，世界の平和と人類の福祉に貢献」するという日本国憲法の理
想を確認するとともに，この理想の実現は「教育の力」が必要であることを
強く主張した。そして，今後の教育においては，「人格の完成」を目指し
「平和的な国家及び社会の形成者」の育成を目的とすることを掲げた。戦前
の国家目的達成のための教育から，個人の尊厳を第一とする教育へと方針が
転換されたのである。さらに基本法では，教育の方針，教育の機会均等，義
務教育，男女共学，学校教育，社会教育，宗教教育，教育行政に関する諸原
則を定め，戦後教育の理念を明文化している。

　また，以上のような教育基本法に定めた教育の理念と目的を実現するため，
学校教育の系統・実施方法を定めた「学校教育法」が1947年3月に公布され，
翌4月から施行された。この学校教育法の施行により，日本の新しい学校教
育の制度が発足する。その大きな特色としては，教育の機会均等の実現を目
指して，従来の複線的な学校制度を改め，同一の教育段階に原則として一つ
の教育機関のみを設置する単線型の教育制度を導入したことが挙げられる。

　戦前の学校制度は複雑で，経済力や性差によって進学先が限定されていた。
これに対し戦後の新しい学校制度では，小学校，新制中学校，新制高等学校，
大学を基本とし，初等教育から高等教育まで単線型の教育制度が整備された
のである。これにより，小学校は6年間，中学校と高等学校はそれぞれ3年
間，大学は4年間の6・3・3・4制の学校体系となった。また，小学校の
6年間と中学校の3年間は義務教育段階とされ，戦前の6年間から9年間に
義務教育が延長された。また，盲学校，聾学校，養護学校や幼稚園も整備さ
れている。

　この他，高等教育においては，男女共学の理念に基づき，大学教育が女性
に開放された。戦前の学校制度では，「良妻賢母」の理念により，男女別学
を基本としていた。このため，中等教育段階への女性の進学が制限され，大

学教育からは原則として女性が排除されていた。しかし，戦後の教育改革により，女性の大学進学が可能となったのである。また，教育の民主化と地方分権，官僚統制からの独立を定めた教育委員会法（1948（昭和23）年 7 月）も制定され，従来の中央集権的な教育行政が改められた。教員養成については，従来の師範学校による教育を批判し，大学における教員養成と開放制（教員養成を主とする教育機関・学部以外でも，教職課程を設置することで教員免許を取得可能にする制度）を原則として行われることになった。

　教育内容の面では，1947（昭和22）年 3 月には，小学校，中学校，高等学校でアメリカのコース・オブ・スタディをモデルに，「学習指導要領」（「学習指導要領（試案）一般編」）が導入されている。この指導要領では「児童の現実の生活」を出発点として，学校教育の課程が編成される必要性が強調された。従来の政府の教育は，系統的な学習を主としてきたが，戦後の教育改革では，児童中心主義的な経験学習の重視へ方針が転換されたのである。さらに，この学習指導要領は，教師が教育課程を編成する手引書として位置づけられており，教育の目標や内容，カリキュラムの策定は，現場の教師たちに任されることになった。また，教育の地方分権の理念から，教科書の採択も都道府県の責任により行われるべきとし，教科書制度も戦前の国定制から検定制へと移行した。

　このような状況の中で，各地の教師たちによるカリキュラム改革や学習指導の改良を目指す動きが活発となった。学校現場では，アメリカ経験主義に基づく問題解決学習が受容され，子供の興味関心や自主性を重視する戦後の新教育が展開されるようになった。コアカリキュラムも導入され，従来の教科の枠組みを超えた実践が行われている。特に，戦後に新設された社会科は，子供を民主社会の担い手として育むための中心的な教科に位置づけられた。そして，民主社会の実現という目的に合わせ，子供の生活や現実社会で直面する課題を中心に，さまざまな問題解決型の学習が展開された。一方で，戦後の新教育は，子供の生活や興味に重点を置くあまり，教育すべき内容の精選がなされなかったり，また系統的な学習が行われづらい状況にあったりしたため，「はいまわる経験主義」との批判を招くことにもなった。

戦後教育のその後と現代の教育

　第二次世界大戦後の国際社会は，アメリカを中心とする自由主義的な西側陣営とソ連を中心とする社会主義的な東側陣営に分かれ，東西の「冷戦」の時代に突入した。アジア地域では1949（昭和24）年に中華人民共和国が成立し，1950（同25）年には朝鮮戦争が勃発した。中国をはじめとして，アジア諸国で東側陣営の影響力が増すなかで，連合国軍総司令部の対日占領政策も保守的なものへと転換した。1950年には，レッドパージにより，政府機関や報道機関，教育現場などから共産主義者が追放されている。さらに，同年10月から公職追放の解除が実施され，敗戦時に戦前の軍国主義に協力したとして追放された人々が公職に復帰できるようになった。そして，1951（昭和26）年9月のサンフランシスコ講和条約により，連合国の占領が終わった。この講和条約により，日本は主権を回復して独立し，本格的に国際社会へと復帰したのである。

　このような国際情勢や社会情勢の下において，戦後の教育改革が批判され，その是正措置がとられるようになった。例えば1956（昭和31）年には「地方教育行政の組織及び運営に関する法律」が制定され，教育委員会の公選制が地方自治体の首長による任命制になるなど，これまでの地方分権的な教育行政が改められ，国の権限が徐々に強められることになった。また，1958（昭和33）年には，学習指導要領の法的拘束力が主張され，その位置づけが従来の試案から拘束力をもつ国家的基準に変わった。1950年代後半からは，教員の勤務評定も行われるようになり，文部省による教育の管理体制が形成されていく。

　なお，1958（昭和33）年から60（同35）年にかけて改訂された指導要領では，従来の経験主義的な学習を主体とする戦後の新教育を改め，系統的な学習による基礎学力や科学技術教育の充実が重視された。子供を主体とする経験主義の教育に対し，学力が低下したとの批判が保護者からなされたためである。さらに，1950年代以降，日本の経済的復興が進み，今後の産業を担う人材の育成が，経済界から求められるようになったことも背景にあった。この経済界からの要望により，中等教育では実業教育に力が入れられるようになっている。

　さらに，1960年代には，池田勇人内閣の国民所得倍増計画に基づく，高度経済成長政策に伴い，教育は日本経済を支える人材養成としての側面を強めていった。1963（昭和38）年には，経済審議会から「経済発展における人的能力開発の課題と対策」が答申された。この答申は，科学技術の進歩と産業構造の高度化，国際競争の激化を見据え，能力主義による早期の人材選抜を学校教育で実施することや中等教育段階の再編を求めるものであった。このような社会情勢の中で，1966（昭和41）年には中央教育審議会から「後期中等教育の拡充整備について」が答申され，能力主義に基づき，中等教育を多様化させることが要請された。この答申を受けた文部省は，高等学校に工業科や商業科など多様な学科を開設するとともに，大学における理工系学部の増設なども行った。この一連の政策により，中等教育段階の多様化が実現したが，同時に学力による高等学校の序列化も進むことになった。さらに，1968（昭和43）年から1970（同45）年に改訂された学習指導要領では，「教育内容の現代化」の名のもとに，理数科の教科を中心に，教育内容のより一層の高度化と複雑化が実施されている。

　このように，1950年代から70年代にかけての教育は，経済界からの要求に応える形で早期からの選抜や競争に重点が置かれた。さらに，日本の経済発展に伴い，高等学校や大学への進学率も高まりをみせていた。このため，中等教育及び高等教育段階の入学試験における競争が激しくなり，受験戦争が過熱する事態ともなった。また，教えるべき知識の量が増加したため，詰め込み型の教育が増加していった。この結果，児童・生徒間の学力格差の広がりや，非行や校内暴力，いじめ，不登校などの増加が問題とされた。

　そこで，1970年代の後半からは，ゆとりある充実した学校生活の実現が掲げられ，学習負担の適正化が目指されている。1977（昭和52）年から78（同53）年に改訂された学習指導要領では，教育内容の精選と授業時数の削減が行われた。いわゆる「ゆとり路線」の始まりである。さらに，1980年代には，自由競争を重視し，政府の役割を限定する「新自由主義」の考え方に基づき，学校教育の縮小が検討された。「新自由主義」の理念は，1984（昭和59）年に総理大臣の諮問機関として設置された「臨時教育審議会」や中央教育審議会の答申にも反映され，以後，教育の自由化が改革の大きなテーマとなった。

この議論は, 1992（平成4）年に開始される「学校週5日制」や1991（同3）年の「大学設置基準」の大綱化などにもつながっていく。臨時教育審議会では, 明治と戦後に続く「第3の教育改革」を目指して答申を出し, 個性重視の原則や生涯学習への移行, 国際化・情報化への対応などが提唱された。そして, 臨時教育審議会の提言を受けた中央教育審議会の答申に基づき, 1989（平成元）年に学習指導要領が改訂された。この改訂では, 従来の知識・技術の習得を目指す教育から, 子供の自ら学ぶ意欲や, 主体的な思考力, 判断力, 表現力の育成を重視する教育へと, 学力観の転換がなされた（新学力観）。

　そして, 1970年代後半に始まったゆとり路線は, 1998（平成10）年からの指導要領改訂でより鮮明になった。この指導要領では,「生きる力」の育成を目標に掲げ,「総合的な学習の時間」を創設するとともに, 教育内容の精選と大幅な削減が実施された。しかし, 2000年代に入ると, 国際的な学力調査の結果から, 子供の学力が低下したとの社会的批判が強まり, ゆとり路線の転換が模索されるようになった。このため, 2008（平成20）年に告示された学習指導要領では, 従来の「生きる力」を継承しながら, 基礎的な学力の徹底をはかることが目指されている。今後の教育では, 子供たちの個性や能力を尊重しながら, いかに知識・技術の修得をはかるか, その両立が求められているといえる。また, 2006（平成18）年には, 戦後教育の出発点となった旧教育基本法が改正され,「新教育基本法」が成立した。この基本法では,「国を愛する心」「伝統の尊重」「新しい公共」など, 旧基本法と比較して規範性の育成を強めた点が特色である。このように, 現代の教育は, いかなる学力観に立ち, どのような人物を育てるのか模索の時期にあり, 今後の教育の目的や性格を決定するうえで, 大きな分岐点に差し掛かっているといえる。

学修課題

(1) 学制, 自由教育令, 改正教育令, 小学校令の条文を確認し, どのような内容上の変化が表れているのかを検討してみよう。
(2) 大正期の高等学校・大学の設置数や学生数の変遷を調べてみよう。また, 高等学校と大学の学生数を, 大学への進学という観点から分析してみよ

う。

（3）戦後の教育改革によって，中学校や高等学校，大学への進学率がどのように変化したのか調査をしてみよう。また，この進学率の変化にはどのような社会的意味があるのか，その後の進学率の変遷をたどりながら分析してみよう。

〈参考文献〉

大田堯編著『戦後日本教育史』（岩波書店，1978）

小原國芳編『日本新教育百年史』第1巻（玉川大学出版部，1970）

久保義三ほか編著『現代教育史事典』（東京書籍，2001）

中野光『大正自由教育の研究』（黎明書房，1968）

日本近代教育史事典編集委員会編『日本近代教育史事典』（平凡社，1971）

文部省編『学制百年史』（帝国地方行政学会，1972）

文部省編『学制百二十年史』（ぎょうせい，1992）

民間教育史料研究会編『民間教育史研究事典』（評論社，1975）

第6章　教育の思想 I
―西洋編―

　この第6章と次の第7章では，代表的な教育思想の名著や資料についての解説に留まることなく，さらにそれらの原文（邦訳の抜粋）も掲載する。紙幅の都合で，掲載できたのはほんのわずかである。しかし教育思想を学ぶ際には，その思想について誰かが書いた解説を読むだけにとどまらず，できるだけ自ら原文にあたって考えてほしい。そのきっかけを提供したい。そう願ってこれらの章を設けた。

　本章では「教育の思想 I（西洋編）」として，西洋の代表的な教育思想家を古代から現代にわたって11名取り上げた。各節では，まず，それぞれの思想家の生涯や思想内容，あるいは取り上げた著作についての解説がなされている。この箇所を読むことによって各思想家の思想的特徴をつかんでほしい。さらに各節では，それぞれの名著の原文（邦訳の抜粋）が掲載されている。それらは必ずしも読みやすいものばかりではないが，教育思想家と対話するつもりで，繰り返し味読してほしい。

第1節　プラトン『国家』

はじめに　―『国家』の概要―

　本書第2章1節で言及されている哲学の父プラトン（Platon, 427-347B.C.）は，その80年の生涯にわたって後世の人文社会科学の基礎となる優れた著作を数多く発表してきたが，主著を1冊あげるとすれば，それが『国家』であることに異論は少ないと思う。原題は$\Pi o \lambda \iota \tau \varepsilon \iota \alpha$――ポリテイア。英訳では"The Republic"で，副題は「正義について」。彼の著作群の中期にあたる50歳代で執筆されたもので，全10巻から成るそのボリュームは，プラトン生涯の全著作のなかでも後の『法律』と並んで群を抜いている。質的な面でもプラトンの政治哲学，神学，存在論，認識論といった前期から中期に至る思想のエッセンスが凝縮されていると言ってよい。

　登場人物はプラトンの師であるソクラテスを主人公として，シケリア島シュラクサイ（今のシシリア島シラクサ）出身の富豪ケパロスとその長男ポレマルコスほか，当時の著名な弁論家トラシュマコス，アテナイの民主・復古派政治家クレイトポン，プラトンの兄であるアデイマントスとグラウコンである。時代設定は紀元前430～前421年頃，場所はアテナイの外港ペイライエウスにおけるケパロス邸と設定されている。

　『国家』の主題が，副題にあるように「正義」についてであり，哲学者に統治される理想国家についてであることは間違いないが，この両者と並んで「教育」の問題が小さからぬ地位を占めていることは忘れてはならない。「プラトンの国家は一種の巨大な教育機関であり，政治は教育であったというべきであろう。そこに哲人政治が求められる所以もあった」（高坂　1971）。

　その概要は，次の5部に大別される。第1巻は導入部で，そもそも「正義」とは何かについて登場人物の間で激しい討議がなされ，次いで第2～4巻では正義の実現のために求められるべき理想国家とその守護者の条件，その守護者を育成する教育のあり方，「魂の三区分」説が論じられる。第5～7巻が本書の中核部で，理想国家の具体論が考察されるなかで，国家統治者として「善のイデア」の希求する存在としての「哲人王」とその教育のあり

方が構想される。プラトン哲学の中心中の中心である三つの比喩（太陽の比喩，線分の比喩，洞窟の比喩）が語られるのはこの箇所である。第8～9巻では，「僭主独裁制国家」を底辺とするいくつかの政体を理想国家の陰画として描くことで，逆に理想国家の輪郭を鮮明にしている。そして最後の第10巻では，当時アテナイの主流を成していた詩歌と演劇がこうした理想国家の統治者としての哲人王の育成にとって有害であること，そして「正義」を希求することの喜びが高らかに唱われて本書の幕を閉じる。

　プラトンの国家論は，確かに観念的な色彩が強いが，完全に浮世離れした空論であるとは言えない。プラトンは哲学者であり，同時に学園アカデメイアの創設者として優れた教育者でもあったが，もう一面として彼の現実政治への志向を見落とすことはできないのである。事実，若き日の政治活動と，師ソクラテスの処刑に象徴される当時のアテナイ民主制の現実に対する幻滅，60～66歳頃，友人ディオンらの懇願を受け，シュラクサイの僭主ディオニュシオス2世を指導して哲人政治の実現を目指したが，政争に巻き込まれて不首尾に終わってしまったことなどが書簡のなかで言及されている（「第七書簡」『プラトン全集8』山本光雄編，角川書店，1974年所載）。

　以下は，『国家』のなかでも特にプラトンが哲学及び教育の本質について直截に言及した部分である第7巻所載の，いわゆる「洞窟の比喩」からの抜粋である。キアヌ・リーブス主演の映画「マトリックス」（ウォシャウスキー兄弟監督・脚本，1999年）にも引用されている有名な箇所である。『国家』の邦訳書は現在に至るまで数種類が刊行されているが，本書では今でも入手しやすい岩波文庫版（藤沢令夫訳）を使用する。

　なお，残念ながら紙幅の都合でごく一部の抄出にとどめざるを得なかった。また，原文はプラトンと彼の兄であるグラウコンとの対話から成っているが，グラウコンの応答部分は割愛した。読者にはぜひこの「洞窟の比喩」だけでなく，大著ではあるが『国家』全文の通読に挑戦してほしい。専攻する分野を問わず，現代を生きる私たちにとっても学び考えるべきことは決して少なくないだろう。

『国家』原文（邦訳の抜粋）

　「ではつぎに」とぼくは言った，「教育と無教育ということに関連して，われわれ人間の本性を，次のような状態に似ているものと考えてくれたまえ。——地下にある洞窟状の住いのなかにいる人間たちを思い描いてもらおう。光明のあるほうへ向かって，長い奥行きをもった入口が，洞窟の幅いっぱいに開いている。人間たちはこの住いのなかで，子供のときからずっと手足も首も縛られたままでいるので，そこから動くこともできないし，また前のほうばかり見ていることになって，縛めのために，頭をうしろへめぐらすことはできないのだ。彼らの上方はるかのところに，火が燃えていて，その光が彼らのうしろから照らしている。

　この火と，この囚人たちのあいだに，ひとつの道が上のほうについていて，その道に沿って低い壁のようなものが，しつらえてあるとしよう。それはちょうど，人形遣いの前に衝立が置かれてあって，その上から操り人形を出して見せるのと，同じようなぐあいになっている」（104頁）

　「ではさらに，その壁に沿ってあらゆる種類の道具だとか，石や木やその他いろいろの材料で作った，人間およびそのほかの動物の像などが壁の上に差し上げられながら，人々がそれらを運んで行くものと，そう思い描いてくれたまえ。運んで行く人々のなかには，当然，声を出す者もいるし，黙っている者もいる」（104〜105頁）

　「つまり，まず第一に，そのような状態に置かれた囚人たちは，自分自身やお互いどうしについて，自分たちの正面にある洞窟の一部に火の光で投影される影のほかに，何か別のものを見たことがあると君は思うかね？」（105頁）

　「では，この牢獄において，音もまた彼らの正面から反響して聞えてくるとしたら，どうだろう？〔彼らのうしろを〕通りすぎて行く人々のなかの誰かが声を出すたびに，彼ら囚人たちは，その声を出しているものが，目の前を通りすぎて行く影以外の何かだと考えると思うかね」（106頁）

　「（前略）彼らの一人が，あるとき縛めを解かれたとしよう。そして急に立ち上がって首をめぐらすようにと，また歩いて火の光のほうを仰ぎ見るようにと，強制されるとしよう。そういったことをするのは，彼にとって，どれ

もこれも苦痛であろうし，以前には影だけを見ていたものの実物を見ようと
しても，目がくらんでよく見定めることができないだろう。

　そのとき，ある人が彼に向かって，『お前が以前に見ていたのは，愚にも
つかぬものだった。しかしいまは，お前は以前よりも実物に近づいて，もっ
と実在性のあるもののほうへ向かっているのだから，前よりも正しく，もの
を見ているのだ』と説明するとしたら，彼はいったい何と言うと思うか
ね？　そしてさらにその人が，通りすぎて行く事物のひとつひとつを彼に指
し示して，それが何であるかをたずね，むりやりにでも答えさせるとしたら
どうだろう？　彼は困惑して，以前に見ていたもの〔影〕のほうが，いま指
し示されているものよりも真実性があると，そう考えるだろうとは思わない
かね？」（107頁）

　「いま話したこの比喩を全体として，先に話した事柄に結びつけてもらわ
なければならない。つまり，視覚を通して現われる領域というのは，囚人の
住いに比すべきものであり，その住いのなかにある火の光は，太陽の機能に
比すべきものであると考えてもらうのだ。そして，上に登って行って上方の
事物を観ることは，魂が〈思惟によって知られる世界〉へと上昇して行くこ
とであると考えてくれれば，ぼくが言いたいと思っていたことだけは（中
略）とらえそこなうことはないだろう。

　（中略）知的世界には，最後にかろうじて見てとられるものとして，〈善〉
の実相（イデア）がある。いったんこれが見てとられたならば，この〈善〉
の実相こそはあらゆるものにとって，すべて正しく美しいものを生み出す原
因であるという結論へ，考えが至らなければならぬ。すなわちそれは，〈見
られる世界〉においては，光と光の主とを生み出し，〈思惟によって知られ
る世界〉においては，みずからが主となって君臨しつつ，真実性と知性とを
提供するものであるのだ，と。そして，公私いずれにおいても思慮ある行な
いをしようとする者は，この〈善〉の実相をこそ見なければならぬ，という
こともね」（111〜112頁）

　「もし以上に言われたことが真実であるならば，われわれは，目下問題に
している事柄について，次のように考えなければならないことになる。すな
わち，そもそも教育というものは，ある人々が世に宣言しながら主張してい

るような，そんなものではないということだ。彼らの主張によれば，魂のなかに知職がないから，自分たちが知識をなかに入れてやるのだ，ということらしい―あたかも盲人の目のなかに，視力を外から植えつけるかのようにね」(115頁)

「ところがしかし，いまのわれわれの議論が示すところによれば」(中略)，「ひとりひとりの人間がもっているそのような〔真理を知るための〕機能と各人がそれによって学び知るところの器官とは，はじめから魂のなかに内在しているのであって，ただそれを―あたかも目を暗闇から光明へと転向させるには，身体の全体といっしょに転向させるのでなければ不可能であったように―魂の全体といっしょに生成流転する世界から一転させて，実在および実在のうち最も光り輝くものを観ることに堪えうるようになるまで，導いて行かなければならないのだ。そして，その最も光り輝くものというのは，われわれの主張では，〈善〉にほかならぬ。そうではないかね？」(115〜116頁)

「それならば (中略)，教育とは，まさにその器官を転向させることがどうすればいちばんやさしく，いちばん効果的に達成されるかを考える，向け変えの技術にほかならないということになるだろう。それは，その器官のなかに視力を外から植えつける技術ではなくて，視力ははじめからもっているけれども，ただその向きが正しくなくて，見なければならぬ方向を見ていないから，その点を直すように工夫する技術なのだ」(116頁)

＊出典：プラトン／藤沢令夫訳『国家 (下)』(岩波書店，1979)

第2節　コメニウス　『大教授学』

　1618年に勃発した三十年戦争の混迷にあって，その生涯の大部分を遍歴のなかで過ごしたコメニウスは，子供の教育を世界救済の最重要課題とみて，彼の思想をキリスト教的な平和教育へと展開させていった。本節では，コメニウスの主著の一つ『大教授学』(Didactica magna) を解説する。本書を理解するにあたって，コメニウスの教育思想の背景をひとまず概観する必要があるだろう。コメニウスの教育思想の重要な点は，次のようにまとめられる

（第2章4節参照）。

> 1．教育史初の体系的な教授法・教育方法を示そうとしたこと。
> 2．子供の教育方法として，抽象的思考から学びを出発させるのではなく，感覚的事物の認識から出発する「直観教授」を重要視していたこと。
> 3．初めて，階梯的な学校制度の構想を打ち出したこと。
> 4．階級，宗教，性別に関係なく教育が必要であることを唱えたこと。
> 5．子供の本性から出発し，子供の学ぶ喜びを中心に教授学・教育方法を組み立てようとしたこと。

　コメニウスの階梯的な学校制度構想は，その際にまとめたように以下の4つの区分から成り立っていた。1．幼年期―母親による幼児教育（6歳まで），2．初級学校あるいは国民母国語学校（12歳まで），3．ラテン語学校あるいはギムナジウム（18歳まで），4．大学（24歳まで）。またコメニウスが，教師の視点からではなく，子供たちの本性への眼差しと学ぶ喜びへの視点からその教授学・教育方法を構築していった。

宗教的・哲学的背景とコメニウスの教育思想

　コメニウスの『大教授学』を紐解く上で，彼の哲学的・宗教的な背景を知っておくことは非常に有用なことであろう。コメニウスは，プロテスタントから発するボヘミア同胞教団に属しており，後にその教団の最長老の牧師にも就任する。彼のヘルボルンやハイデルベルク大学での勉学も，神学生としてのものであり，本来は教育という観点からのものではなかったのである。ボヘミア同胞教団には，全教団員の肉体労働，集団的相互教育，ヒエラルキーの排除（井ノ口　1998：69）などを原則とするキリスト教団体であり，これらの点だけでも，上述した教育思想の要点が，彼の宗教的背景と結びついていることが窺えるだろう。まずもって，階級，宗教，性別に関係なく，全ての人に同等の教育が必要であると学校制度を構想した点は，混迷にあった時代とその救済という考えだけではなく，キリスト教的人間観と深く結び

ついている。コメニウスは，『大教授学』で説いているように，人間誰もが，全能を特性とした神の似姿であり，知識を獲得する能力が生まれつき備わっていると考えていたのである（井ノ口　1998：44）。また，コメニウスは，人が現世に学ぶべきこととして，知識，徳，そして敬虔な心をあげている。人間は，生まれた瞬間から完全な存在としては見られておらず，知識，徳，敬虔な心の「種子」（コメニュウス　1966：81）はすでに自然が与えてくれていても，それらそのものは，「祈りにより，学習により，行ないによって」（コメニュウス　1966：81原文ママ）獲得されるものであるというのである。これらを獲得する現世の学びは，死後の永遠の命のためというキリスト教的人間観・世界観と結びつく。このような背景から，コメニウスの『大教授学』を読み解くことが，我々の理解を助けるだろう。

　このような神学的背景とコメニウスの哲学的省察は切り離せない。コメニウスがラテン語学校を修了した後に学んだヘルボルン大学は，カルヴァン派の神学大学であり，彼は百科全書主義に属するアルステット教授の下で学ぶことになる。この百科全書主義は，あらゆる知識を国民に普及させることを目的としており，この影響から，彼は後に「汎知学（Pansophie）」とそれに基づいた学校制度の発展に励むことになるのである。上記のように，一方でコメニウスは，宗教，性別，階級に関わりなく「あらゆる子どもたち」の教育を構想し，また他方で分野に囚われない「あらゆる知識」を普及させることを念頭においていたために，『大教授学』において「あらゆる人にあらゆる事柄を教授する」（コメニュウス　1966：13）ということが説かれることとなったのである。

『大教授学』における「直観教授」思想の形成

　コメニウスの教育思想を見ていく上で，重要な概念が「直観教授」である。コメニウスの言う「直観教授」とは，まずもって事物の感覚的認識が，抽象的な概念や論理の理解に先立つことを前提とする教授法である。この彼の思想は，すでに『大教授学』において見出せる。彼は『大教授学』第20章において，認識は常に感覚から始まることを強調しており，学習者をできるだけ多くの感覚にさらすことが「教授者の黄金律」（コメニュウス　1962：9）で

あると述べている。この思想は，1658年に出版された『世界図絵』（教育学史上初めての絵入りの教科書）においても発展させられ，感覚に対して感覚的事物を正しく提示し，感覚を訓練することが強調されている（コメニウス2010：12）。『大教授学』を理解するにあたって，『世界図絵』を紐解くことは助けとなるだろう。またこのような洞察は，彼の子供の本性に対する深い理解と結びついていた。当時の学校においては，このような直観教授的な考え方は一般的におろそかにされており，「（前略）学ぶべき事柄が理解されたり感覚に正しく提示されたりすることなく生徒に示されるので，教授＝学習の仕事は困難をきわめ，少しも有益なものとならないような結果になるのです」（コメニウス　2010：12）とコメニウスは言うのである。彼は，概念や法則を暗記するだけの授業は，教師たちにとってだけではなく，子供たちにとっても喜びに欠けるものと捉えた。コメニウスにとって，子供たちを感覚的事物への注意へと誘うことは，子供の本性に適ったことであり，それは教育者の側の労苦を軽減し，また子供たちがそれを通してより多くのことを容易く学ぶことができる方法なのであった。この直観教授の思想は，その後ペスタロッチーなど18世紀の子供中心主義の教育学者たちに継承されていき，発展させられることとなった。このような感覚的事物の観察を中心に置く教授法が，コメニウスの時代に成立したことは偶然ではない。フランシス・ベーコンら，実験や観察を学問の中心的な方法として採用する経験論の考え方が，17世紀初頭に興隆してきた。これは自然科学的な思考の発展として見ることができる。ベーコンは，当時の学問が感覚的な経験をおろそかにし，素朴な実感から一般化された不確かな原理によって事物を理解しようと試みることを批判し，感覚的経験に基づいた繰り返される観察と実験により知識の獲得を試みる「帰納法」を提唱した。コメニウスの直感教授に見られる要点は次のようなものが指摘される。事物は，実物や視覚教材を感覚に対して示すことによって，その原理を簡潔に教えることができるし，また一つ一つの事物の差異の観察もまた，事物の理解を明確なものとする（乙訓　2005：16）コメニウスの教授法における事物の感覚的認識への眼差しは，経験論が興隆してくる彼が生きた時代の流れと切り離せないであろう。

『大教授学』の原文（邦訳の抜粋）

　「私たちの教授学の　アルファとオメガは，教える者にとっては　教える労苦がいよいよ少くなり，しかし　学ぶ者にとっては学び取るところがいよいよ多くなる方法，学校に　鞭の音　学習へのいや気　甲斐ない苦労がいよいよ少くなり，しかし，静寂とよろこびと着実な成果とがいよいよ多くなる方法，キリスト教国家に　闇と混乱と分裂とがいよいよ少くなり，光と秩序と平和と平安とがいよいよ多くなる方法を，探索し発明することでなくてはなりません。」（コメニュウス　1966：14）

　「知識と徳行と神に帰依する心との・それぞれの種子は（中略）自然が与えております。けれども，知識そのもの　徳性そのもの　神に帰依する心そのものまでを　自然が与えているわけではありません。これらは，祈りにより　学習により　行ないによって，獲得される（acquiruntur）ものなのです。（中略）教育されなくては（nisi disciplinetur），人間は人間になることができないのであります。」（コメニュウス　1966：81）

　「認識（cognitio）はいつも必ず感覚から（a sensibus）始まらざるをえません。」（コメニュウス　1962：10）

　「知識は，感覚に根ざすこと（constat Sensu）深ければ深いほど，ますます的確なもの（certior）になるわけです。このところから，事物についての・真実で・的確な知識を学習者に植えつけようと思えば，必ずいつも　一切の事物を　自分の目で見させ（autopsia）　感覚に描き出してやって（sensualis demonstratio），教えなくてはならないのであります。」（コメニュウス　1962：10，11）

【教授と学習との平易（Facilitas）をえる諸基礎】

　「自然の足あとを詳しく吟味してみますと，次ぎの場合には青少年の教育が　楽に（facile）進むことが，明らかになるでありましょう。すなわち，

　　I．精神が破滅しないうちに　早くから（Mature）教育を始める場合，です。

　　II．魂に　しかるべき準備を施してから，教育をする場合，です。

　　III．全般的なものから個別的なものへ　進む場合，です。

Ⅳ．また，やさしいもの（faciliora）からむずかしいもの（difficiliora）へ　進む場合，です。

Ⅴ．誰ひとり，学習するべき事柄が多すぎて負担を感ずる者がない場合，です。

Ⅵ．どんな時にもゆっくりと（lente）進む場合，です。

Ⅶ．年令と教授方法とに応じて（aetatis & Methodi ratione）知能が自分から（ultro）求めて行くもの以外は　なに一つ強制しない場合，です。

Ⅷ．どんなことでも　生徒自身の感覚を通じて（per Sensus praesentes）教えてやる場合です。

Ⅸ．自分自身で応用できるように（ad Usum praesentem）教えてやる場合，です。

Ⅹ．どの学習対象も　同一不変の教授方法（una eademque methodus perpetua）で教える場合，です。」（コメニュウス　1966：170〜171）

＊出典：コメニュウス／梅根悟・勝田守一監修／鈴木秀勇訳『大教授学1』
　　　　（明治図書出版，1966，再版刊）
　　　　コメニュウス／梅根悟・勝田守一監修／鈴木秀勇訳『大教授学2』
　　　　（明治図書出版，1962）

第3節　ルソー『エミール』

ルソーの生涯

　ルソー（J.J. Rousseau, 1712-1778）は，1712年，ジュネーブに時計職人の子として生まれた。母は彼を産んだ10日後に産褥熱により死亡し，父は彼が10歳のときに勝訴事件のため出奔している。家庭的な幸福に恵まれず，正式な教育を受けることもない不遇な境遇のもとで，孤独な幼少期を過ごしたルソーは，13歳のときに徒弟奉公に出たが，それにあきたりず，16歳のとき故郷を離れ，放浪生活を送るようになった。18歳のときに，縁故をたどりヴァラン夫人のもとに身をよせ，ようやく幸福な生活を送ることができるようになったルソーは，その後，学問に励み，学識と教養の向上に努めた。30歳の

ときにはパリを訪れ，啓蒙的・唯物論的な時代精神に基づく『百科全書』
(1751〜1780) の編集者の一人であるディドロと知り合い，啓蒙思想家と呼ば
れる人たちとも交友関係をもち，『百科全書』の音楽の項目を執筆するなど，
文筆活動に努めた。

　当時，無名の音楽家の一人に過ぎなかったルソーが，思想家としてその名
を世に知らしめたのは，『学問芸術論』(1750) によって，ディジョン・アカ
デミーの懸賞論文に入選したことによるものである。ルソーは，その3年後
に，再びディジョン・アカデミーの懸賞論文に応募しているが，このときは
落選している。そのときの論文が，『人間不平等起源論』(1755) である。そ
の後，パリ郊外のモンモランシーを拠点に，『新エロイーズ』(1761)，『社会
契約論』(1762)，『エミール』(1762) を発表する。

　しかしながら，『エミール』における「サヴォア人司祭の信仰告白」が，
キリスト教を罵倒し，神と教会を傷つけるものであるという理由で，政府当
局が彼を訴追したことから，ルソーは国外へと逃れた。スイスに始まるヨー
ロッパ各地を流浪する生活の中で著された作品が，『告白』(1770) である。
最後は，パリ近郊のエルムノンヴィルに戻り，絶筆となる『孤独な散歩者の
夢想』(1776〜1778) を完成させることなく，波乱に富んだ66年の生涯を閉じ
た。

思想の概要

　文学・政治・教育など，さまざまな分野にわたって展開されるルソーの思
想の中核にあるものについて，「人間の回復」という言葉で表現することが
できる。それは，近代ヨーロッパ文学に大きな影響を与えた『新エロイー
ズ』における社会の因習や伝統に対する心情や愛情の権利の主張，フランス
革命の直接的な影響を与えた『社会契約論』における人間の自由・平等の権
利の主張などからも，十分に推察することができる。「自然人」という近代
市民社会にふさわしい人間の育成を理念として著された『エミール』は，
「人間の回復」を教育という領域において示した作品である。ルソーによれ
ば，自然的・全体的な存在である人間の欲求は，その成長の段階で異なるも
のであり，固有な法則に基づき，次の段階へと進展するものとされる。それ

ゆえに，子供は，大人とは異なる固有の性質を有する存在としてとらえられることになる。ここに，『エミール』が，「子供の発見の書」といわれる所以がある。このようなルソーの主張は，現代の教育学においても，前提とされるきわめて重要な概念となっている。

『エミール』について

　教育小説『エミール』は，家庭教師である「わたし」が，莫大な資産をもつ貴族の孤児である「エミール」を，誕生から結婚に至るまで，田園の自然美と自然の不思議さの中で教育する物語である。この作品は，全5編から構成されており，第1編では乳児期，第2編では幼少年期（12歳まで），第3編では少年期（15歳まで），第4編では思春期（18〜20歳まで），第5編では結婚適齢期の教育について，それぞれ述べられている。併せて，第4編には宗教教育論が，第5編には女性教育論が，それぞれ加えられている。

　「人間よ，人間であれ。」（第2編），「われわれは2回誕生する。一度は生存するため，二度目は生活するために」（第4編）など，『エミール』には，ルソーの思想を端的に表わす著名な言葉が多数存在するが，ここでは，「万物をつくる者の手をはなれるときすべてはよいものであるが，人間の手にうつるとすべてが悪くなる」という文章に始まる第1編の冒頭部分について，紹介する。

『エミール』の原文（邦訳の抜粋）

「第一編

　万物をつくる者の手をはなれるときすべてはよいものであるが，人間の手にうつるとすべてが悪くなる。人間はある土地にほかの土地の産物をつくらせたり，ある木にほかの木の実をならせたりする。風土，環境，季節をごちゃまぜにする。犬，馬，奴隷をかたわにする。すべてのものをひっくりかえし，すべてのものの形を変える。人間はみにくいもの，怪物を好む。なにひとつ自然がつくったままにしておかない。人間そのものさえそうだ。人間も乗馬のように調教しなければならない。庭木みたいに，好きなようにねじまげなければならない。

　しかし，そういうことがなければ，すべてはもっと悪くなるのであって，わたしたち人間は中途半端にされることを望まない。こんにちのような状態にあっては，生まれたときから他の人々のなかにほうりだされている人間は，だれよりもゆがんだ人間になるだろう。偏見，権威，必然，実例，わたしたちをおさえつけているいっさいの社会制度がその人の自然をしめころし，そのかわりに，なんにももたらさないことになるだろう。自然はたまたま道のまんなかに生えた小さな木のように，通行人に踏みつけられ，あらゆる方向に折り曲げられて，まもなく枯れてしまうだろう。

　大きな道路から遠ざかって，生まれたばかりの若木を人々の意見の攻撃からまもることをこころえた，やさしく，先見の明ある母よ，わたしはあなたにうったえる。若い植物が枯れないように，それを育て，水をそそぎなさい。その木が結ぶ果実は，いつかあなたに大きな喜びをもたらすだろう。あなたの子どもの魂のまわりに，はやく垣根をめぐらしなさい。垣のしるしをつけることはほかの人にもできるが，じっさいに障壁をめぐらせる人は，あなたのほかにはいない。

　植物は栽培によってつくられ，人間は教育によってつくられる。かりに人間が大きく力づよく生まれたとしても，その体と力をもちいることを学ぶまでは，それは人間にとってなんの役にもたつまい。かえってそれは有害なものとなる。ほかの人がかれを助けようとは思わなくなるからだ。そして，ほうりだされたままのその人間は，自分になにが必要かを知るまえに，必要なものが欠乏して死んでしまうだろう。人は子どもの状態をあわれむ。人間がはじめ子どもでなかったなら，人類はとうの昔に滅びてしまったにちがいない，ということがわからないのだ。

　わたしたちは弱い者として生まれる。わたしたちには力が必要だ。わたしたちはなにももたずに生まれる。わたしたちには助けが必要だ。わたしたちは分別をもたずに生まれる。わたしたちには判断力が必要だ。生まれたときにわたしたちがもってなかったもので，大人になって必要となるものは，すべて教育によってあたえられる。

　この教育は，自然か人間か事物によってあたえられる。わたしたちの能力と器官の内部的発展は自然の教育である。この発展をいかに利用すべきかを

教えるのは人間の教育である。わたしたちを刺激する事物についてわたした
ち自身の経験が獲得するのは事物の教育である。

　だからわたしたちはみな，三種類の先生によって教育される。これらの先
生のそれぞれの教えがたがいに矛盾しているばあいには，弟子は悪い教育を
うける。そして，けっして調和のとれた人になれない。それらの教えが一致
して同じ目的にむかっているばあいにだけ，弟子はその目標どおりに教育さ
れ，一貫した人生を送ることができる。こういう人だけがよい教育をうけた
ことになる。」(23〜25頁)

＊出典：ルソー／今野一雄訳『エミール（上）』（岩波書店，1999）

第4節　カント『教育学』

カント『教育学』の思想内容

　カント（Immanuel Kant, 1724-1804）はドイツの哲学者・思想家であり，
1770年からケーニヒスベルク大学教授を務めていた。3批判書と言われる
『純粋理性批判』『実践理性批判』『判断力批判』が有名であるが，その思想
は哲学のみならず宗教や教育にも及んでいる。

　教育に関しては『教育学』が有名であるが，この『教育学』はカントの主
著ではなくリンク（Friedrich Theodor Rink）が編纂した講義集である。カン
トが教育学に関する講義を行ったのは，1776〜77年の冬学期，1780年の夏学
期，1783〜84年の冬学期，1786〜87年の冬学期の計4回である。『純粋理性
批判』第1版の公刊が1781年（第2版1787年），『実践理性批判』が1788年，
そして『判断力批判』が1790年であるから，『教育学』は前批判期末から批
判期にかけてということになる。

　『教育学』の内容を見てみると，「経験的世界－叡智的世界」という批判期
の二元論構造は明確に示されてはいないものの，後に公刊された道徳や宗教
に関する著作の内容を彷彿とさせるいわばスケッチの如き内容がちりばめら
れている。

　周知の通り，『教育学』序説で記された「人間は教育されなければならな

い唯一の被造物である」「人間は教育によってはじめて人間になることができる」は有名であるが，ではカントはどんな教育を人間にとって必要不可欠なものとしたのであろうか。それを知るには『教育学』本論で記される「自然的教育」と「実践的教育（道徳的教育）」の内容を理解せねばならない。

　カントは教育を具体化する方法として，本論を「自然的教育」と「実践的教育」に分けて論じているが，本論全体の約8割が「自然的教育」についての内容である。カントによれば「自然的教育」とは人間の持つ動物性や人間性に関わる養護（Verpflegung）のことであり，「実践的教育」とは人格性（Persönlichkeit）のための教育であるとされる（原文①を参照）。

　カントは実践的教育を学校における「熟達性」，家庭における「世間的怜悧」，「道徳性」の三つに分けて論じるが，その前に注意しておかねばならない点は，「実践的」という言葉の意味である。カントの言う「実践的」という語は，通常使われる「実際の行動」を意味しているのではない。あくまでも「行為に先立つ意志を規定する」という点にある。それゆえ純粋に実践的に規定された意志は「善なる意志」でありここに道徳性が成立する。他方，欲望などによって規定された意志は「経験的に制約された意志」となり，道徳性は成立しない。つまりどのような形で意志が規定されるかがカントの言う「実践的」の内実であって，どのような行為が実際に行われるかではない。カントが言うように，「理性の実践的使用の関心は意志を規定することを本質とする」のである（『実践理性批判』第2編「純粋実践理性の弁証論」第2章3節「思弁理性との結合における純粋実践理性の優位について」参照）。

　もう一つは「自由」という語の意味である。第1章（30〜31頁参照）でも述べたとおり，「自由に行為する存在者」というのは，欲望の基づくままに行為するというのではなく，あくまでも道徳的な自由意志を前提にしている。それゆえカントが先の引用文で「自由にかかわる事柄はすべて実践的と呼ばれる」と言ったのは，換言すれば，道徳的な自由がかかわる意志規定，これらがすべて実践的という意味である。

　カントの術語の意味を押さえた上で，再び「自然的教育」と「実践的教育」の違いに戻ろう。カントは，まずは前者について論じていくが，ここで示される教育は，それが人間の「動物性」にも関する以上，養護の問題とし

て強く示される。「自然的教育とはもともと養護にすぎないのであって，それは両親によるか，あるいは乳母によるか，または保母によって行われてきた」(『カント全集17』岩波書店，2001，243頁)。カントは乳幼児期の養護（保育）の具体的方法として，授乳・幼児栄養・環境・遊ばせ方・躾・学習方法などを示すが，特筆すべきは，自然に近い状態での養護方法である。例えば，幼児は牛乳ではなく母乳で育てねばならない，刺激のある食べ物はよくない，あまり暖かくしてはいけない，冷たくて硬いベッドがよいなど，乳幼児は自然に近い状態で育てられねばならないとするカントの考え方である。事実カントは「早期の教育はまさに消極的でなければならない」(247頁)というが，これはルソーの影響を多分に受けている。

　「自然的教育」の後半部分では児童期の教育に関して述べられ，乳幼児期の教育が消極的であったのに対して，次第に積極的な教化的色彩を放つようになる。カントは「自然的教育の積極的部分は教化である。人間はこの点で動物と区別される。教化の本質は，おもに人間の心的能力の訓練に見出される」(259頁)と言い，最初は道具を用いない教化から始まり，その後年齢に応じて道具を用いた遊びのような「自然的教化」が示され，次に「実践的教化」へと続く（原文②を参照)。

　さらにカントは心的能力の一般的な教化について，自然的な一般的教化が練習や訓練に基づくのに対して，他方の実践的，すなわち道徳的な一般的教化は，訓練ではなく格率に基づくとする（原文③を参照)。

　「格率」とは行為の主観的原理であり，行為に先立つ意志規定にかかわるものである。したがって道徳的教育は習慣に基づく受動的行為ではなく，自らの格率を用いた能動的な意志規定を中心として行わねばならないのであり，ここに「意志の自律」の必要性を見出すことができる。そして格率の問題は「自然的教育」の節の最後に，「品性（Charakter)」を伴って次のように示される。「道徳的教育においてまず第一に努力することは，品性を確立することである。品性の本質は格率にしたがって行為する能力という点にある。」(284頁)そして，この「品性」の問題は次の「実践的教育」の節に受け継がれることになる。

　原文①に示されるように，実践的教育では（一）熟達性，（二）世間的怜

悧，（三）道徳性について示されるが，特に3番目の「道徳性」が主題となる。

　カントは「道徳性は品性にかかわる事柄である」（294頁），「子どもの中に道徳的な品性の基礎を確立するためには，次のことに留意しなければならない」（297頁）と言い，道徳的品性を得るために「自己自身に対する義務」と「他者に対する義務」について論じていく。

　「自己自身に対する義務」をカントは，「みずからをあらゆる被造物よりも高めるようなある尊厳を人間が自己自身の内部に持つところに成立する」（298頁）と言い，そこでは自己自身の欲望や傾向性の排除が必要とされる。他方，「他人に対する義務」は「人間の権利に対する畏敬と尊敬」といわれ，早期の教育が必要とされる（298〜299頁）。

　さらに実践的教育の問題は宗教教育の内容にも発展していき，「道徳が宗教を基礎付ける」というカントの宗教思想がそのままこの「実践的教育」の節においても見出すことができる。子供の教育における宗教の位置づけは，あくまでも道徳に基づく宗教であらねばならないというカントの一貫した態度である（原文④を参照）。

　こうしてみるとカントの教育学の本質は，「自然的教育」だけに留まるのではなく，「実践的教育」を目指さねばならないものであり，それを基礎づけるものはまさしく「道徳」なのである。

カント『教育学』の原文（邦訳の抜粋）

①「教育学ないし教育論は，自然的であるか実践的であるかのどちらかである。自然的教育とは，人間と動物に共通しているような教育，すなわち養護のことである。実践的教育ないし道徳的教育とは，それを通して人間形成が行われて人間が自由に行為する存在者として生活できるようにするための教育に他ならない。（自由にかかわる事柄すべて実践的と呼ばれる。）実践的教育は人格性のための教育であり，換言すれば，自立して社会の構成メンバーのひとりとなり，さらに自己自身の内的価値を持ちうるような，そうした自由に行為する存在者をつくり出すための教育である。したがって，実践的教育は，（一）まず第一に，熟達した技能に関する学校教育的＝機械論的人間形

成から成立して，それゆえに知識伝達的である（それは学校教師の役割である）。
（二）次に，怜悧に関する実用的人間形成から成立している（それは家庭教師
の仕事である）。（三）最後に，道徳性に関する道徳的人間形成から成立する
のである」（一部傍点筆者，241頁）

②「こころの教化もある程度まで自然的と呼ぶことができる。……したがっ
て，ある程度までこころの陶冶形成は身体の陶冶形成とまったく同じように
自然的と呼ぶことができる。しかしながら，こうした精神の自然的陶冶形成
と精神の道徳的陶冶形成とは，後者の道徳的陶冶形成が自由だけを目標とし
て，前者の自然的陶冶形成が自然だけを目標としているという点で区別され
る。人間は自然的に非常に善く教化されているということもありうる。そし
てさらに，そうした人間が非常に善く自然的に陶冶形成された精神を持って
いるということもありうるが，しかしその場合にその人間は道徳的には十分
に善く教化されておらず，それゆえにそうした精神を持っているにもかかわ
らず道徳的には悪の被造物にほかならないということもありうるわけである。
したがって，自然的教化は実践的教化から区別されなければならない。後者
の実践的教化は実用的であるのか道徳的であるのかのどちらかである」（265
〜266頁）

③「生徒が習慣からではなくみずからの格率にもとづいて善い行為を行い，
したがってたんに善を行うだけではなくてそれが善であるという理由で善を
行うということに留意する必要がある。というのも，行為の道徳的価値全体
は，善の格率にその本質が見出されるからである。自然的教育が道徳的教育
と異なるのは，前者の自然的教育が生徒にとって受動的であるのに対して，
後者の道徳的教育は能動的であるという点にほかならない」（傍点筆者，275
頁）

④「そもそも宗教とは何であるのか。宗教とはそれがわれわれに関する立法
者にして裁判官であるような存在を通して活力を得ているという点で，われ
われの内部にある法そのものにほかならない。そして，宗教は神の認識に適
用された道徳なのである。宗教は，それが道徳性と結び付けられていない場
合には，ただ恩恵を求めるだけのものになる。……子どもの場合には，まず
最初に子どもに内在している法からはじめなければならない。……宗教は道

徳性の全体の一部分にすぎないことになる。しかしながら，われわれは神学から出発してはならない。神学にのみもとづいて構築された宗教は，決して道徳的なものを含んでいることはありえないのだ。……したがって，道徳性がまず先行して，ついで神学が道徳性にしたがわなければならないのであって，そうした構造を持ったものが宗教と呼ばれるのである」（306～308頁）

＊出典：カント／湯浅正彦・井上義彦・加藤泰史訳『カント全集17　論理学・教育学』（岩波書店，2001）

第5節　ペスタロッチー『隠者の夕暮』

ペスタロッチーの生涯

　ペスタロッチー（J.H.Pestalozzi，1746-1827）は，1746年，チューリヒに生まれた。ペスタロッチーは，外科の開業医であった父バプティストを5歳のときに亡くし，慎重で信心深い母スザンナと忠実で才能豊かな女中バーベリの庇護のもと，兄弟姉妹とともに成長した。幼少期のペスタロッチーは，きわめて多感で内省的であったといわれている。小学校卒業後，ラテン語学校で学び，1761年にコレギウム・フマニタティスに入学した。その後，祖父アンドレーアスの影響もあり，コレギウム・カロリヌムに進み神学の研究を志したが，歴史学・政治学を担当するボードマー教授の強い感化を受け，法律学の研究に転向することになった。1764年には，ボードマーの指導する愛国者団に入団し，1766年には，愛国者団の機関誌『覚醒者』に「願い」と「アギス」の2つの論文を発表している。その後，1771年から「ノイホーフ」と名付けた新居で妻アンナとともに農場経営を始め，1774年には，この地に労働学校を設立した。しかしながら，1773年になると農場経営が困難に陥り，1780年には，労働学校も閉鎖に追い込まれた。

　この年以降，1798年にシュタンツ孤児院に赴任するまでの期間には，処女作となる『隠者の夕暮』（1780）やペスタロッチーの名を広くヨーロッパに知らしめることになった『リーンハルトとゲルトルート』（1781～1787）など，多くの作品が執筆されている。シュタンツ孤児院に続く，ブルクドルフ，

ミュンヘンブーフゼー，イヴェルドンでの教育実践は，ペスタロッチーの名声を更に高め，世界的なものにした。しかしながら，1824年には，弟子のニーデラーとシュミットの対立に起因する混乱により，イヴェルドンからの退去が命じられ，ペスタロッチーは，ノイホーフに還ることになる。この地で，最後の作品となる『白鳥の歌』(1826) と『わが生涯の運命』(1826) が執筆されたが，その後，病に伏し，1827年に81歳でその生涯を閉じた。彼の墓碑銘の一部である「すべてを他人（ひと）のためにし，おのれには何ものも求めず」は，端的に彼の人生を物語るものであるといわれる。

思想の概要

　ペスタロッチーの教育思想は，人間をよりよく生きようとする「全人」としてとらえる人間観を基礎に置くものであると言える。このような人間観に立脚すれば，教育とは，まさに諸力（人間性）の統一的・総合的な完成を自ら志向する人間の自然に対する援助を意味するものとしてとらえられることになる。それゆえに，ペスタロッチーの教育思想では，頭（知）と心（徳）と手（体）の調和的な発達が目的とされ，「自然の歩み」に即した技術（「メトーデ」）が方法とされる。

　このようなペスタロッチーの教育の原則が，彼の代表作の一つである『白鳥の歌』では，「生活が陶冶する」と表現されている。ペスタロッチーによれば，あらゆる教育の拠り所となる「自然の歩み」は，個々の人間の生きた生活のなかで具現化されるものであるとされる。そのため，ペスタロッチーにおいて，家庭の居間は，合自然的な教育が行われる教育の場の原点となり，母親の行為は，合自然的な教育を行うための方法の源泉となる。このような意味において，ペスタロッチーの教育で重視される「自発性の原理」や「直観の原理」，「労作の原理」は，全て家庭の居間の慈愛に満ちた母親の行為に依拠するものであると言っても過言ではない。ペスタロッチーにとって，家庭はまさに学校の模範であり，母は理想の教師なのである。

『隠者の夕暮』について

　1780年に著された『隠者の夕暮』は，ノイホーフにおける農業経営者とし

て，さらには，教育実践者としてのペスタロッチーの苦難の体験と深い省察から生み出された彼の教育の根本論である。それゆえに，この作品は，「将来に展開せられる彼の思想の萌芽のすべてを含む」ものであるとも評されている。実際，冒頭部分の「玉座の上にあっても木の葉の屋根の蔭に住まっても同じ人間，その本質からみた人間，一体彼は何であるか」との問いのもと，この作品では，個人の境遇の違いの奥底にある人間の本質とこれを台座とする教育・宗教の在り方が，気品ある箴言風の文章で探究されている。この作品からは，彼の教育思想の核心となる同心円的に拡大・発展する「生活圏の思想」や宗教・道徳の教育を核心とする「調和的な発達観」を読み解くことができる。これを踏まえ，ここでは，この作品の主題となる人間の本質への探究のなかで明らかにされるペスタロッチーの人間観と教育観，宗教観に直接関わる小節を中心に，紹介する。

『隠者の夕暮』の原文（邦訳の抜粋）

「一　玉座の上にあっても木の葉の屋根の蔭に住まっても同じ人間，その本質からみた人間，一体彼は何であるか。何故に賢者は人類の何ものであるかをわれらに語ってくれないのか。何故に気高い人たちは人類の何ものであるかを認めないのか。農夫でさえ彼の牡牛を使役するからにはそれを知っているではないか。牧者も彼の羊の性質を探究するではないか。」（369頁）

「七　満足している乳呑子はこの道において母が彼にとって何であるかを知る。しかも母は幼児が義務とか感謝とかいう音声も出せないうちに，感謝の本質である愛を乳呑子の心に形作る。そして父親の与えるパンを食べ，父親とともに囲炉裏で身を暖める息子は，この自然の道で子供としての義務のうちに彼の生涯の条幅をみつける。」（370頁）

「一九　学校の人為的な方法は，急がずに時期を択ぶ自由な自然の言葉の順序をともすればむりやりに駆り立てようとするが，こうした方法は人間を教育して，内面的な本性の力の欠乏を覆い，そして現世紀のような浮薄な時代を満足させる人為的な虚飾的なものにしてしまう。」（371頁）

「二〇　生活の立脚点よ，人間の個人的使命よ，汝は自然の書で，汝のうちには自然というこの賢明な指導者の力と秩序とが横たわっている。そして

人間陶冶のこの基礎の上に築かれていない学校陶冶はすべて指導を誤ることになる。」（371〜372頁）

「三一　真理への人間の陶冶よ，汝は人間の本質と人間の本性とを導いて，われわれに安らぎを与える智慧へと陶冶してくれる。」（373頁）

「三八　すべての人類はその本質が同じなので，人類を満足させるにはただ一つの道があるだけだ。だから純粋にわれわれの本質の奥底から汲み取った真理は普遍的な人間の真理となるだろう。それは真理の外観をめぐって争う幾千人もの闘争者の間を統一する真理となるだろう。」（374頁）

「四一　自然は人類の力をすべて練習によって繰り広げる。そしてそれらの力は使用することによって成長する。」（375頁）

「四八　単純と無邪気との上に基礎を置いている智慧と力とは，どのように高い身分の人間にも欠くことのできない要求であると同様に，どのような地位，どのように低い身分の人間にも浄福を与える分け前だ。」（376頁）

「五九　人類の家庭的関係は最初の且つまた最も優れた自然の関係だ。」（377頁）

「六七　人間は内的の安らぎを得るように陶冶され，いかなる障害に際しても，彼の地位と彼に得られる楽しみとに甘んじ，隠忍し，父親の愛を尊敬し信ずるように陶冶されなければならない。これこそ人間の智慧への陶冶だ。」（378頁）

「七〇　安らぎと静かな悦楽とは人間陶冶の第一の目的でもあれば，また彼の生涯の寵児でもある。人間よ！　汝の知識や名誉心はこの高い目的に従属しなければならない。さもなければ好奇心と名誉心とは耐え難い苦悩ともなれば，不幸ともなるだろう。」（378〜379頁）

「七七　神に対する信仰は人間の本性の最も高い関係における人間感情の情調であり，神の親心に対する人類の信頼する子心だ。」（379〜380頁）

「八〇　神に対する信仰よ，汝は人類の本質のうちに秘められている。善と悪とに対する感覚と同様に，正と不正とに対する打ち消し難い感情と同様に，汝は人間陶冶の基礎として，われわれの本性の内部に揺ぎなく確乎として横たわっている。」（380頁）

「八三　子心と従順とは完成された教育の結果でもなければ，またその後

にくる結論でもなく，人間陶冶の早期の且つまた最初の基礎でなければならない。」（380頁）

　「八九　単純と無邪気，感謝と愛とに対する純粋な人間的な感情が信仰の源泉だ。」（382頁）

　「九八　人間よ，汝の本性の奥底に，真理と無邪気とそして単純とを信仰と崇敬とをもって聴くところのものが横たわっている。（332頁）

＊出典：ペスタロッチー著／長田新編『ペスタロッチー全集』第1巻（平凡社，1974）

第6節　ヘルバルト『一般教育学』

ヘルバルトの生涯

　ヘルバルト（Johann Friedrich Herbart, 1776-1841）は，1776年，オルデンブルクに生まれた。父は法律顧問官，母は才気あふれる賢明な人物であったといわれている。母は，一人息子であるヘルバルトをたくましく指導的な人間に育てようと，早い時期から，熱心に彼を教育した。ヘルバルトは，幼少時から，秀才の誉れ高く，知的側面においては，非常に早熟であったといわれている。彼は，家庭教師のもとで，11歳のときには倫理学を，13歳のときにはヴォルフの形而上学とカントの哲学を学び，論文をまとめている。ヘルバルトは，音楽の才能にも恵まれ，11歳のときには音楽会でピアノの演奏をしている。

　18歳のとき，イエナ大学に入学したヘルバルトは，国家的・政治的なことがらに関心を寄せることもなく，ただひたすらに哲学を学び，卒業後の1799年から3年間，ベルンの貴族シュタイン家の3人の子供たちの家庭教師を務めた。この経験が，彼のその後の人生を決定づけたと言っても過言ではない。

　1800年にドイツに帰国し，進路を自由に選ぶことを父母に許されたヘルバルトは，その後2年間，ブレーメンでギリシャ語と数学，教育学などの研究に努めた。1802年には，ゲッチンゲン大学で学位を取得し，同大学の講師となった。この時期，『ペスタロッチーの直観のABCの理念』（1802）をはじ

めとするペスタロッチー研究の成果を発表するとともに，彼は，自らの教育学の体系化に努めた。『教育の主要任務としての世界の美的表現』（1804）において，自らの教育学の体系を素描したヘルバルトは，その後の心理学の研究成果もふまえ，主著『一般教育学』（1806）を著し，これを完成させた。

　1809年には，カントの後任として，ケーニヒスベルク大学に赴任したが，1933年には，再びゲッチンゲン大学に戻った。その後，彼の教育活動の集大成とも言うべき『教育学講義要綱』（1835）が出版され，ゲッチンゲン大学で熱心な教育活動を行っていたが，1841年，突然の脳溢血によりその生涯を終えた。

思想の概要

　ヘルバルトの教育学体系は，「意志についての判断」を第一原理とする「倫理学」と，心の働きを表象の作用からなるものとしてとらえる「心理学」とを柱として，構築されたものであると言うことができる。主著の一つとされる『教育学講義要綱』にも記されているように，ヘルバルトの教育学体系において，倫理学は教育の目的を，心理学は教育の方法を，それぞれ導くものとされる。このことは，主観的・経験的なものとしてとらえられてきた教育学が，客観的・体系的な一つの学問として確立されたことを意味している。それゆえに，ヘルバルトは，「近代教育学の建設者」とも称されるのである。

　教育の究極的・全体的な目的を「道徳性の涵養」とし，これに基づく体系化を試み，教育学を「一つの科学」として基礎づけたヘルバルトの教育思想には，確かに，ペスタロッチーの強い影響を見ることができる。しかしながら，それは，ヘルバルトの教育思想の独自性を損ねるものではない。ヘルバルトにとって，ペスタロッチーの影響は，——ヘルバルトの著した，ペスタロッチー研究のいくつかの論文において明らかにされるように——むしろ，自己の思想の独自性を示すためのものであったと言うことができる。

『一般教育学』について

　『教育学講義要綱』とともに，ヘルバルトの主著として名高い『一般教育

学』は，彼の青年時代の作品である。教育が単に経験や慣習によって行われるべきではなく，科学的な基礎をもたなければならないと主張するこの作品において，ヘルバルトは，自らの教育学の体系を，「教育一般の目的」（第1部），「興味の多面性」（第2部），「強固な道徳的品性」（第3部）という順序で論じている。それは，この作品の序論において，ロックの教育思想とルソーの教育思想を乗り越えるものとしての「教育的教授」の主張を「管理―教授―訓練」という三つの教育領域の関係において，展開するものである。

　この著作には，「興味の多面性」，「思想圏の拡大」など，ヘルバルトの教育学においてきわめて重要な概念がいくつもみられるが，ここでは，「明瞭―連合―系統―方法」という彼の教授段階説の核心部分となる「専心と致思」について述べられた第2部第1章の一部について，紹介する。

『一般教育学』の原文（邦訳の抜粋）

「一　専心と致思

　何かの技芸の道に愛情をこめてとりくんだことのある人なら，専心ということが何を意味するかを知っている。なぜなら，ある種の仕事やある種の知識はきわめて日常的であり，また陶冶のプロセスにおける学習の中でもある種のものは別になにも深く考えなくてもすぐに理解されるものであり，そのような場合には人びとは，他のことをすべて引きはなして，もっぱらある一つのことを深く考えることなど少しも必要としない。しかし，すべての絵画に明暗の配色が必要であるように，またすべての芸術作品に対する趣味の判断が観察者にそれにふさわしい気分を必要とするように，注意され考えられ感じられるに価する〔すべてのもの〕には，それを正しくしかも完全に理解しみずからをその中へ移すのにふさわしい独自の慎重さが必要である。

　個体は，自分にふさわしいものを正しく把握する。しかし，個体がますます個体的に陶冶されれば，されるほど，ますます確かに，個体は自分の日常的習慣的な気分によってすべての他の印象をつくり変えていく。多面的な人はそのようなことをしてはならない。彼には多くの専心が要求されている。彼はすべてのことを純粋な手で把握しなければならない。彼はすべてのものに全く没入しなければならない。なぜなら，混乱して入りまじった痕跡が彼

に刻みつけられてあるべきではなく——心情は多くの側面に向ってそれぞれはっきりと分れて入りこまなければならない。

　その場合，人格はどのようにして保護されるだろうか，ということが問題となる。

　人格は意識の統一，集成，致思に依存する。——専心は互いに排斥しあい，したがってまたそれがそこにおいて結合されねばならない致思を排斥する。われわれが要求しているこの二つのことは同時に存在することはできない。だから，継続的に連続して存在するよりほかはない。まず一つの専心が，次に他の専心が続き，次いで致思においてそれらの結合がなされるべきである。人がゆたかな致思とすべての専心を十分に所有することによってみずからを多面的と呼び得るに先立って，専心から専心へ，専心から致思へというこの種のどんなに多くの移行を心情はなさねばならないことだろうか。

　しかしいくつかの専心が結合する時，結果として何が生ずるかということが重要である。それらが結合の結果として何か矛盾するものをいっしょにもたらす限り，決して純粋な致思——したがって真の多面性——は存在しない。いろいろな専心はこうして全く調和することなく互いに離ればなれなものとなり，まとまりのない人間ができあがる。あるいは，それらは互いに破壊し合い，疑いや不可能な願いによって心情を悩ますことになり，よい性質の人びとなら何とかしてその不健全な状態を克服しようと努力するにちがいないくらいだ。

　たとえ諸専心が（流行文化が少なからず準備しているような）矛盾するものを含まないとしても，どのようにしてそれらが互いに滲透し合うかということになると，なお大きな開きがある。完全にそれらが一つになればなるほど，ますます多く人は利益をうけることになる。滲透が不完全な場合，多面的な人は，しばしば悪い第二義的意味でいわゆる物知りとよばれるものになる。同様に不用意な致思のもとでの一種類の専心からは，むら気の名人気質が生じる。

　多面性の名においてわれわれにゆるされていることは，致思が一般に必要であるということを展開することであり，それ以上のことではない。致思があれこれの専心からそのつどどのように構成されるか，ということを前もっ

て知るのは心理学の事柄であるだろうが，それを前もって感知することは，教育的技術にとって最高の宝である教育的タクトの本質的なものである。」（67〜69頁）

＊出典：ヘルバルト著／三枝孝弘訳『一般教育学』（明治図書出版，1969）

第7節　フレーベル『人間の教育』

フレーベルの生涯と『人間の教育』（1826年）

　フレーベル（Friedrich Wilhelm August Fröbel, 1782-1852）は，1782年4月21日，ドイツ・テューリンゲン地方のオーバーヴァイスバッハに新教派牧師の第6子として生まれた。母親はフレーベルを産んだ後遺症がもとで翌1783年2月に亡くなり，彼は孤独な幼児期を過ごした。彼の心を癒してくれるテューリンゲンの森の自然との触れ合いが，彼の思想形成に大きな影響を及ぼしたといわれている。

　1799年10月からイエナ大学で主に自然諸科学に関して学び始めたが，借金問題のため1801年5月，大学を退き農夫となる。1805年，建築技師になるために赴いたフランクフルトで人生の転機を迎える。彼は友人の紹介でペスタロッチー主義者のグルーナー（Gottlieb Anton Gruner, 1778-1844）と出会い，グルーナーが校長を務めるペスタロッチー主義の模範学校で教壇に立つこととなったのである。同年の秋，フレーベルは早くもスイス・イヴェルドンのペスタロッチーのもとに2週間ほど滞在。さらに1806年6月からはホルツハウゼン家の家庭教師となり，1808年9月にはこの家の3人の子供たちを連れて，再びペスタロッチーのもとに赴く（1810年8月まで）。その後ゲッティンゲン大学及びベルリン大学で鉱物学などを研究した。後にフレーベルはゲッティンゲン時代を回顧して，当時彼の「球体法則」の思想が芽生えたことを書き残している。

　その後，対ナポレオン戦争への参加を経て，1814年8月，ベルリン大学の鉱物学研究室の助手となる。しかしこの職にとどまることなく，彼は，チフスで亡くなった兄の子供ら6人を集めてテューリンゲンのグリースハイムで

1816年11月13日，「一 般 ド イ ツ 教 育 施 設」（die Allgemeine Deutsche Erziehungsanstalt）を創設した。翌1817年6月，この教育施設をカイルハウに移転。ここでの教育実践をもとにして1826年に著されたのが主著『人間の教育』である。その後，フレーベルはスイスでの教育活動を経て，1837年，バート・ブランケンブルクで「幼児期と青少年期の作業衝動を育成するための施設」を設立し，遊具となる「恩物」（Gaben）を開発し，その普及に努めた。1839年6月，同ブランケンブルクに幼児保育者養成施設及びその付属実習 施 設 と な る 幼 児 保 育 施 設「遊 戯 と 作 業 の 施 設」（Spiel- und Beschäftigungsanstalt）を開設し，1840年6月28日，これらの施設をまとめて「一般ドイツ幼稚園」（der Allgemeine Deutsche Kindergarten）と称し，その創立式を挙行した。ここに世界最初の幼稚園が誕生した。

　1844年には家庭育児書『母の歌と愛撫の歌』（*Mutter- und Koselieder*）も刊行され，彼の幼児教育の思想と実践は世の中へと広まっていった。しかし1851年，プロイセン政府は，フレーベル主義の幼稚園では教会が求める宗教教育が斥けられ，無神論への教育が目指されているとして，「フレーベルの原理にしたがう幼稚園の閉鎖に関する，1851年8月7日の指令」を出した。フレーベルは深く傷つき，彼はこの幼稚園禁止令を撤回すべく尽力したが，その甲斐もなく，1852年6月21日，マリーエンタールで亡くなった。その後，弟子たちの努力によってこの禁止令は1860年に廃止され，フレーベル主義の幼稚園及び幼児教育は世界へと普及していった。

　さて，本 節 が 取 り 上 げ る フ レ ー ベ ル の 主 著『人 間 の 教 育』（*Die Menschenerziehung*, 1826）について，以下に少し解説をしておくことにする（第3章3節「子供の教育とフレーベル」も参照のこと）。本書はフレーベルの教育に関する基本的思想が盛り込まれた代表作である。その副題には，「カイルハウの一般ドイツ教育施設において手に入れようと努力がなされている教 育 と 教 授 と 教 え の 術」（*die Erziehungs-, Unterrichts- und Lehrkunst, angestrebt in der allgemeinen deutschen Erziehungsanstalt zu Keilhau*）とあり，全体が5篇で構成されている。本書にはまた，「第一巻，少年期の前期まで」との表記が見られるように，フレーベル自身は当初，この続編を執筆する予定であった。しかし，それは執筆されなかった。ただし，本書の見出し

を追っていくと，第一篇「全体の基礎づけ」（1～23），第二篇「幼児期の人間」（24～44），第三篇「少年としての人間」（45～55），第四篇「生徒としての人間」（56～104），第五篇「全体の概観と結び」（105）となっている。このことからもわかるように，本書において，彼は単に幼児教育にのみ言及しているわけではなく，カイルハウの教育施設における7歳から18歳までの子供を対象とした教育体験を踏まえて，彼が「人間の教育」を広く視野に入れて論じている点は注意しなければならない。

　以下に紹介する原文・第一篇の冒頭部分（1～3）には，『人間の教育』を貫く彼の根本思想（球体法則，万有在神論，人間観と教育観等）が簡潔に示されている。難解といわれる箇所でもあるが，味読してみよう。

『人間の教育』原文（邦訳の抜粋）

「1　すべてのもののなかに，永遠の法則が，宿り，働き，かつ支配している。この法則は，外なるもの，すなわち自然のなかにも，内なるもの，すなわち精神のなかにも，自然と精神を統一するもの，すなわち生命のなかにも，つねに同様に明瞭に，かつ判明に現われてきたし，またげんに現われている。すくなくとも，この法則がこれ以外の仕方で存在することができないという必然性を，心情や信仰から固く信じこみ，それに貫かれ，それに勇気づけられているような人か，それとも，静澄な精神の眼によって，内なるものを，外なるもののなかに，外なるものを通して，直観し，外なるものは，必ず，かつ確実に，内なるものの本質から生じてくるものであることを洞察するような人にとっては，このことは，つねに明白な事実であったし，げんにまたそうなのである。このすべてのものを支配する法則の根柢に，すべてのものを動かし，それ自身において明白である，生きた，自己自身を知る，それゆえに永遠に存在する統一者が，必然的に存在している。この事実ならびに統一者そのものもまた，やはり同じ仕方で，信仰か直観かによって，同様に生き生きと，同様に明確に，かつ包括的に認識される。したがって，この統一者もまた，人間の静かな注意深い心情か，あるいは思慮深い明晰な精神によって，以前から確実に認識されてきたし，今後もつねに認識されることであろう。

　この統一者が，神である。

　すべてのものは，神的なものから，神から生じ，神的なものによってのみ，神によってのみ制約される。神のなかにこそ，すべてのものの唯一の根源がある。

　すべてのもののなかに，神的なものが，神が，宿り，働き，かつ支配している。

　すべてのものは，神的なもののなかに，神のなかに，神的なものによって，神によって，安らい，生き，存続している。

　すべてのものは，神的なものが，そのなかに働いていることによってのみ，はじめて存在する。

　このそれぞれのもののなかに働いている神的なものこそ，それぞれのものの本質である」（11〜12頁）

「2　すべてのものの使命および職分は，そのものの本質，したがってそのもののなかにある神的なもの，ひいては神的なものそれ自体を，発展させながら，表現すること，神を，外なるものにおいて，過ぎゆくものを通して，告げ，顕わすことである。認識する存在，理性を持つ存在としての人間の特殊な使命，特殊な職分は，人間の本質を，人間のなかにある神的なものを，したがって神を，さらに人間の使命や職分そのものを，充分に意識し，生き生きと認識し，明確に洞察すること，さらにそれを，自己の決定と自由とをもって，自己の生命のなかで，実現し，活動させ，顕現することである。

　意識し，思惟し，認識する存在としての人間を刺戟し，指導して，その内的な法則を，その神的なものを，意識的に，また自己の決定をもって，純粋かつ完全に表現させるようにすること，およびそのための方法や手段を提示すること，これが，人間の教育である」（12〜13頁）

＊出典：フレーベル／荒井武訳『人間の教育（上）』（岩波書店，1964）

第8節　デューイ『学校と社会』

デューイとプラグマティズム

　デューイ（John Dewey, 1859-1952）は，アメリカを代表する哲学者である。パース（Charles Sanders Peirce, 1839-1914），ジェイムズ（William James, 1842-1910）と並ぶプラグマティズム哲学の創始者のひとりである。

　19世紀末から20世紀の初頭にかけて，アメリカの東海岸を中心に新しい哲学・思想が生まれた。それがプラグマティズムである。ヨーロッパの哲学の伝統とは異なった，新しい認識論，存在論，宗教論，あるいは教育論をうち立てようとした。近代哲学は反省や思考を重視した。プラグマティズムは，その反省や思考が行為と結びつかねばならない，と主張した。つまり，人間の知的活動を「観想的」あるいは「観念的」にではなく「実践的」にとらえ直そうとした。

　デューイは1859年，ヴァーモント州バーリントンに生まれた。奇しくもダーウィンの『種の起源』発表の年である。ヴァーモント州立大学卒業後，ハイスクール等の教師をし，1882年にジョンズ・ホプキンス大学大学院に進学し，哲学研究に専念する。ミシガン大学，シカゴ大学，コロンビア大学の教授を歴任した。

　シカゴ大学時代のデューイの活動について説明しておこう。

　デューイは1894年，34歳の時にシカゴ大学の哲学・心理学・教育学の主任教授となった。そこにミード（Mead, G.H., 1863-1931）等をスタッフとして迎え「シカゴ・プラグマティズム」をスタートさせた。デューイや他のプラグマティストが問題意識をもったのは，当時のシカゴの社会状況であった。当時のシカゴは，1893年に万国博覧会を開催し，食肉産業，鉄鋼業，鉄道などの中心地として，急速に資本主義的産業化をしていた。他方，移民の増加，南部からの転入者などによる人口急増，人種対立や労使対立が激しさを増していた。犯罪をはじめとする社会問題が多く発生していた。当然，社会改革が必要であった。プラグマティストたちは，これらの問題に対して，知性を用いた問題解決を目指した。

実験学校

　デューイにとって，知性は，経験において生じた問題を解決するためにあった。観念は，問題を解決するための仮説や計画であった。その結果が事実であった。つまり観念は道具なのであった。

　デューイは『思考の方法』において，知性の展開を次のような五段階として示している。

　（1）疑念を生じさせる「問題的状況」，（2）問題の設定，（3）問題を解決するための仮説の提示，（4）推論による仮説の再構成，（5）実験と観察による仮説の検証

　デューイは哲学・心理学・教育学の主任教授として赴任した翌年1895年に教育学科を独立させた。1896年に，附属小学校として，実験学校を発足させた。それは，大学院をもつ教育学科のための実験学校であった。

　この頃，すでにシカゴのクック郡師範学校付属実習学校を改革したパーカー（Francis Parker, 1837-1902）が，優れた実践を行っていた。それに対して，デューイは，アメリカの教育制度の指導者たちを育成するために実験学校を創設した。指導者たちとは，師範学校・教員養成学校の教師，大学の教育学の教授，視学，大都市の学校の校長，などを指す。パーカーの実習学校とデューイの実験学校は，その性格を異にしていた。

　「実験学校」と呼ばれるのは，デューイが「教育は哲学の実験室」であるとするからである。つまり，哲学から導かれた観念を作業仮説として検証しようとしたのである。彼は，教育学を心理学や物理学と同じような実験科学に変えようとしたのである。学校は，教育理論の可否が検証される場所であった。また，それに基づき，教育実践を刷新する場所であった。

　実験学校は，1896年1月，シカゴ大学から少し離れた場所にある一軒家を借りて始まった。生徒は16人（6〜9歳），教師1人，工作科の助手1人であった。同年10月には，別の町の一軒家を借りて，生徒32人（6〜11歳），専任教員3人（それぞれ，文学と歴史，理科と家庭科，手工科の担当），非常勤の音楽指導員1人，助手として大学院生3人であった。1898年には別の町に校舎（定員90名）を新設した。生徒は86人，教師は16人であった。この時に幼稚部（4〜5歳）もできた。1900年以降，生徒は最大140名，教師23名，助

手10人にまで増えた。体育室，工作室，織物工作室，台所，食堂，理科実験
室，歴史特別教室などを備えていた。しかしながら，1904年，デューイが教
育学部長・教育学科主任を辞任し，実験学校もその幕を閉じた。

進歩主義教育

　実験学校における実践報告が『学校と社会』(1899) である。それにより，
デューイは進歩主義教育運動の理論的指導者として，世界的に知られるよう
になった。

　最も有名なのが，本節末尾にある引用文だろう。一部をとりだしてみよう。
「子どもが中心となり，その周りに教育についての装置が組織されることに
なるのである。」(『学校と社会』)

　この言葉は，デューイによる「児童中心主義」の表明とされている。つま
り，子供の中にある「自然本性」をそのまま発達させる，という意味と捉え
られている。ところが，これは，子供と教師との「相互活動」，そして子供
とカリキュラムとの「相互作用」をも意味している。つまり，関係論の強調
である。

　デューイは進歩主義教育が児童中心主義に偏向する点に関して，一貫して
批判的であった。『子どもとカリキュラム』(1902) において，教科中心の旧
教育と児童中心の新教育，ともに子供と大人を質的に区別すべき，との固定
観念にとらわれていると批判している。また，『経験と教育』(1938) におい
ても同様の批判をしている。例えば，第一章「伝統的教育対進歩主義教育」
の冒頭にこうある。

　「人間というものは，極端な対立をもって，物事を考えがちである。この
ような考え方は，中間的なものがあるという可能性を一切認めようとはせず
に，『あれかこれか』という見地からの信念が定式化されたものである。」

　ここでいう「あれかこれか」とは，教育は「内部からの発達である」か
「外部からの形成である」か，という考え方である。あるいは，教育は「自
然の性向を克服し，その代わりに外部からの圧力によって習得された習慣に
置き換えられる過程である」という考え方か，「自然的な素質を基礎にお
く」考え方か，である。それが「学校での実践的な事柄」になると，「伝統

的教育と進歩主義教育とを対照する形式をもって説明されがちである」とい
う。

そして，「新教育の一般的な原理それ自体だけでは，進歩主義学校におけ
る現実的な，あるいは実践的な運営や経営上の問題をなにひとつ解決しな
い」と指摘する。

アメリカにおける新教育を，一般に「進歩主義教育」と呼ぶ。進歩主義教
育は，新教育と同様に「子ども中心」を標榜した。旧教育の内容・方法の画
一性を批判し，子供の自発性や興味を重視した教育を目指した。新教育と同
様に，進歩主義教育も運動として展開した。ただし，進歩主義教育は，新教
育と同様である部分と，異なる部分を持っていた。異なる部分とは，科学主
義と，社会改革主義であった。

少なくとも，デューイについて言えば，単に，子供の自然本性に信頼をお
いた，児童中心主義的な思想を展開したのではなかった。

デューイが展開したのは，教育を通じて個人と社会が進歩していく民主主
義のあり方であった。その民主主義社会にふさわしく，現代科学の成果に合
致した教育論であった。

デューイは1952年に没する。それから五年後の1957年に，ソ連が人類初の
人工衛星打ち上げに成功した。アメリカを「スプートニク・ショック」が襲
う。世論はこぞって，アメリカの教育のあり方に非難を浴びせた。非難の的
となったのは，進歩主義教育や生活適応学習であった。このタイプの教育が
「学力低下」の原因となったという非難であった。

『学校と社会』の原文（邦訳の抜粋）

「このことを実行することは，わたしたちの学校一校ごとに，それぞれ胎
芽的な社会生活ができるようにすること，すなわち，学校より大きな社会生
活を反映させるに典型となる仕事によって学校を活動的なものにし，そして，
芸術・歴史および科学の精神を隅々にまで浸透させ，それによって学校を胎
芽的な社会生活の場にしていくということを意味しているのである。学校が，
社会の一人ひとりの子どもを，このような小さな共同体の成員へと導き，訓
練し，その子どもに奉仕の精神をしみ込ませ，また，子どもたちに効果のあ

る自己指導の道具を提供するときに，わたしたちは，価値のある，愛すべき，そして調和のとれた，より大きな社会に対するこのうえなく深みのある最善の保障を得ることになるだろう。」(90頁)

「旧教育は，重力の中心が子どもの外部にあるということを述べることで，要約することができるだろう。その中心は，教師，教科書，その他どこであろうともかまわないが，とにかく子ども自身の直接の本能と活動以外のところにあるのである。このような論拠に立つなら，子どもの生活については，あまり語られないのが実状である。子どもの学習することについては，多くのことが語られるかもしれないが，学校というのは，子どもが生活をする場所ではないことになる。今日，わたしたちの教育に到来しつつある変化は，重力の中心の移動にほかならない。それはコペルニクスによって天体の中心が，地球から太陽に移されたときのそれに匹敵するほどの変革であり革命である。このたびは，子どもが太陽となり，その周囲を教育のさまざまな装置が回転することになる。子どもが中心となり，その周りに教育についての装置が組織されることになるのである。」(96頁)

＊出典：ジョン・デューイ／市村尚久訳「学校と社会」『学校と社会　子どもとカリキュラム』(講談社，1998)

第9節　エレン・ケイ『児童の世紀』

エレン・ケイの生涯と『児童の世紀』(1900)

エレン・ケイ (Ellen Karolina Sofia Key, 1849-1926) は，スウェーデンを代表する女流教育思想家である。1849年12月11日，スウェーデンのスンスホルムの裕福な家庭に生まれた。彼女の父親は，ルソーの崇拝者の祖父によりエミールと名づけられ，官吏，農園経営者を経て，国会議員として活躍した。母親ソフィーは名門の出身で急進的な思想の持ち主であったという。

ケイは，当時の上流階級の常識に従って，庶民の子供が通う学校へは行かず，住み込みの家庭教師のもと，家庭で教育を受けた。6歳からドイツ語を，14歳からフランス語を学びマスターした。また，父の書庫での豊かな読書経

験と，父に連れられて訪問した数多くの外国での見聞が，彼女の思想形成に
大きく貢献した。彼女にとって唯一の学校体験となったのは，1864年の冬，
ストックホルムで私立オリーン女学校に通ったわずか1学期間だけだという。
17歳のときに眼前で起こった従妹の溺死をきっかけとして，キリスト教から
は離反していく。その後，キリスト教との決別を公言するに至る。

　1880年，ヴィートロック女学校の教師となり，以来20年にわたって教鞭を
とった。この他，労働者学院での講師も引き受けるなど，彼女は子供の頃か
らの夢であった教育の道を歩んだ。彼女はその一方で，多数の著作活動や講
演を通じて，頭角を現していった。1900年に入り，彼女はヴィートロック女
学校を退職し，『児童の世紀』（1900）を発表する。その後は，彼女の中心思
想をまとめた3部作『生命の流れ』（第1部1903年，第2部1905年，第3部1906
年）をはじめ，民衆教育，婦人運動，女性労働，戦争と平和，青少年問題な
どについて，彼女の思想を展開した。1926年4月25日に76歳の生涯を終えた。

　さて，エレン・ケイの主著『児童の世紀』（*Barnets århundrade*, 1900）は，
彼女が約20年間勤務してきたヴィートロック女学校の教師を辞めた年に出版
された。本書は書き下ろしではなく，彼女が長年にわたって書きためてきた
評論を一つにまとめたものである。全体の構成は，第1部が第1章「子ども
の親を選ぶ権利」，第2章「子どもと母親の保護」，第3章「婦人解放運動と
母性保護」，第4章「婦人選挙権と子どもの権利」の4章構成，第2部が第
1章「教育」，第2章「未来の学校」，第3章「宗教授業」，第4章「学校に
おける精神的殺害」，第5章「家庭の喪失」，第6章「本と教科書」の6章構
成となっている。

　まず目を引くのは，第1部第1章「子どもの親を選ぶ権利」ではなかろう
か。彼女は，このような逆説的な表現を使用して，子供が男女の自由恋愛に
基づく愛情に満ちた結婚生活の中に生まれる権利があることを訴えている。
また，第1部第3章では，婦人解放運動に対して，保守的ともとれる考え方
を示している。すなわち，国民の最も尊い宝は「母となった者または母とな
るべき者」であり，社会は彼女たちの「母性の機能」「最良の健康状態」を
守るべきである。そして婦人解放運動の最大の事業は，女性のもつこうした
「天性」に反するような罪を防止することにあるとしている。

　さらに第2部第1章「教育」には，有名な彼女の言葉，すなわち，「教育の最大秘訣は教育をしないところに隠れている」が登場する。この主張が言おうとしていることは，単なる自由放任主義ではない。そうではなくて，むしろ子供が他人の権利を損なわない限りにおいて，子供の自由な自己活動，自己展開を可能にするような教育を目指そうとしているのである。また，第2部第2章「未来の学校」では，「学校における精神的殺害」を防ぐために，未来の幼稚園や小学校は，子供をつめこみ教育や集団の圧力から解放し，子供の個性や自由が尊重されるような小規模な家庭学校へと転換すべきであるとしている。本書はドイツ語版（1902）をはじめ多数の国々で翻訳・紹介され，児童中心主義の教育思想と実践に大きな影響を与えた。

『児童の世紀』の原文（邦訳の抜粋）
○第1部第1章　子どもの親を選ぶ権利

「わたしたちはみな——悲しい思い出で頭がいっぱいな者も，燃える希望で胸をふくらませている者も——世紀の交替を待っていた。世紀の交替は時計が十二時を打つとともに，無数の漠然とした予感を世界じゅうに送った。わたしたちはみな，新しい世紀が必ず，わたしたちに唯一の尊いものである安らぎを与えるだろうと感じた。また現に活動しているわたしたちが意識しようとしまいと，自分たちで新しい世紀の方向づけに寄与しながら，その発展をみずからの目で見届けることはできず，二十世紀に特徴を与えるのは次の新しい世代であろうと感じた」（5頁）

○第2部第1章　教育

「静かに，おもむろに，自然を自然のあるがままに任せ，自然本来の仕事を助けるために周囲の状態に気を配る。それが本当の教育というものだ。

　わたしはいまだかつて，よく教育された人間を見たことがない。わたしの見たのは，いくらかの甘やかされた人間，一部の追い立てられている人間，それにたくさんの訓練された人間で，よく教育された人間ではない」（140頁）

「子どもの本性を抑圧し，その他のものをもってこれを充足しようとするのは，常に教育上の罪悪である。しかも，『教育はひたすら子ども自身の個性を完成させるのみ』と，声高らかに公言している人たちが，この罪を犯して

いるのである」（141頁）

「自分が子どものようになることが，子どもを教育する第一の条件である。しかしこれは，子どもらしく装ったり，御機嫌取りのおしゃべりをすることを意味するものではない。どちらも，子どもたちにたちまち見破られて嫌われる。これは，子ども自身が生活を捉えるのと全く同様な無邪気さで子どもを取扱い，子どもにも，大人に示すのと同様の思いやりと，細やかな感情と信頼を示せということである。またこれは，大人が子どもに，自分の欲するあるべき姿を要求し，それによって子どもに影響を与えるのではなく，大人自身の現在の姿の印象によって子どもに影響を与えよということである。そしてまたこれは，子どもに接するのにずるさや暴力をもってせず，子どもの持前のまじめさと誠実さをもってせよということでもある。

　ルソーはどこかで，『自然は，親を教育者につくらず，子どもを教育されるようにつくらなかったので，教育はすべて失敗した』と，言った。人びとがこの自然の指図に従いはじめ，かつ教育の最大の秘訣は教育をしないところに隠れていると理解しはじめたとしたら，どうなるか考えてもらいたい！

　子どもを平穏のうちに置かないことが，いまの教育の子どもに対して犯した最大の罪悪である。心身両面の成長のために素晴らしい世界をつくってやるよりは，子どもが他人の権利の境界を越えない限り自由に行動できる世界をつくってやる，これこそ，将来の教育目標となるべきものである。そうなって初めて，大人は実際に子どもの精神を深く洞察することができるのである」（141～142頁）

＊出典：エレン・ケイ／小野寺信・小野寺百合子訳『児童の世紀』（冨山房，
　　1979）

第10節　ペーターゼン『自由で一般的な国民学校のイエナ・プラン』

ペーターゼンの生涯とイエナ・プラン

　ペーター・ペーターゼン（Peter Petersen, 1884-1952）は，ドイツの新教育

運動を代表する教育学者の一人である。彼は従来の教育学を「幻想」
(Illusion) と批判し，形而上学的基礎づけと経験的事実研究，さらにはイエ
ナ・プランに代表される具体的学校プログラムをも包括した「幻想なき教育
科学」の構築に貢献した。彼のイエナ・プランと教育科学は国際的な視点か
らも「新教育の頂点」と評価されている。

　1884年6月26日，ドイツ北部，フレンスブルク近郊のグローセンヴィーエ
で農家の長男として生まれた。彼は農村の大家族のなかで成長し，また地元
の小さな単級学校で学んだ。この幼少期のことを（後のギムナジウム時代と対
比して）彼は肯定的に捉えており，その後の彼の人格形成と思想形成に大き
な影響を及ぼしたことが窺える。その後フレンスブルクのギムナジウムを経
て，1904年4月から1909年2月にかけて，ライプツィヒ，キール，コペン
ハーゲンの各大学，さらに当時プロイセンの教育機関として存在していた
ポーゼン（現ポーランド）のアカデミーに学ぶ。この間，彼は歴史学，哲学，
プロテスタント神学，そして英語を専攻した。ペーターゼンは，特にライプ
ツィヒ大学で彼が哲学・心理学を学んだヴント（Wilhelm Wundt, 1832-1920）
と，歴史学を学んだランプレヒト（Karl Lamprecht, 1856-1915）の弟子である
と自認している。1908年5月，イエナ大学哲学部のオイケン（Rudolf
Eucken, 1846-1926）のもとに学位請求論文「ヴントの哲学における発展の思
想——同時に文化史の方法への一寄与——」を提出した。

　1909年5月，ライプツィヒの王立カローラ・ギムナジウムを皮切りに，ハ
ンブルクのヨハネウム学院の教職を経て，1920年4月，中等教育機関である
ハンブルクのヴィンターフーデ実科学校（1921年初頭，リヒトヴァルク校に改
称）の校長を引き受け，生活共同体学校の教育実践を主導した（ただし，翌
年に校長職からは外れる）。この間に彼は，アンマーゼー田園教育舎を訪問し
たり（1912年），ケルシェンシュタイナー（Georg Kerschensteiner, 1854-1932）
らとドイツ学校改革同盟の理事として活躍した。さらにアリストテレス研究
の基本文献と位置づけられることになる論文「プロテスタント・ドイツにお
けるアリストテレス哲学の歴史」をハンブルク大学に提出し，彼は大学教授
資格を取得した（1920年）。1921年夏学期からはハンブルク大学で私講師も
兼務した。

　1923年8月，ヘルバルト学派のライン（Wilhelm Rein, 1847-1929）の後任として，イエナ大学教育科学講座の正教授となった。さらに同大学に教育科学研究所（Erziehungswissenschaftliche Anstalt）を創設し，イエナ大学附属学校長に就任する。1924年4月からこの附属学校で内的学校改革に取り組み，その成果を1927年8月，スイス・ロカルノで開催されたNEF（New Education Fellowship）の第4回国際会議において発表した。それが「イエナ・プラン（Jena-Plan）」として世界的に有名となり，彼はドイツ新教育運動の「とりわけ卓越した人物」と注目されることになった。

　第二次世界大戦後，ドイツは東西に分断された。イエナ大学はソ連占領地区に誕生した東ドイツ（ドイツ民主共和国）に属することになった。社会主義路線を推し進める東ドイツにあって，1950年8月，イエナ・プランの拠点であったイエナ大学附属学校は，体制側から突如閉鎖を宣告され，ペーターゼン自身の学校改革への取り組みは終焉を迎えた（1952年3月21日，彼はイエナで死去）。

　しかし，その後，イエナ・プランは復活を遂げる。現在ではイエナ・プランの実施校も，ドイツをはじめ，とりわけオランダで多数見られ，それらは田園教育舎やヴァルドルフ学校と並んで，現代における「最も成果豊かなオルタナティブスクール」であり，インクルーシブ教育との関連でも高く評価されている。また，知識・技能の伝達機能に比重が置かれて単に授業施設と化した近代型の学校と，それに付随する年齢別学年学級制や一斉授業方式を見直して，異年齢集団による学校生活，協働的な学び，そして子供たち一人一人の個別最適な学びや自己活動を促すイエナ・プランの思想と実践は，今日の公教育を刺激し続けている。

『自由で一般的な国民学校のイエナ・プラン』（1927）について

　本書は初版が1927年に発表されて以来，現在に至るまで版を重ね，ペーターゼンの著作物のなかで最も普及した代表作である。1927年8月，ペーターゼンはイエナ大学附属学校の実践についてスイス・ロカルノで行われたNEF（New Education Fellowship）の第4回国際会議で発表することになった。その際，彼は国際会議で議論し批評するための土台となる「イエナ大学附属

学校での試行作業における根本思想の短い概略」の提出も求められていた。その小冊子が『自由で一般的な国民学校のイエナ・プラン（*Der Jena-Plan einer freien allgemeinen Volksschule*)』（1927）である。

　表題に「自由な（frei)」とあるが，これは「自分たちの組織内で国家，教会，宗派，政治あるいはその他の世界観のような世俗的権力による『学校をめぐる争い』をいっさい望まない」，そのような世俗的影響から自由で自律的な学校であることを表明せんがためである。彼はこのような意味での自由な学校においては，「子供の幸福にのみ奉仕しようとする両方の当事者」すなわち，親と教育者の誠実な努力がなされるという。このようにペーターゼンの眼差しは，親と教育者の連携に触れつつ，個々の「子供の幸福」に注がれているのである。また彼は，同じく書名に「一般的な（allgemein)」を用いているが，これは「男女両性，あらゆる階層や宗派，あらゆる才能の子供たちを一緒にする」ことを表明するために用いられている。ペーターゼンにとって学校は選別された特殊な構成員によって組織されるものではなく，まさに就学時期の子供の誰にでも門戸を開く，その意味で万人に開かれた国民教育の場として構想されているのである。

『自由で一般的な国民学校のイエナ・プラン』（1927）の原文（邦訳の抜粋）

　「学校がその教育的な諸機能を真に発揮できるように，昔ながらの学校現実を抜本的に改造するための実験をやってみようという意欲を私に与えたのは，1912年秋のアンマーゼー田園教育舎の訪問であった。そして，イエナ・プランを実行する意欲を私に与えたのは，とりわけ1922年のドイツ田園教育舎に関する研究であった。加えて，ハンブルク生活共同体学校での長年に渡る私自身の実践的経験，観察，そして教師団のなかでの討議があり，私にとってそれらはことごとく基本的な意味をもっていたのである。（中略）こうして，実験をするにあたり根底に横たわっていた問題は，『そこにおいて人間の子どもが自らにとって最良の陶冶を得ることができるような教育共同体はどのように構成されねばならないか』ということであった。すなわち『子どもの内に本来備わっており，原動力となる陶冶欲求に合致した陶冶，子どもをより偉大な共同体にまで，より豊かにより価値多くして遡源させ，

活動的な構成員として再び共同体へと引き渡す陶冶のことである。簡潔に言うならば，人間がそのなかで，またそれによって自己の個性を人格にまで完成しうるような教育共同体をどのように創造するべきか，ということなのである。』」(92〜93頁)

「ここでは教育という名の下に，私たちが人間における精神化，人間化，人間の個人的生命，人格と呼んでいるものを完成させるような，あらゆる現実を貫き支配している機能のことを理解するのである。人々によって考察され，行使されている教育技術の規範の総和のことをまず最初に理解するわけではない。」(95頁)

「『共同体』は，まったく異なった，その内部構造の自由な力動性を示している。共同体内の個々人は，一個の精神的存在なるがゆえに完全なる自由を有する共同体成員であるか，ないしは精神的理念なるものに従っているのである。(中略)なぜならば精神は，特別な『階級』，『政党』，『性』，『民族』，『種族』などに属する人間に生ずるのではなく，ただ人間そのものに生ずるからなのである。」(97頁)

「すべての人間は，いかなる身分，いかなる知識程度にあろうとも，まったく等しく，個人的生命の調和，純粋な志操と気高い行為における生命にまで到達しうるのである，ということは原則的な意義をもっていると理解されるのである。なぜならば，すべての人間は，自己の個性の枠内で自己の個人的生命の特性を偽りなく純粋に表わし，自己の諸力が均衡に保たれた状態にまで到達することが大事であって，このこと以上は誰からも要求されはしないからである。」(97頁)

「人間は，自己の事務能力，あるいは言語的・創造的等々の能力ゆえに，頭とか手とかというような一部分を必要とされているのではない。たえず全体的人間として必要とされているのである。」(98頁)

「人間的な共同体の中において人間が無意図的に互いに関わり合いながら存在し，活動しているところに教育が生まれるのである。」(98頁)

「一般的学校とは，男女両性，あらゆる身分や宗派，あらゆる才能の子どもたちを一緒に――このことをできる限り長く，最も望ましいのは10学年制をとることであるが――する限りにおいて言えるのである。」(102頁)

205

「真の活動の自由！　すなわち，それは児童たちが部屋のなかでも学校の
なかでも自由に活動することである。すべての児童がまったく自由に出入り
し，集団に対して自己の自由の責任を負っているのである。活動は成長しつ
つある児童の身体の栄養であり，それを束縛することは児童の健康に対する
犯罪である。」(117頁)

「われわれすべての経験は，自由が乱用される——それはまれな場合，自
由を従来とは異なったものに制限せざるをえなくしてしまう——ことはない
と不断に確証している。静かに観察している教師だけでなくおそらく集団自
身もまた，自由を乱用しがちであるような者をすぐに知りつくし，ただちに
彼にその責任を問うであろう。」(117頁)

「授業は，それ自体が一つの教育的な共同体である学校共同体の中に組み
入れられるべきものであり，常にそのなかでは第二義的なものとみなされね
ばならないものである。それゆえ，生命への畏敬を伴い，教育理念の下で技
能や知識や意志性へと導くような計画的かつ有意義に取り行われるものの総
体が，教育学的な意味において授業と呼ばれるのである。このことはすでに，
授業における全作業の出発点が自然に行なわれる学習かないしは自由に行な
われる陶冶に求められるということや，またあらゆる技術の学習ないしは課
題の学習はできる限り自然に行なわれる学習と結びつけられ，そこでの形式
や状況が取り入れられねばならないということを示唆しているのである。し
たがって，各教科領域での学習において，すべての生徒たちの進度が無理に
等しくさせられるようなことはやめられねばならない。」(148頁)

「私は，『自然な仕方で児童や青年を学習活動にまで刺激する，問題提起的
な状況の世界』として授業生活を定義づける。」(168～169頁)

＊出典：ペーター・ペーターゼン／三枝孝弘・山崎準二著訳『学校と授業の
　　　　変革—小イエナ・プラン—』(明治図書出版，1984)

第11節　ボルノー『実存哲学と教育学』

ボルノーの生涯と思想

　ボルノー（Otto Friedrich Bollnow, 1903-1991）は，1903年3月14日，ドイツ領シュテッティン（現ポーランド）の教師の家に生まれた。ベルリン，グライフスヴァルト，ゲッティンゲンの各大学で，数学と物理学を学び，1925年，ゲッティンゲン大学のボルン（Max Born, 1882-1970）教授のもとで理論物理学の博士号を取得。その後，ゲヘープ（Paul Geheeb, 1870-1961）のオーデンヴァルトシューレ（Odenwaldschule）での教師体験が契機となって，物理学から哲学・教育学へと転向した。ハイデガー（Martin Heidegger, 1889-1976）の実存哲学及びディルタイ（Wilhelm Dilthey, 1833-1911）の生の哲学の影響を受けて，1931年，『F. H. ヤコービの生の哲学』（*Die Lebensphilosophie F. H. Jacobi*）によって，ゲッティンゲン大学で哲学・教育学の大学教授資格を取得。第二次世界大戦が勃発し，彼は苦しみと絶望の中で，自分の「精神的な遺書」として，1941年，彼独自の哲学的人間学の手法に基づいて『気分の本質』（*Das Wesen der Stimmungen*）を出版した。

　戦後は，キール大学，マインツ大学で教鞭をとり，1953年からは，シュプランガーの後任としてテュービンゲン大学の哲学及び教育学の正教授に就任した。このテュービンゲン時代に，主著『新しい被護性』（*Neue Geborgenheit*, 1955）をはじめ，『人間と空間』（*Mensch und Raum*, 1963）など重要な著作を次々と発表している。また，実存哲学の視点から教育を捉えなおして，新たに「教育の非連続的諸形式」の意義を提起した『実存哲学と教育学』（*Existenzphilosophie und Pädagogik*, 1959）や，教育を成立させる根源的条件について言及した『教育的雰囲気』（*Die pädagogische Atmosphäre*, 1964），さらに人間学的教育学の概念を整理した『教育学における人間学的見方』（*Die anthropologische Betrachtungsweise in der Pädagogik*, 1965）など，教育学上の重要な著作を発表した。1991年2月7日，テュービンゲンで死去。

　これまでボルノーの生涯を一瞥したが，次に，彼の哲学思想の基本的立場となる「哲学的人間学」及び，それと分かちがたく結びついている「人間学

207

的教育学」について言及することにしよう。ボルノーは，シェーラー（Max Scheler, 1874-1928），プレスナー（Helmuth Plessner, 1892-1985）らによって基礎づけられた哲学的人間学の成果を踏まえ，さらに彼独自の視点を加味して，哲学的人間学の方法原理を次の四つにまとめている。まず，「人間学的還元」（die anthropologische Reduktion）の原理は，「経済，国家，法律，宗教，芸術，学問等」のあらゆる文化領域を，人間の創造的な営みとして把握し，それらを創造した人間の欲求や人間生活の中で果たすべき役割から理解しようとするものである（ボルノー 1983：36）。次に，「オルガノンの原理」（das Organon=Prinzip）は，逆に人間が創造した文化領域をオルガノン（機関，道具）として，それを手がかりに「人間とは何か」をとらえようとする（ボルノー 1977：70, 71）。したがって，「人間から文化の役割を問う」人間学的還元の原理と，「文化から人間の本質を問う」オルガノンの原理は，本来は分かちがたく連動してくる。さらに，これらの原理に続いて，ボルノーは第三の原理として「個々の現象の人間学的解釈の原理」（die anthropologische Interpretation der Einzelphänomene）を挙げ，それを「生の事実に与えられたこの特殊な現象が，そこにおいて有意義かつ必然的な項として把握されるためには，全体としての人間の本質はいかなるものでなければならないか？」といった問いの形に定式化している（ボルノー 1977：72, 73）。ボルノーはこの第三の原理によって人間の文化領域を超えた広汎な人間の生の諸現象領域（気分，感情，衝動，人間の身体的・精神的構造など）へと研究対象を拡大した。この原理が哲学的人間学の「最も包括的かつ最も一般的な原理」（Bollnow 1965：163）であり，ボルノー独自の哲学的人間学の立場を示す原理でもある。なお，これら三つの原理に，彼はさらに第四の「開かれた問いの原理」（das Prinzip der offenen Frage）を加えている。この原理は，哲学的人間学の成果を無理に体系化しようとしたり，人間像を無理にまとめ上げようとするような「許容できない単純化を批判的に防ぐことに努める」原理である（ボルノー 1977：80）。

　ところで，前述したように，ボルノーのこうした哲学的人間学と分かちがたく結びついているのが「人間学的教育学」（anthropologische Pädagogik）の分野である。彼は「教育の非連続的諸形式」（危機，覚醒，訓戒，助言，出

会い等），教育的雰囲気，教育者における愛，信頼，忍耐，人間の時間性，空間性，言語性の教育的意義の解明など，この分野での多数の実り豊かな成果を残した。

　以下では，ボルノーの『実存哲学と教育学』（*Existenzphilosophie und Pädagogik*, 1959）を取り上げる。本書は，教育史上，実存的現象の教育学的意義について考察した最初のものであり，前述した「教育の非連続的諸形式」の発見によって，教育学の新しい次元を切り開いた著作として注目すべきものである。

『実存哲学と教育学』（1959）の原文（邦訳の抜粋）

〇第1章5節「生における危機の位置」

「われわれは危機を，苦痛を伴うが意味ふかい出来事として把握しようとこころみたのであるが，そのような危機は，まさにそのゆえに，必然的に人間生活の本質をなすものであるのか。つまり，人間生活がそのような非連続的なもの，断絶，突然のやり直しをくぐりぬけておこなわれねばならないこと，その結果，非連続的なもの，断絶，突然のやり直しが教育のなかへ取り入れられなければならないこと，そのようなことは，人間生活の本質のうちにふくまれているのであるか。あるいは，たとえ危機があらわれるとしても，それは単なる撹乱か，原理的には回避できる災厄かであり，できるかぎりこれを遠ざけるか，それとも，それにもかかわらず，ひとたびたちあらわれた場合には，できるかぎりすみやかに，ふたたび，より健全な事態へともどすように努力すべきものであるといった具合であって，このような危機は切り抜ける必要もなく，人間生活が漸次的・連続的に，（よくいわれるように）有機的に，内部から展開することが，可能であるのか。実存哲学は，その出発点の立場の必然的な帰結として，決定的に第一の可能性をとらえるのでなければならない」（53～54頁）

「重要なのは，危機をのがれようとする試みは，かならず，人間生活を非決定性・非本質性におちいらせるところまでみちびくということ，これにたいして，逆に，危機を勇敢にたえぬけば，他の方法では達しえないような人間生活の純化と更新が果たされるということ，である。このようなわけで，危

機はじっさい，必然的に人間生活の本質にぞくし，完成のより高次の段階は，原理的にいって，危機を切り抜けることによってのみ到達しうる，と推断してよかろう」（55頁）

○第1章6節「危機にたいする教育学的態度」

「それゆえ，すべて危機は危険におちいることを意味する。そこで，教育者が，危機に治療的な効果があるということから，あえて危機をみずから意識的に招きよせようとでもするならば，その行為は不遜であり，教育をあやまって手細工的な製作の事象の方向へもたらすことになろう。こんにちあのいとわしい通用語でいわれているように，危機を〈操作〉しようとするならば，不遜な越権といわれよう。危機はいずれも，あくまで運命である。教育者はこれを招きよせることも，支配することもできない。かれはただ，かかる出来事が運命として人の身にふりかかるとき，それに助力者として関与し，危機の意味をはっきりと捉え最後までそれに耐えぬくことを手助けしようとすることはできる。しばしば，とりわけ特別なこともせずに，教育者が理解にみちてかたわらにあることだけで，かれのなしうる最上のことを果たしていることがある。これにたいして，責任を自覚した教育者は，決して，すすんでみずから運命を演出しようとこころみてはならない」（55〜58頁）

＊出典：ボルノー／峰島旭雄訳『実存哲学と教育学』（理想社，1985）

学修課題

(1) 本章で取り上げた西洋の教育思想家から一人選び，実際に図書館などで著作を借りて通読し，批評してみよう。

(2) あなたが関心を抱いている西洋の教育思想家を一人選び，主要著作や関連する文献を読んで，その思想家の中心思想について，あなたなりにまとめてみよう。

(3) コメニウスの『大教授学』に見出せるキリスト教的人間観とはどのようなものか説明してみよう。

〈参考文献〉

石山脩平『西洋近代教育史』（有斐閣，1959）

稲富栄次郎『ヘルバルトの哲学と教育学』（玉川大学出版部，1972）

井ノ口淳三『コメニウス教育学の研究』（ミネルヴァ書房，1998）

内山勝利『プラトン『国家』──逆説のユートピア』（岩波書店，2013）

内山勝利編『プラトンを学ぶ人のために』（世界思想社，2014）

梅根悟『ルソー『エミール』入門』（明治図書出版，1971）

乙訓稔『西洋近代幼児教育思想史──コメニウスからフレーベル』（東信堂，2005）

高坂正顕『西洋哲学史』（創文社，1971）

コメニウス／井ノ口淳三訳『世界図絵』（平凡社，2010）

ボルノー／岡本英明訳『教育学における人間学的見方』（玉川大学出版部，1977）

ボルノー／浜田正秀訳『人間学的に見た教育学（改訂第二版）』（玉川大学出版部，1983）

山田栄ほか共編『増補新西洋教育史』（協同出版，1974）

Scheuerl, H.(Hrsg.) Klassiker der Pädagogik. Erster Band von Erasmus von Rotterdam bis Herbert Spencer. München. Zweite überarbeitete Auflage. 1991

Bollnow, Otto Friedrich. Methodische Prinzipien der pädagogischen Anthropologie, in: Bildung und Erziehung, 18. Jg., 1965

第7章　教育の思想 II

―日本編―

　この第7章では「教育の思想 II（日本編）」として，日本の教育思想に関する文献を古代から現代まで取り上げる。前章と同様に，まず，各節において，重要な資料や著作に関する解説をほどこし，次に原文（抜粋）を掲載する。前章と比べると，取り上げた文献は合計8点となり，少ない。しかし，日本の古い文書も取り上げているため，かえって前章よりもその読解が難しく感じられるかもしれない。とりわけ近世までの文献については，初学者がそのまま読んで理解することは極めて難しいため，現代語訳も付した。まずは現代語訳で内容を把握し，原文そのものへと読み進めてほしい。

第 1 節　厩戸皇子と憲法十七条

はじめに

　古代日本社会は資料も乏しく，その実像は霧の向こう側にあるかのように茫漠としたものである。しかし律令制前夜としての古墳時代末期が，蘇我氏・物部氏をはじめとする有力豪族たちのパワー・バランスによって時の政治の方向が左右される氏族制社会であったことは，養老 4（720）年成立の我が国最古の編年体史書『日本書紀』の記述からうかがえる。その中にあっては天皇家といえどもその権力はきわめて不安定なものであった。実際崇峻天皇は，蘇我馬子の指示によって帰化人 東 漢 直 駒 に暗殺されている。こうした時代にあって，パワーゲームに終始する国家運営に，秩序を与えようとしたのが，恐らくは厩戸皇子，後世聖徳太子として一般に知られる人物であったと思われる。

　聖徳太子という呼称は，天平勝宝 3（751）年成立の現存最古の漢詩集『懐風藻』が初出である。皇子の師である高句麗からの渡来僧慧慈（生年未詳 -623）が帰国後その死を知って「太子には聖の徳があった」と詠嘆したという事績に基づいている。ただし，『日本書紀』中にも敏達天皇 5 年 3 月の条にある「東宮聖徳」の語などいくつかの例はあるが，それが生前の尊称ではないこと，「厩戸皇子」と「聖徳太子」の同一性や，「聖徳太子」の実在そのものに近年の史学では重大な疑義が示されていることなどから，本章及び第 4 章では，「厩戸皇子」という呼称を採用している。

　「厩戸皇子」という名の由来は，母が宮廷内を巡幸中，厩の戸に突き当たって産まれたからとの伝承が『日本書紀』等に散見するが，おそらくは「厩戸」（明日香村の橘寺付近にあったとされる地名），あるいは蘇我氏興隆の地である「馬屋戸」（奈良・御所市）を出生地とすることによるだろう。

　『日本書紀』によれば，厩戸皇子は敏達天皇の 3（574）年，用明天皇の第 2 皇子として生まれた。欽明天皇と蘇我稲目の娘小姉君の間の子，穴穂部間人皇女を母としている。敏達天皇，推古天皇はそれぞれ伯父伯母に，崇峻天皇は叔父に当たる。蘇我稲目は母方の曽祖父，馬子は大叔父，ということに

なる。このように血族的には濃厚に蘇我氏の影響下にあった。蘇我氏はその出所に関して謎の多い氏族だが，葛城県蘇我里（現在の奈良県橿原市曽我町あたり）の土着豪族という説が有力とされる。神功皇后の三韓征伐の際に活躍した武内宿禰を祖とする伝承をもち，蘇我稲目の祖父・父がそれぞれ高麗・韓子を名とすること，稲目・馬子ともに伝来した仏教の庇護者となったことなど，外来文化との関わりの深さを思わせる氏族である。厩戸皇子が，幼小の頃よりこうした母方の精神風土に触れながら，大陸や半島での文明に対する感受性を培われていったことは想像に難くない。

　皇子は用明天皇の2（587）年7月，天皇崩御の直後に，伯母炊屋姫尊（後の推古天皇）擁立派の蘇我馬子らとともに軍を率いて，敵対する穴穂部皇子擁立派で頑強に仏教信仰に反対していた物部守屋を討った。戦後，崇峻天皇の即位と暗殺を経て，崇峻天皇5（592）年，炊屋姫尊が初の女性天皇として即位し，推古天皇となる。翌年，厩戸皇子が，19歳で皇太子となり，摂政として天皇の補佐に当たるようになった。

　推古天皇の3（595）年には高麗より僧慧慈が来朝し，皇太子は彼を師として仏教を学ぶ。法隆寺をはじめとする諸寺の建造や，仏像の制作，僧侶の保護や仏典の研究と『法華義疏』をはじめとする「三経義疏」といった注釈書の執筆，天皇に対する仏教講義など，その事績において皇太子の仏教に対する信仰の篤さはよく知られているところである。しかし，おそらくそれ以上に厩戸皇子が心身を傾注して取り組んだ事業が大規模な文物の移入を通した東アジア文明圏への参加だったと思われる。

　当時は隋のみならず新羅や百済など朝鮮半島諸国との交流が頻繁で，人的・物的交流が著しく，極東の片隅の辺地にあった我が国に大陸半島の文明が大量に流入し，グローバリズムの洗礼を受けていた時期であった。前述のように，仮に聖徳太子の実在が怪しいものであったとしても，仏教学者の中村元の言によるなら，厩戸皇子はまさしく，「古代日本のコスモポリタン的精神風土から生まれた象徴的な人物」（中村　1983：8）であることには間違いない。

　推古天皇の10（602）年には百済から僧観勒が来朝し，暦法，天文地理，遁甲方術（占術の類）の書をもたらし，書生を選んでこれを学ばせた。こう

した大陸・半島からの貪欲な知識・技術の吸収は皇子の存命中留まることを知らず，推古天皇の15（607）年には小野妹子を隋に使わし，翌年隋皇帝の勅使裴世清を我が国に招来している。さらに勅使の帰国に合わせて，8人の留学生を隋に派遣する。妹子は再び遣隋使としてこれに随行している。同18（610）年には高句麗より僧曇徴が渡来。経典に通じていることはもとより，絵具や紙墨，碾磑（水力を利用した石臼）の制作に長けていたという。同20（612）年には作庭や伎楽の技術者・芸能者が百済人から帰化したという事績も見える。

　こうした東アジアにおける文化文明摂取の集大成の一つが，推古天皇11（603）年における冠位十二階といった官僚制ヒエラルキーの制定である。氏姓制といった氏族の力でなく，個々人の才能を基準にする人材登庸法である。冠位は氏ではなく個人に対して与えられ，世襲の対象にはならない。それまでの氏族の身分秩序を再編し，官僚制秩序に取り込む基礎を作るものであった。その象徴的な事績は，初の国産仏像を制作し，仏教興隆に功績のあった鞍作鳥（生没年未詳）に，同14（606）年冠位第3位の「大仁」を与えたことである。

　この事績に表れているように，東アジアのグローバリズムを日本に移植し，その文明の力で秦代以降の中国のような中央集権的法治主義による国家統一を実現しようというのが，聖徳太子の志であったのであろう。そのような国家体制は，運営規則集である膨大な律令格式の制定は当然ながら，それらを国の津々浦々まで浸透させる強大な国家権力，そして律令格式の運用を担う官僚の養成が不可欠である。皇子の卓越していた点は，行政専門職としての実務知識と技術の修得だけで事足れりとするのではなく，実はそうした実務の背後には，人間性への深い洞察と確たる道徳性が何よりも重要なのだという認識であろう。

　推古天皇12（604）年に成立したとされる憲法十七条は，まさに優秀であるがゆえに独断専行しがちな官僚教育の大前提としての教化を目的としていると言ってよいだろう。ただし今日の歴史学では，その成立は日本書紀編纂時の8世紀以前には遡らないだろうとの説が有力である。しかし，たとえそうだとしても，『日本書紀』が編纂された西暦720年という時代に，当時の国

政に責を負う者たちにとって政治道徳の教え論しが必要として認識されていたことは史実として捉えてよいだろう。

　憲法十七条は，当時の中国的教養が集積されて成立した文書である。十七条それぞれには，経典からの引用が見られるが，最も大きいのは儒教思想の影響である。それ以外にも道家や法家，墨家などのいわゆる諸子百家の影響が看て取れる。それゆえ，内容的にも同僚や上下間，君臣間など，人間関係の秩序に関するもの，仏教信仰の奨励，リアリスティックな社会統制法，官僚としての職業倫理など多岐に富んでいて，今日の読者からしても社会生活上学び得ることが少なくない。

　以下に「憲法十七条」（『日本書紀』第二十二巻　豊御食炊屋姫天皇（とよみけかしきやひめのすめらみこと）　推古天皇十二年）の原文書き下しの抜粋と現代語訳（抄訳）を示す。原文は岩波日本古典文学大系版の『日本書紀　下』（坂本太郎・家永三郎・井上光貞・大野晋校注，岩波書店，1965）の当該記述（180〜187頁）を定本とし，訓読と書き下し，及び現代語訳は同書及び『日本の名著2　聖徳太子』（中村元責任編集，中央公論社，1983），『仏教教育宝典2　聖徳太子　南都仏教集』（出口常順・平岡定海編，玉川大学出版部，1972）を参照しながら筆者が行った。

原文書き下し（抜粋）

夏四月（なつうづき）の丙寅（ひのえとら）の朔（ついたち）戊辰（つちのえたつ）の日（ひ）に，皇太子（ひつぎのみこ），親（みづか）ら肇（はじ）めて憲法十七條（いつくしきのりとをあまりななをちつく）作りたまふ。一（ひとつ）に曰（い）はく，和（やはらか）なるを以（も）て貴（たふと）しとし，忤（さか）ふること無（な）きを宗（むね）とせよ。（中略）二（ふたつ）に曰（い）はく，篤（あつ）く三寶（さむぼう）を敬（ゐやま）へ。三寶（さむぼう）とは佛（ほとけ）・法（のり）・僧（ほふし）なり。（中略）三（みつ）に曰（い）はく，詔（みことのり）を承（うけたまは）りては必ず謹（つつし）め。（中略）四（よつ）に曰（い）はく，群卿百寮（あちはひのむさぼり），禮（ゐや）を以て本（もと）と爲（せ）よ。（中略）五（いつつ）に曰（い）はく，饕（あぢはひのむさぼり）を絶（た）ち欲（たからのほしみ）することを棄（す）てて，明（あきらか）に訴訟（うたへ）を辨（あきら）めよ。（中略）六（むつ）に曰（い）はく，悪（あしきこと）を懲（こ）し善（よきこと）を勧（すす）むるは，古（いにしへ）の良き典（のり）なり。是（ここ）を以（も）て人（ひと）の善（よきこと）を匿（かく）すこと無（な）く，悪（あ）を見（み）ては必ず匡（ただ）せ。（中略）七（ななつ）に曰（い）はく，人（ひと）各（おのおの）任（つかさど）り有り。掌（つかさど）ること濫（みだ）れざるべし。（中略）八（やつ）に曰（い）はく，群卿百寮（まへつきみたちつかさつかさ），早（はや）く朝（まゐ）りて晏（おそ）く退（まか）でよ。（中略）九（ここの）つに曰（い）はく，信（まこと）は是義（これことわり）の本（もと）なり。事毎（ことごと）に信（まこと）有（あ）るべし。（中略）十（とを）に曰（い）はく，忿（こころのいかり）を絶（た）ち，瞋（おもへりのいかり）を棄（す）てて，人（ひと）の違（たが）ふことを怒（いか）らざれ。（中略）十一（とをあまりひとつ）に曰（い）はく，功（いさみ）と過（あやまち）を明（あきらか）に察（み）て，賞（たまひもの）

217

し罰ふること必ず當てよ。(中略) 十 二 に曰はく, 國 司・國 造, 百姓に斂 らざれ。(中略) 十 三 に曰はく, 諸の官に任せる者, 同じく職掌を知れ。(中略) 十四に曰はく, 群 臣 百 寮, 嫉み妬むこと有ること無れ。(中略) 十 五 に曰はく, 私を背きて公に向くは, 是 臣 が道なり。(中略) 十六に曰はく, 民 を使ふに時を以てするは, 古の良き典なり。故, 冬の月に間有らば, 以て 民 を使ふべし。(中略) 十 七 に曰はく, 夫れ事獨り斷むべからず。必ず衆と論ふべし。(後略)

現代語訳 (抄訳)

推古天皇12 (604) 年の夏, 4月3日, 皇太子自ら, はじめて憲法十七条を作られた。

一にいう。互いの和をなによりも大切なものとし, いさかいを起こさぬことを根本とせよ。(中略)

二にいう。あつく三宝 (仏教) を敬え。3つの宝とは仏とその教えである法と, 僧侶のことである。(中略)

三にいう。天皇の命をうけたならば, どんなことがあっても謹んでそれに従え。(中略)

四にいう。上級官僚も下級官吏も, 礼を根本とせよ。(中略)

五にいう。美食や財物への欲望を捨て, 訴訟を厳正に審査せよ。(中略)

六にいう。悪を懲らしめて善を勧めるのは, 古くからのよい規範である。そこで人の善行は隠すことなく, 悪行を見つけたら必ず正せ。(中略)

七にいう。人にはそれぞれの任務がある。各人職務に熟達のうえ, 滞りなく履行せよ。(中略)

八にいう。上級官僚も下級官吏も, 朝早くから出仕し, 夕方遅くなってから退出せよ。(中略)

九にいう。信義は人の道の根本である。何事にも信義がなければならない。(中略) 十にいう。心の中の怒りをなくし, また表情にも出さないようにし, 他人が自分と異なった意見をもっていても怒ってはならない。(中略)

十一にいう。人の功績と過失をよく考課して, それに見合う賞罰を必ず与えよ。

（中略）

　十二にいう。国司・国造は人民から重税を搾り取ってはならない。（中略）

　十三にいう。さまざまな官職に任じられた者たちは，前任者と同じように分掌事務ををを熟知するようにせよ。（中略）

　十四にいう。上級官僚も下級官吏も，嫉妬の気持ちをもってはならない。（中略）

　十五にいう。私心を捨てて公務に向かうのが，臣僚たるものの道である。（中略）

　十六にいう。人民を使役するには適切な時期を選んでする，というのは古来のよい規範である。だから冬の月（旧暦10～12月あたり）になって余暇が生じるときに，人民を使役すればよい。（中略）

　十七にいう。物事を単独で判断してはならない。必ず皆で論議を重ねよ。

（後略）

第2節　「早雲寺殿 廿 一箇條」
<small>そううん じ どのにじゅういち か じょう</small>

はじめに

　第4章第2節でふれたように，家訓とは，家長の地位にある者が子孫や一族，あるいは家臣団を対象として解き明かした遺訓である。家が社会集団の基本単位をなし，その家を各自の実力によって守り，かつ発展させることが差し迫った課題である中世においては，生き残りを果たした家長の重厚な経験に裏打ちされた家訓の価値は，おそらく今日の我々が想像する以上のものであったろう。そのような家訓はこの時代武家をはじめとして数多く書き遺され，今日に至るまで伝来したものの数も少なくない。そこには中世武士の生活の諸相と思想とが色濃く映し出されている。

　中世前期を代表する家訓が北条重時家訓であるとすれば，中世後期の戦国大名の性格がよく反映されている代表的な家訓として「早雲寺殿廿一箇條」が挙げられる。この文書は，駿河国の守護職今川氏食客の身より起って伊豆・相模両国を支配し，後に関東一円に勢力を拡大する戦国大名後北条氏の

基を開いた伊勢新九郎盛時（1432，または1456-1519。諸説あり）の作であると
いわれている。大名領国下の家臣団の統率を，家長がその一族を支配する様
態になぞらえて作成された広義の家訓の一例である。

　中世を通してみた武家家訓類全般にいえることではあるが，特にこうした
戦国武将の家訓には，その作成者である個々の主君の人格的側面が滲み出し
ているところがある。この「早雲寺殿廿一箇條」のように，その家の定礎者
によって遺されたものである場合には，なおさら記されている規範意識や思
考方法はその家の家風を規定する一要素となっていると考えられる。

　後北条氏の祖である伊勢新九郎盛時は，出家後の庵号を早雲庵宗瑞といい，
後世北条早雲として知られるようになった。ただし，北条という名乗りをし
たことは彼の生前にはなく，長子氏綱が名字を伊勢から北条に改めてからの
ことである。なお，代々鎌倉幕府執権の北条氏の直接の後裔ではない。後代
の史家が両者を区別するため伊勢氏流北条家には「後」を付して「後北条」
と呼ぶようになった。「北条早雲」という名もまた，この時より遡ってなさ
れた呼称である。

　室町幕府の御家人伊勢氏の一族だった早雲は，戦国濫觴期の武将である。
生国には諸説があるが，現在では備中説が有力とされる。文明 8（1476）年
の今川義忠の戦死を契機として起こった今川氏の相続をめぐる内紛の際に，
甥の今川氏親を支援するために駿河へ下向したことが，伊勢氏（＝後北条
氏）が関東圏に領国を築く端緒となった。明応 2（1493）年，幕府管領細川
政元による足利義澄の将軍擁立と連動して，堀越公方の足利茶々丸を滅ぼし
て伊豆国を奪取，明応 4（1495）年には大森氏から小田原城を奪って本拠地
を移し，永正13（1516）年に三浦半島の新井城で三浦義同を滅ぼして，相模
国全土を征服した。応仁の乱を経て収拾不能な混沌常態にあった中世前期を，
大名による領国支配をめぐり新興勢力が旧勢力を滅ぼす，いわゆる「下剋
上」の世である後期へと転換する象徴的な事象の中心に早雲はいたのである。

　この家訓は，江戸初期あたりから早雲作と伝承されているが，史料に裏打
ちされた明証はない。したがって，正確には「伝・早雲作」と言うべきであ
る。しかしながら，内容的には実力主義の戦国大名に相応しいリアリズムに
満ちており，極めて実際的な種々の教訓を貫いているので，安易に後世の偽

作とは看做し難い。あるいは早雲作ではないかもしれないが，この家訓が長きにわたって後北条氏家中において読み継がれ，尊ばれていたことには間違いないだろう。

　戦国濫觴期において，「家の存続」という強い目的意識に裏打ちされた戦闘集団としての戦国大名家にあって，組織の一員としてどのような規範に基づき，どのように対人関係を築き上げ，どのように生活を整え，どのような修養を積むべきかは，統率する主君にとっても，奉公する家臣にとっても重大な関心事であったことであろう。現代社会においても，我々の多くは特定の目的を持った組織集団の中において生きることを余儀なくされている。そうした組織人としての身の処し方振舞い方は，戦国期の家臣団と同様に少なからず切実な問題として意識されることであろう。この家訓の条々から示唆される規範や人生・生活に臨む時の姿勢などには，そのすべてとは言わないまでも，今日の我々にしても学ぶべきことが多々あると思われる。

　なお，以下に掲載する原文抜粋は，日本思想大系『中世政治社会思想上』（石井進ほか校注，岩波書店，1972）所載の「早雲寺殿廿一箇条」（石井進校注）を定本とし（353〜356頁），訓読と抄訳は筆者が独自に行った。ぜひ機会を得て原文全体を通読することを，強くお勧めする。

早雲寺殿廿一箇条（原文の抜粋）

一　第一，佛神を信じ申べき事。

一　朝はいかにも早く起べし。遅く起ぬれば。召仕ふ者まで油断し，使はれず。（後略）

一　夕には，五ッ以前に寝静まるべし。（後略）

一　手水を使はぬ先に，厠より厩・庭・門外迄見めぐり，先掃除すべき所を，似合の者にいひ付，手水を早く使ふべし。（後略）

一　拝みをする事，身の行ひ也。只心を直にやはらかに持，正直・憲法にして，上たるをば敬ひ，下たるをば憐み，有るをば有るとし，無きをば無きとし，有りのまゝなる心持，佛意・冥慮にもかなふと見えたり。（後略）

一　刀・衣裳，人のごとく結構に有べしと思ふべからず。（後略）

一　出仕の時は申に及ず，或は少き煩・所用在レ之，今日は宿所にあるべし

221

と思ふとも，髪をば早く結ふべし。（後略）

一　出仕の時，御前へ参るべからず。御次に祗候して，諸傍輩の躰を見つく
ろひ，さて御通りへ罷出べし。（後略）

一　仰出さるゝ事あらば，遠くに祗候申たり共，先早くあつと御返事を申，
頓而御前へ参，御側へはひ〳〵より，いかにも謹而承べし。（後略）

一　御通りにて，物語拵する人のあたりに居べからず。（後略）

一　「数多交りて事なかれ」といふことあり。何事も人に任すべき事也。

一　少の隙あらば，物の本を見，文字のある物を懐に入，常に人目を忍び見
べし。（後略）

一　宿老の方々御縁に祗候の時，腰を少々折て，手をつき通るべし。（後略）

一　上下万民に対し，一言半句にても虚言を申べからず。かりそめにも有の
まゝたるべし。（後略）

一　歌道なき人は，無手に賤き事なり。学ぶべし。常の出言に慎み有べし。

一　奉公の隙には，馬を乗習ふべし。（後略）

一　よき友を求むべきは，手習・学文の友也。悪友をのぞくべきは，碁・
将棊・笛・尺八の友也。（後略）

一　隙ありて宿に帰らば，厩面より裏へ廻り，四壁・垣根・犬のくゞり所を
ふさぎ拵さすべし。（後略）

一　夕は六ッ時に門をはたと立て，人の出入により，開けさすべし。（後略）

一　夕には台所・中居の火の廻り，我と見廻り，かたく申付，其外類火の用
心をくせになして，毎夜申付べし。（後略）

一　文武弓馬の道は常なり。記すに及ばず。（後略）

現代語訳

一　第一には，神仏を信じよ。

一　朝は是非とも早く起きよ。寝坊をしていては，召し使っている者たちま
でも油断をし，使いものにならない。（後略）

一　夜は20時頃には寝よ。（後略）

一　朝起きたならば，洗顔をする前に，便所から馬小屋，庭や門の外までよ
く見廻って，最初に掃除すべき箇所を適当な者に言いつけ，それから手早

く洗顔を終えてしまうように。（後略）

一　神仏を礼拝することは，我が身の修行である。ただひたすら心を正しく穏やかに保ち，正直で公正，目上の人を敬い，目下の人を憐れみ，あるものをあるものをとし，ないものをないとして，ありのままの心持ちでいることが，神仏の思し召しにも叶うというものである。（後略）

一　刀や衣装は，他人のように立派なものを身につけようとしてはならない。（後略）

一　主人の所へ出仕する時はもちろんのこと，些細なことでも，あるいは多少の用事があって今日は出仕せず我が家にいるのだからと思っても，とにかく髪を早く結わなくてはならない。（後略）

一　出仕する場合は，すぐに主の御前へ参るようなことをしてはならぬ。まず御次ぎの間にいて，同輩の人たちの様子を見て己れの身なりを正し，それからはじめてお目通りへ出るようにするのがよい。（後略）

一　主人が何かを仰せになるような事があれば，遠く離れて伺候していても，直ちにまず「あっ」と言って御返事を申し上げ，急いで御前へ参り，這うようにして御側近くに寄り，心から謹んで承らなくてはならぬ。（後略）

一　御目通りの場所にいてお喋りなどをするような人の近くにいてはならぬ。（後略）

一　「多くの人々と共に身を処すれば，何事も大事に至らぬ」という言葉がある。何事も人の思うに任せて従っていればよいのである。

一　わずか暇でもあるなら，書見をしたり，文字の書き記されているのを懐中に入れておいて，人目を遠慮しながら読むようにせよ。（後略）

一　重臣の方々が御縁に並んで伺候されている時は，腰を少々曲げて手を前突き出すようにして通らなくてはならぬ。（後略）

一　目上の者，目下の者，すべての者に対して，一言半句たりとも嘘をついてはならない。いかなる場合でも，ありのままに申し述べよ。（後略）

一　歌道の嗜みのない人は，何の取り柄もない賤しい人である。学ばなければならない。また，日常の発言についても，慎んでいなくてはならない。（後略）

一　御奉公の暇には，乗馬の練習をするがよい。（後略）

一　良き友として求めるべきなのは，手習いや学問の友である。悪友として
　　退けるべきなのは，碁や将棋，笛や尺八などの遊興の友である。（後略）

一　奉公に暇があってわが家へ帰ってきたならば，馬屋のあたりから家の裏
　　の方にまで廻って見て，四方の壁や垣根，犬の通った所など，穴が空いて
　　いる箇所があったならば，そこを修理して塞ぐようにさせなくてはならな
　　い。（後略）

一　夕刻になったなら，18時頃には門をぴたりと閉ざしてしまって，人が出
　　入りをする場合だけ開けさせるようにせよ。（後略）

一　夕刻には，台所や中居（主婦の居間）等の火のある場所を自分で見廻っ
　　て，火の用心を家人に対して固く言い聞かせておかなければならない。
　　（後略）

一　文武弓馬の事については，武士たる者にとって当り前のことであるから，
　　特に書き記すまでもない。（後略）

第3節　貝原益軒『和俗童子訓』

はじめに

　貝原益軒は，名を篤信，通称を久兵衛，号を益軒と言う。寛永7（1630）
年福岡藩黒田家の医官の家に生まれた。初め陽明学を学び，後に朱子学を奉
じた。19歳で2代藩主忠之に仕えたが，間もなく勘気を蒙って浪人生活を余
儀なくされる。この間，長崎に赴いて医学を修得した。明暦2（1656）年に
3代藩主光之に許されて黒田家藩医となり，藩命によって京都に遊学，林鵞
峰，山崎闇斎，木下順庵など，時の朱子学の権威たちと交わりを結び，儒学
研究に没頭した。歴史，地理，本草その他の諸学にも通じていた。

　黒田家に家臣として仕えながら医業に従事し，本草学にも大きな業績を残
す。益軒はきわめて多作で，寛文5（1665）年から没年の正徳4（1714）ま
での50年間に，100種に近い数の著作を世に送り出した。内容も医学・本草
学・歴史・地理・教育・経学・詩文など極めて多岐に及んでいる。なかでも
「益軒十訓」として知られる一般庶民を対象とした一連の通俗的教訓書は後

世への影響大であった。本書『和俗童子訓』はそのうちの一つである。

　『和俗童子訓』は宝永 7（1710）年，益軒最晩年の81歳のときに著した書であり，博学極まりない益軒教育論の集大成といってよい内容を有している。江戸前期まで教育論は，概ね経世論や政治論の一部として教育にも言及する，というあり方が主体だったが，本書は教育を正面から主題化している。近世の代表的な教育書として後続する教育書・育児書の類に大きな影響を与えた。

　本書の基調となる思想は朱子学である。第 4 章で述べたように，江戸期の学術界は幕府の方針に基づいて，朱子学をもって正学としていた。朱子学は，宋代の朱熹（1130-1200）によって大成された，人間の本性と宇宙の根本原理を同一とする（性即理），思弁性の強い主知主義哲学である。大宇宙の本体である太極から，万物発生の根本原理である「理」と万物の原質である「気」とが生じる。「理」はすべての事物や人間に共通であるが，「気」に陰陽清濁の別があって，人と物の別，聖人と凡人における性質の違いが生じる。凡人であっても事物の道理を究明することによって，濁気を清気に転じることができれば聖人たり得ると説くのである。

　こうした思想に基づき，益軒は教育の本質を「気」の作用によって生じる「性」を素直に伸ばして，自然の道に適う生き方を営めるような人格形成を目指した。朱子学を心身陶冶の教育理論にまで具体化したのは彼をもって嚆矢とする。士農工商の身分に関わらない教育の重要性を説いているもの朱子学特有の普遍主義によるものとみてよい。

　しかしながら，本書は朱子学一色に染め上げられているわけではない。採用されている教材は儒学古典のみならず，中国の歴史・文学・詩文，さらに我が国の歴史や文学，地理，民俗など広汎に求められており，そのいずれの学習をも重視している。人間性の全体を慮った教養教育の重要性に対する深い認識がここに認められるのである。

　『和俗童子訓』は全 5 巻の構成で，まず総論で国家，社会の全生活との関連で教化論を立てる（巻 1，2）。そこでは特に早教育の重要性と家庭教育の必要，生育環境を整えることの必要性が力説されている。益軒の名を高めている「随年教法」は巻 3 で説かれている。これは年齢に即した手習い，学問の段階，読書の順序や方法を，日常生活上の実用性を重視した観点で示し

たもので，『和俗童子訓』では，6歳から20歳に至るまでの教材を，年齢に応じて配当している。発達に即した詳細な読書法も筆跡稽古のあり方もそれぞれ巻3と4とで説かれている。朱子学思想に基づきながらも，観念的な教化論ではなく，人々の実生活のリアリティに即した教育法と教材とが採用されている点が特に注目に値する。

　巻5は女子教育法についての詳細な論述に充てられている。儒教道徳の七去・三従・四行を強調し，「孝経」「論語」等を読ませて孝順貞潔の道を教えなければならないと説く。この5巻は後人によって改編され，享保元（1716）年に『女大学』という書名のもとに刊行された。今日的な視点から見れば男尊女卑的な傾向は否めない。しかし，女子教育を主題化してまとめられた著述は本作以外にはかつてなく，また本作以降の二百数十年にわたり，武士や一般庶民層にも広く普及し，近世から近代初期にかけての我が国の女子教育の指針として重い位置付けを得てきたという歴史的意義は充分に認められる。

　以下に掲載するのは，『和俗童子訓』の抜粋と部分訳である。岩波文庫版（石川謙校訂『養生訓・和俗童子訓』，岩波書店，1961）を定本とし（206〜280頁），東洋文庫版（山住正己・中江和恵編注『子育ての書2』，平凡社，1976）を参考にしながら筆者が訳出した。機会があれば全文を通読することをお勧めする。

『和俗童子訓』の原文（抜粋）

総論（巻之一）

（前略）人となる者は，必（かならず）聖人の道を，学ばずんばあるべからず。其（その）おしえは，予（あらかじめ）するを先とす。予（あらかじめす）とは，かねてよりといふ意（こころ）。小児の，いまだ悪にうつらざる先に，かねて，はやくをしゆるを云（いう）。（中略）ゆへに，いとけなき時より，はやくをしゆべし。もし，をしえいましむる事をそくして，あしき事をおほく見ならひ，ききならひ，くせになり，ひが事いできて後，をしえいましむれども，はじめより心にそみ入（いり）たるあしき事，心の内に，はやくあるじとなりぬれば，あらためて善にうつる事かたし。（中略）姑息の愛をなして，其子をそこなふは，まことの愛をしらざる也。凡（およそ）人は，わかき時，艱難苦労をして，忠孝をつとめ，学問をはげまし，芸能をまなぶべし。（後略）

現代語訳

（前略）人たる者は，必ず聖人の道を学ばなければならない。その教えは，「予する」のが先決である。「予する」というのは，「前もって」という意味である。子どもがまだ悪い習慣に染まらないうちに，前もって，早く教えることを言うのである。（中略）そのため，幼い時から早く教えるべきである。もし教えたり注意するのが遅く，悪い事を多く見慣れ聞き慣れて，癖になってしまい，過ちが生じた後に教え諭しても，最初から心に染まった悪事が，心の中で先に主となっていては，それを改めて善に変えるのは難しい。（中略）その場しのぎの安易な愛し方をして，その子を損なうのは，本当の愛を知らないためである。だいたい人というのは，若い時に艱難辛苦を味わい，忠孝を務めて，学問に励み，技芸を学ぶべきである。（後略）

年に随ふて教える法（巻之三）

　六歳の正月，始て一二三四五六七八九十・百・千・万・億の数の名と，東西南北の方の名とをおしえ，其生れ付の利鈍をはかりて，六七歳より和字をよませ，書ならはしむべし。（中略）　七歳，是より男女，席を同してならび坐せず，食を共にせず。此ころ，小児の少知いでき，云事をききしるほどならば，其知をはかり，年に宜しきほど，やうやく礼法をおしゆべし。（中略）

　十歳，此年より師にしたがはしめ，先五常の理，五倫の道，あちあら云きかせ，聖賢の書をよみ，学問せしむべし。（後略）

現代語訳

　六歳の正月に，始めて一二三四五六七八九十・百・千・万・億の数の名と，東西南北の方位の名を教え，その子の生まれつき利発なのか愚鈍なのかを見ながら，六七歳から仮名を読ませ，書を習わせるべきである。（中略）七歳，この年から男女は席を並べて座らせず，食事を共にさせない。この頃には子どもに少しばかり知性が芽生え，言う事を理解できるようになるから，その子の知性の程度を見て，年齢に合わせて少しずつ礼法を教えるべきである。（中略）　十歳，この年から師に従わせて，まず五常の理と五倫の道の概要を言い聞かせ，聖賢の書を読み，学問させるのが良い。（後略）

書を読む法（巻之三）

　凡書をよむには，必先手を洗ひ，心につつしみ，容を正しくし，几案の
ほこりを払ひ，書冊を正しく几上におき，ひざまづきてよむべし。（中略）
凡書をよむには，いそがはしく，はやくよむべからず。詳緩に之を読て，
字々句々，分明なるべし。一字をも誤るべからず。必心到，眼到，口到るべ
し。此三到の中，心到を先とす。（後略）

現代語訳

　だいたい書を読むには，必ずまず手を洗い，心を慎み，姿勢を正しくして，
机のほこりを払い，書を正しく机に置き，ひざまずいて読むべきである。
（中略）書を読むには，忙しそうに早く読んではならない。ゆっくりと読んで，
文字や語句を一つずつ明らかにすべきである。一字も誤って理解してはなら
ない。必ず心に到り（**心到**），眼に到り（**眼到**），口に到らなければならない
（**口到**）。この「三到」の中でも，「心到」を先とする。（後略）

手習法（巻之四）

　古人，書は心画なり，といへり。心画とは，心中にある事を，外にかき出
す絵なり。故に手蹟の邪正にて，心の邪正あらはる。筆蹟にて心の内も見ゆ
れば，つつしみて正しくすべし。（中略）世間通用の文字を知るべし。書跡よ
くしても，文字をしらざれば用をなさず。天地，人物，人事，制度，器財，
本朝の故実，鳥獣，虫魚，草木等の名，凡世間通用の文字をしるべし。（後
略）

現代語訳

　古人は，「**書は心画なり**」と言った。心画とは，心中の事を外に書き出す
絵のことである。そのため筆跡の正邪には，心の正邪が現れるのである。筆
跡で心の中も見えるので，謹んで正しくすべきである。（中略）世間に通用す
る文字を知るべきである。筆跡がよくても，文字を知らなければ役には立た
ない。天地，人物，人事，制度，器具，我が国の歴史，鳥獣，虫魚，草木等
の名称，およそ世間に通用している語彙を知っておくべきである。（後略）

女子に教える方法（巻之五）

　婦人には，三従の道あり。凡婦人は，柔和にして，人にしたがふを道とす。わが心にまかせて行なふべからず。故に三従の道と云事あり。是亦，女子にをしゆべし。父の家にありては父にしたがひ，夫の家にゆきては夫にしたがひ，夫死しては子にしたがふを三従といふ。（中略）婦人に七去とて，あしき事七あり。一にてもあれば，夫より逐去らるる理なり。故に是を七去と云。是古の法なり。女子にをしえきかすべし。一には父母にしたがはざるは去。二に子なければさる。三に淫なればさる。四に嫉めばさる。五に悪疾あればさる。六に多言なればさる。七に竊盗すればさる。（後略）

現代語訳

　婦人には，三従の道がある。すべて婦人は，柔和で人に従うことを道とする。自分勝手な心に任せて行為をしてはならない。そのため三従の道という事があるのである。これもまた女子に教えるべきである。父の家にあっては，父に従い，夫の家に嫁いでは夫に従い，夫が死んでからは子に従うことを三従という。（中略）婦人には七去と言って，七つの悪い事がある。一つでもあれば，夫から追い出されるという道理である。そのためこれを七去というのである。これは古来の法である。女子に教え聞かせるべきである。一つには，父母に従わなければ追い出される。二つには，子がなければ追い出される。三つには，淫らであれば追い出される。四つには，嫉妬深ければ追い出される。五つには，悪い病気があれば追い出される。六つには，お喋りが過ぎれば追い出される。七つには，盗みを働いたら追い出される。（後略）

第4節　福沢諭吉『学問のすゝめ』

福沢諭吉の生涯と思想

　福沢諭吉は，幕末から明治期にかけての啓蒙思想家，教育者である。彼は，1835（天保5）年に，豊前中津藩（現在の大分県）の藩士福沢百助の第5子として大坂で生まれた。13，14歳のころから漢学を学び始め，藩内でその才能

229

が認められるようになる。1854（安政元）年に長崎で蘭学を学び，翌年には大坂に移り緒方洪庵の適塾に学んだ。その後，1858（安政5）年に，藩の命令により，中津藩江戸屋敷内に蘭学塾を開いている（慶應義塾の前身）。翌年，横浜の外国人居留地を訪れた際に，国際社会ではオランダ語ではなく英語が用いられていることを知り，以後は英語の習得に力を入れた。1860（安政7）年に，幕府の使節の従者として咸臨丸で渡米，2年後の1862（文久2）年にも幕府の遣外使節に随行してヨーロッパ各国を旅した。さらに，1867（慶応3）年には幕府の使節の随員として再び渡米している。

　彼は，この3度の海外渡航の経験により，欧米各国の社会や人々のありようを学ぶことになった。そして，1866（同2）年には『西洋事情』を著し，幕末の人々に諸外国の実情を知らしめた。1868（同4）年には塾を芝に移し，名称を慶應義塾とした。以後，政府による再三の要請を受けるも官職に就くことはなく，民間人として著述や教育にあたることを選択した。そして，国民の自立に基づく国家の発展を目的として，政治，経済，教育など広範にわたる言論活動を展開し，日本の近代化の方向性に大きな影響を与えたのであった。

　その思想の特色は，「独立自尊」の精神にあるといえる。福沢が生きた時代は，近代化の実現による国家の独立が模索された時期であった。福沢は数度の海外渡航により，欧米列強の圧政に苦しむアジアの現状を目にすることになった。また，欧米の社会を観察し，その文明の強大さを知ることにもなった。このため，福沢の大きな関心事としても，日本の対外的な独立があった。彼は，人々の「独立自尊」の精神こそが，東洋諸国に欠けているものであり，西洋社会の強さを支えるものと認識する。そこで，国家の独立のためには，人々の精神的な「独立」が重要と説いたのである。

『学問のすゝめ』について

　福沢諭吉は，人々の精神的な自立を妨げる旧来の「陋習」を批判し，その精神を根底から改める必要性を説いた。旧来の「陋習」とは，封建的門閥制度のような旧態依然とした身分秩序や，この身分秩序を支える儒教的価値観である。福沢の眼には，人々が旧来の身分秩序や価値観の内に安寧すること

で，その精神的自由を束縛されながらも，ある種の満足を感じていると映ったのである。このような人々に，伝統的な身分秩序の崩壊を告げ，新時代の生き方を説き，その意識改革を求めたのが『学問のすゝめ』である。

　『学問のすゝめ』は，明治の人々に実学（読み書き計算，地理，歴史，物理，経済，倫理など）を学び，「独立自尊」の精神を養うことを薦めるものであった。この『学問のすゝめ』は，1872（明治5）年から1876（同9）年まで，5年間にわたり発表した一連の著作であり，初編から17編で構成されている。この本は，明治の人々に広く読まれ（人口約3500万人の時代に，約70万冊，初編のみでも22万冊が売れたといわれる），新時代の学びの指針ともなった。

　本節では，『学問のすゝめ』の初編から一部を抜粋した。引用箇所では，冒頭で「すでに平民へ苗字乗馬を許せしが如きは開闢以来の一美事士農工商四民の位を一様にするの基ここに定まりたりと云ふべきなり」と述べ，江戸時代の身分秩序が崩れ，新たに「四民平等」の世の中となったことを示している。そして，今後の社会では，門閥ではなく，「唯其人の才徳」によって，社会的な地位が決定されると説く。そのために，「身に才徳を備んとするには物事の理を知らざるべからず。物事の理を知らんとするには字を学ばざるべからず。是即ち学問の急務なる訳なり」として，学問の必要性を述べている。

　さらに，後段では，国家のあり方は，国民の才知と一体であると述べ，「人民皆学問に志して，物事の理を知り，文明の風に赴くことあらば，政府の法も尚又寛仁大度の場合に及ぶべし」として，優れた政府は，優れた国民によって築かれることを主張した。そして，すべての国民は「一身の行ひを正し，厚く学に志し，博く事を知り，銘々の身分に相応すべきほどの智徳を備えて，政府は其政を施すに易く，諸民は其支配を受けて苦みなきやう，互に其所を得て共に全国の太平を護らんとするの一事のみ」と，国民の「独立自尊」により国家の独立が果たされることを強調するのであった。この『学問のすゝめ』は，明治初頭の政府の教育政策にも強く反映され，1872年の学制や「学事奨励ニ関スル被仰出書」の性格にも，福沢の思想的な影響が見られる。

『学問のすゝめ』初編の原文（抜粋）

　王制一度新なりしより以来，我日本の政風大に改り，外は万国の公法を以て外国に交り，内は人民に自由独立の趣旨を示し，すでに平民へ苗字乗馬を許せしが如きは開闢以来の一美事士農工商四民の位を一様にするの基ここに定まりたりと云ふべきなり。されば今より後は日本国中の人民に，生まれながら其身に附たる位などと申すは先づなき姿にて，唯其人の才徳とその居処とに由て位もある者なり。譬へば政府の官吏を粗略にせざるは当然のことなれども，こは其人の身の貴きにあらず，其人の才徳をもってその役儀を勤め，国民のために貴き国法を取扱うがゆへにこれを貴ぶのみ。人の貴きにあらず，国法の貴きなり。旧幕府の時代，東海道に御茶壺の通行せしは，皆人の知る所なり。其外御用の鷹は人よりも貴く，御用の馬には往来の旅人も路を避る等，都て御用の二字を附れば，石にても瓦にても恐ろしく貴きもののように見え，世の中の人も数千百年の古よりこれを嫌ひながら又自然に其仕来に慣れ，上下互に見苦しき風俗を成せしことなれども，畢竟これらは皆法の貴きにもあらず，品物の貴きにもあらず，唯徒に政府の威光を張り人を畏して人の自由を妨げんとする卑怯なる仕方にて，実なき虚威と云ふものなり。今日に至りては最早全日本国内にかかる浅ましき制度風俗は，絶てなきはずなれば，人々安心いたし，かりそめにも政府に対して不平をいだくことあらば，これを包みかくして暗に上を怨むことなく，其路を求め，其筋に由り静にこれを訴て遠慮なく議論すべし。天理人情にさへ叶ふ事ならば，一命をも抛て争うべきなり。是即ち一国人民たる者の分限と申すものなり。

　前条に云へる通り，人の一身も一国も，天の道理に基て不羈自由なるものなれば，若し此一国の自由を妨げんとする者あらば世界万国を敵とするも恐るるに足らず，此一身の自由を妨げんとする者あらば政府の官吏も憚るに足らず。ましてこのごろは四民同等の基本も立ちしことなれば，何れも安心いたし，唯天理に従て存分に事を為すべしとは申ながら，凡そ人たる者は夫々の身分あれば，亦其身分に従ひ相応の才徳なかるべからず。身に才徳を備んとするには物事の理を知らざるべからず。物事の理を知らんとするには字を学ばざるべからず。是即ち学問の急務なる訳なり。

　昨今の有様を見るに，農工商の三民は其身分以前に百倍し，やがて士族と

肩を並るの勢に至り，今日にても三民の内に人物あれば政府の上に採用せらるべき道既に開けたることなれば，よく其身分を顧み，我身分重きものと思ひ，卑劣の所行あるべからず。凡そ世の中に無知文盲の民ほど憐むべく亦悪むべきものはあらず。智恵なきの極は恥を知らざるに至り，己が無智を以て貧窮に陥り飢寒に迫るときは，己が身を罪せずして妄に傍の富る人を怨み，甚しきは徒党を結び強訴一揆などとて乱暴に及ぶことあり。恥を知らざるとや云はん，法を恐れずとや云はん。天下の法度を頼みて其身の安全を保ち，其家の渡世をいたしながら，其頼む所のみを頼て，己が私欲の為には又これを破る，前後不都合の次第ならずや。或は偶々身本慥にして相応の身代ある者も，金銭を貯ることを知りて子孫を教ることを知らず。教へざる子孫なれば其愚なるも亦怪むに足らず。遂には遊惰放蕩に流れ，先祖の家督をも一朝の煙となす者少からず。

斯る愚民を支配するには迚も道理を以て諭すべき方便なければ，唯威を以て畏すのみ。西洋の諺に愚民の上に苛き政府ありとはこの事なり。こは政府の苛きにあらず，愚民の自から招く災なり。愚民の上に苛き政府あれば，良民の上には良き政府あるの理なり。故に今我日本国においても此人民ありて此政治あるなり。仮に人民の徳義今日よりも衰へ尚無学文盲に沈むことあらば，政府の法も今一段厳重になるべく，若し又，人民皆学問に志して，物事の理を知り，文明の風に赴くことあらば，政府の法も尚又寛仁大度の場合に及ぶべし。法の苛きと寛やかなるとは，唯人民の徳不徳に由て自から加減あるのみ。人誰か苛政を好て良政を悪む者あらん，誰か本国の富強を祈らざる者あらん，誰か外国の侮を甘んずる者あらん，是即ち人たる者の常の情なり。今の世に生れ報国の心あらん者は，必ずしも身を苦しめ思を焦すほどの心配あるにあらず。唯其大切なる目当は，この人情に基きて先づ一身の行ひを正し，厚く学に志し，博く事を知り，銘々の身分に相応すべきほどの智徳を備へて，政府は其政を施すに易く，諸民は其支配を受けて苦みなきやう，互に其所を得て共に全国の太平を護らんとするの一事のみ。今余輩の勧る学問も専らこの一事を以て趣旨とせり。（5～9頁）

＊出典：福沢諭吉「学問のすゝめ」『福沢全集』巻2（時事新報社，1898）

※句読点は，福澤諭吉『学問ノススメ』（1880）に従った。

第5節　「東京師範学校ヲ開キ生徒募集ノ事」

師範学校の開設と明治初期の教員養成

　1872（明治5）年4月（旧暦），文部省は学制の発布に先立ち，「小学教師教導場ヲ建立スルノ伺」を正院に提出し，新しい教育制度の実施に向けて，小学校の教員を養成する教育機関の設置を求めた。この伺いに対し，同年5月（旧暦）に正院の認可があり，文部省は，同月29日（旧暦）に東京に日本で最初の師範学校を設置することを決定した。そして，同年7月末（旧暦）には，諸葛信澄が校長に任命され，翌8月（旧暦）旧昌平黌を校舎として師範学校が開設された。その後，入学試験を実施し，約300名の受験者から合格者54名の入学を許可し，翌9月（旧暦）から授業を開始したのであった。生徒の年齢は18歳から35歳ぐらいであり，入学試験の科目は，国語，漢文，作文等であった。翌1873（明治6）年には，東京の他に大坂，宮城に，1874（明治7）年には愛知，広島，長崎，新潟に官立師範学校が設置され，教員養成の制度が整えられていった。このため，最初の師範学校は，東京師範学校に改称されている。また同年には東京女子師範学校が設置され，女性の教員養成も開始された。しかし1877（明治10）年以降は，政府の財政難のため，官立の師範学校は，東京以外は廃止されることになった。

　一方，この時期には地方においても，教員養成が急務とされており，講習所，養成所などの速成の養成機関が開設されていた（修業年限が2年ほどの師範学校に対し，6カ月ほどで卒業が可能だった）。1875（明治8）年以降は，これらの養成機関が整理統合され，各府県立の師範学校が続々と開設され，正規の教員養成が行われるようになっていた。そして，1880（明治13）年の教育令の改正により，各府県に師範学校の設置が義務づけられている。さらに，1881（明治14）年には，「師範学校教則大綱」が定められ，全国の師範学校の教則を統一するとともに，1883（明治16）年には府県立師範学校通則が出され，その設置基準が厳格化された。これら一連の施策により，日本の教員養成制度が整備され，本格的な小学校教員の養成が開始されることになったのであった。

「東京師範学校ヲ開キ生徒募集ノ事」について

　本史料は，文部省が1872（明治5）年の師範学校の開設に先立ち，全国に通知した師範学校（東京師範学校）の学生募集のための文書である。この史料には，師範学校の設置の理由，理念，規則が述べられている。また，規則では，師範学校の教育方法に関する定めもあり，明治初期における教員養成の方法を伝えている。

　この文書では，まず「小学ノ師範タルヘキ人ヲ養ヒ候義第一之急務」と述べ，教員養成が「急務」であるとした。次に，「外国教師ヲ雇ヒ彼国小学ノ規則ヲ取テ新ニ我国小学課業ノ順序ヲ定メ彼ノ成法ニ因テ我教則ヲ立テ」として，外国人教師を雇い，海外の制度を参考に，日本の小学校の教育課程や教育方法を定めることを明らかにした。実際には，当時，大学南校で英語教師をしていたアメリカ人のマリオン・スコット（Marion McCarrell Scott, 1843-1922）が師範学校の教師として招聘された。このため，師範学校では，スコットによりアメリカの師範学校をモデルに教育が行われ，米国式の一斉教授法やペスタロッチ主義の実物教授などが伝えられることになった。

　本史料には，師範学校の具体的な教育方法の計画も記載されている。まず「生徒二十四人ヲ入レ之ヲ師範学校生徒トスル事」とあるように，成績が優秀な学生を師範学校の「上等生」とし，スコットがその教育にあたった。史料では24名とあるが，実際には18名が上等生になっている。スコットは，これら上等生を児童役として，実際に小学校の授業を行った。上等生たちは，スコットの授業を体験することで教育方法を学んだ。また，師範学校では，当時アメリカの小学校で使用されていた教科書や教具を取り寄せ，教室など学校内部の様子も，当初の畳敷きのものから変更して机と椅子を配備するなど，アメリカの小学校を模して教育を行った。このように，開校当初の師範学校の教育は，万事が米国式で実施された点が特色である。

　次に，「別ニ生徒九十人ヲ入レ之ヲ師範学校付小学生徒トスル事」とあるように，上等生以外の学生は「下等生」とされ，スコットの教えを受けた上等生が，これら下等生の教育にあたった。上等生たちは，今度は下等性を小学生として，実際に授業を行うことで教育をした。他に学科の授業としては，正科と予科があり，正科はスコットが担当し英語と算術を教え，予科は日本

人教師が，物理，化学，国語，漢文などを教えている。

　この師範学校の生徒は，卒業後に各地の小学校や，新たに設置された府県立の師範学校の教師として派遣され，スコットから教授された米国式の教育方法を全国の教師たちに伝えた。このため，明治初期の小学校の教育は，米国式の教育方法を広く受容する形で展開されることになったのである。

文部省「東京師範学校ヲ開キ生徒募集ノ事」の原文（抜粋）

　今般東京ニ於テ師範学校ヲ開キ候。師範学校ハ小学ノ師範タルベキモノヲ教導スル処ナリ全体人ノ学問ハ身ヲ保ツノ基礎ニシテ順序階級ヲ誤ラズ才能技芸ヲ成長スルニアリ。依テ益々小学ヲ開キ人々ヲシテ務テ学ニ就カシムルノ御趣意ニ候 処 差向小学ノ師範タルヘキ人ヲ養ヒ 候 義第一之急務ニ有之且外国ニ於テモ師範教育所ノ設ケ有之ニヨリ其意ヲ取リ外国教師ヲ雇ヒ彼国小学ノ規則ヲ取テ新ニ我国小学課業ノ順序ヲ定メ彼ノ成法ニ因テ我教則ヲ立テ以テ他日小学師範ノ人ヲ得ント欲ス今立校ノ規則ヲ定ムル事左ノ如シ

一　外国人一人ヲ雇ヒ之ヲ教師トスル事
一　生徒二十四人ヲ入レ之ヲ師範学校生徒トスル事
一　別ニ生徒九十人ヲ入レ之ヲ師範学校付小学生徒トスル事
一　教師ト生徒ノ間通弁官一人ヲ置ク事
一　教師二十四人ノ生徒ニ教授スルハ一切外国小学ノ規則ヲ以テスル事
一　二十四人ノ生徒ハ九十人ノ小学生徒ヲ六組ニ分チ其一組ヲ四人ニテ受持チ外国教師ヨリ伝習スル処ノ法ニ因リ彼ノ「レッテル」ハ我ノ仮名ニ直シ彼ノ「オールド」ハ我ノ単語ニ改メ其外習字会話口授講義等一切彼ノ成規ニ依リ我ノ教則ヲ斟酌シテ之ヲ小学生徒ニ授ク右授受ノ間ニ一種良善ナル我小学教則ヲ講成スベキ事
一　生徒ハ和漢通例ノ書及ビ粗算術ヲ学ビ得テ年齢二十歳以上ノ者タルベシ然レトモ成丈ケ壮者ヲ選ムベキ事
　　　但試験ノ上入校差許ベキ事
一　生徒ハ都テ官費タルベキ事
　　　但二十四人ハ一ケ月金十円宛九十人ハ一ケ月金八円宛ノ事

一　生徒入校成業ノ上ハ他途ヨリ出身スルヲ要セズ小学幼年ノ生徒ヲ教導スルヲ以テ事業トスベシ故ニ入校ノ節成業ノ上必ズ教育ニ従事スベキ証書ヲ出スベキ事

一　成業ノ上ハ免許ヲ与フ速ニ之ヲ採用シ四方ニ分派シテ小学生徒ノ教師トスベキ事

右之_{みぎの}通_{とおりあいさだ}相定メ師範学校不遠_{とおからず}開校相成候_{ありなりそうろう}間御趣意ヲ奉認シ生徒タルベキ志願有之_{これある}者ハ来ル七月晦日迄其地方庁ヲ経テ当省ヘ可願出候事_{ねがいでるべきそうろうこと}

（43〜47頁）

＊出典：『文部省布達全書』明治4，5年（文部省，1885）

第6節　澤柳政太郎『実際的教育学』

澤柳政太郎の生涯と思想

　澤柳政太郎は，明治から大正期にかけての教育行政家，教育者である。澤柳は，1865（慶応元）年に信濃国（長野県松本市）に生まれた。1888（明治21）年に帝国大学を卒業し，文部省に入省する。以後，文部試補，文部書記官を経て，各地の中学校長や高等学校長を歴任した。1898（明治31）年には，文部省に戻り普通学務局長，さらに1906（明治39）年に文部次官に就任している。この間，文部省の高級官僚として，1900（明治33）年の小学校令改正による義務教育年限延長や旧制高等学校増設などを推進することになる。1911（明治44）年には，東北帝国大学の初代総長となり，日本で初めて特例として女性の大学入学を許可している。1913（大正2）年には，京都帝国大学の総長に就任した。京都帝大では，大学教育の刷新のため一部の教授の解任を試みたが，任免問題で教授会と対立し辞職した（京大澤柳事件）。

　その後は，民間人の立場から日本の教育実践の改良に取り組み，1916（大正5）年には全国的な教育者の団体である帝国教育会の会長に就任する。また，1917（大正6）年には私立成城小学校を創設した。澤柳の創設した成城小学校は，科学的な見地から教育実践の改良を行い，大正期の新教育運動において，指導的な役割を果たしている。主な著書には『公私学校比較論』

『教師及校長論』『実際的教育学』などがある。

　澤柳の教育思想の特色は，その科学性，実証性にある。彼は，実験学校としての成城小学校を拠点に，さまざまな観点から教育実践の改良に取り組んだ。その際に，澤柳らが出発点としたのは，常に実際の教育活動であり，子供の学びであった。すなわち，教師の実践や子供の学びを科学的見地から研究・分析し，子供の能力や発達段階を明らかにしたり，教育実践の改良を目指したりしたのである。例えば，成城小学校では，子供の語彙の研究を行い，実際に子供がどの程度の漢字を学習可能なのか，その数量的検証を行った。澤柳らは，この成果を『児童語彙の研究』（同文館，1919）として発表している。この本によれば，子供の語彙は平均4,089語であり，子供は，大人が想像するよりも多くの言葉を学んでいることを澤柳らは実証したのである。成城小学校では，これらの研究成果に基づき，カリキュラムの改善や指導内容の改革を行うなどしたのであった。このような澤柳らの実証的な試みは，全国の教師たちにも波及し，大正期には各地で教育研究が隆盛し，大正期の新教育運動を支えたのである。

『実際的教育学』について

　澤柳の主著の一つである『実際的教育学』は1909（明治42）年に出版された。全体の構成は，「第一篇　概論」，「第二篇　知識技能の教育」，「第三篇　徳性の教育」，「第四篇　身体の発育」の４編からなり，学校教育について，知育・徳育・体育の三育の観点から改良方法を述べたものである。同書において，澤柳は，旧来の教育学研究が，実際の調査の成果に立脚しておらず，思弁的で研究上の価値がないものと批判した。このため，この本は，実際の教育実践に立脚して教育学を研究し，その改良をはかるとともに，その教育学を実際の教育にいかに応用するかに主眼が置かれている。

　本節では，「第十四章　教授効果の段階及其測定」を取り上げた。この章は，現代でいえば，主に教育課程や教育評価に該当する内容について述べた箇所である。第一節で澤柳は，学期や学年に注目した研究を実施する必要性を述べている。本来，学期や学年には，児童の発達段階に応じて，科目や教材を配当しなければならないのに，現代においては，その点が不十分だと指

摘するのである。そして，第三節では「教授の効果を測定することは教授を
進行する上に於て必要欠くべからざるものである。今日の教授は前日に教授
したる成績の上に築かなければならぬ」と述べ，教育課程の改良には，子供
がどこまで教育の内容を理解したかを確認する必要があると主張する。

　さらに，澤柳は試験の活用方法についても述べている。彼は，「試験は単
に成績の効果を測定する方法たるに止まらずして，生徒の勉強を奨励する方
法の重なるもの」と述べ，試験がさらなる学びにつながる必要があると主張
する。現代的にいえば，総括的評価よりも，形成的評価が必要であることを
述べたといえる。そして，「学生をして如何に教授を受けしむるか或は如何
に進んで知識技能を修得するか。これを鼓舞奨励する方法」を考えることが
教師の役割であると提唱したのであった。このような先進的な教育観や教師
観に立脚して書かれた澤柳の『実際的教育学』は，学びの意欲や態度を育て
ることが目標とされる現代の教育においても，多くの示唆に富むものといえ
る。

澤柳政太郎『実際的教育学』の原文（抜粋）

「第十四章　教授効果の段階及其測定

第一節　学期の性質

（前略）教授の効果を正確にするに上に於ては，学期の制度は極めて必要な
るものである。然るにこの意味を実現する所の手段方法は一向に考へられな
い。かく教育学に於て学期の性質を論ずることは重要なることに拘らず，毫
もこゝに論究する者がない。実際の教育者も単に学期の区別は，恰も年月の
区別があるが如く，自然の区別の如く考へて，何等教育的意味のあることに
考へ及ばない。僅に一時間否四十五分間の教授についても或は統合或は応用
と八ヶましく論ずる所の従来の教育学が，学期間及学年間の教授について，
何等論及しない。これ果して当を得て居る事であるか。思ふに学期に関して
も大に研究する必要はあるのである。又一学年を二学期に別つべきか。或は
三学期とすべきか。我が国の教育の歴史についても種々に変遷して来て居る
のである。外国の例に見ても，或は二学期とするものもあり，或は三学期と
するものもある。これらの利害得失も教育学上より講究する必要がある。

（後略）」（316〜317頁）

「第三節　平素の成績考査

　教授の効果を測定することは教授を進行する上に於て必要欠くべからざる
ものである。今日の教授は前日に教授したる成績の上に築かなければならぬ。
児童の側より云ふも，教育者の側より云ふも，常に成績を明にして以て教授
の進行を計ると云ふことは必要なることである。教材の取扱に於て，これら
の点は常にやかましく論ずる所であつて，将に授けんとする事項は，既知の
事項に連絡せしめなければならぬと云ふのである。これは疑のないことであ
る。こゝに於て教授を為す者は平素常に教授の効果を調査して居らなければ
ならぬ。児童の側より考へれば，常に自己の学力の進歩を考へて居らなけれ
ばならぬ。然るに平素の成績を調査することは，実際に於ては決して容易な
ることではない。学校の教授に於て，既に授けたる授業の復習を為さしめ，
或はこれに就て問答を為す時には，大体に於てその成績を知ることが出来る
けれども，固より成績は各児童に就てこれを知らなければならぬ。この必要
なる調査を為すと云ふことは，実際に於ては甚だ困難なことである。如何に
してこれを考査するか。要するに問答の方法に依つてこれを知るの外はない。
時としては筆答の方法に依ることが出来るのであるが，成るべく時間を費す
ことが少くして，その成績を知る方法を考へなければならぬ。且つその成績
は成るべく正確に知らなければならぬのである。若し成績の調査にして正確
でなかつた時には，害あつて益がないのである。

　先に小学校に於て試験を廃し，平素の成績を考査して児童の学修の効果を
定めることになつた時には成績考査の方法等に就て意見を出だした者もあつ
た。併しながら教育学者はこれらの事項を以て研究を要するものと考へぬた
めか，学者の正確なる研究を見ないのは，甚だ遺憾とする所である。平素の
成績が正確に明でない時には，教授を進めることは出来ないのである。若し，
成績を明にせずして教授を進めるとしたなら，前後の関係脈絡のない教授を
為す外はないのである。教育学に於て要求する所の教授の連絡は取ることが
出来ない。然らば平素の成績を如何にして正確に調査するかは，教育学上に
於て必要なる問題と云はなければならぬ。これらに関する研究の起ることを

希望して止まない。（後略）」（321〜323頁）

「第四節　試験の性質

　試験は教授の効果を測定する方法であることは何人も疑はないのである，然らば試験に依つて最も正確に成績を測定する方法を考へねばならぬのである。如何なる試験を以てしても正確に教授の成績を測定すると云ふことは出来ない。故に試験に関する研究は最も肝要なるものである。

　且つ事実に就て考へれば，試験は単に成績の効果を測定する方法たるに止まらずして，生徒の勉強を奨励する方法の重なるものである。試験のために勉強することは絶対に不都合である。自分は試験の法宜しきを得れば生徒の学修を奨励する適当の方法たることを信ずる。訓練の方法として賞罰が用ひられるが如く，教授の場合に於ては単に教育者は如何に教授すべきかを考へるばかりでなく，学生をして如何に教授を受けしむるか或は如何に進んで知識技能を修得するか。これを鼓舞奨励する方法を考へる必要はあるのである。この目的の為めに試験は最も有力の方法で最も適当なる方法であらうと思ふ。併ながらその種類若しくは方法を誤る時には，或は間違つた勉強を誘導する弊に陥ることがある。（後略）」（327〜328頁）

＊出典：澤柳政太郎『実際的教育学』（同文館，1909）

第7節　志垣寛編『私立池袋児童の村小学校要覧』

私立池袋児童の村小学校の概要

　池袋児童の村小学校は，1924（大正13）年に野口援太郎をはじめとする「教育の世紀社」の同人たちによって，東京府郊外の北豊島郡池袋にあった野口邸を校舎として創設された小規模の私立小学校である。その教育思想には，ドモランやトルストイなどの世界的な新教育運動の影響が見られる一方で，学校の組織においては日本の農村的な協同体に範をとった点が特色である。

　先の野口が校長となり，教育の世紀社同人であり，奈良女高師附属小学校

訓導を務めた志垣寛が主事に就任した。また，訓導として岐阜県女子師範学校附属小訓導の野村芳兵衛と，広島師範附属小男子部訓導を務めた平田のぶが赴任し，後には鳥取から峰地光重などが加わっている。

　この学校の教師たちは，設立母体となった教育の世紀社が刊行した雑誌『教育の世紀』をはじめ，多数の教育雑誌において教育論や実践を発表し，全国の教師に大きな影響を与えた。第5章3節でみた，生活綴方教育の中心的な雑誌である『綴方生活』や『生活学校』も，児童の村小学校の志垣，野村らが創刊の中心的な人物である。また，『綴方生活』を編集した小砂丘忠義も教育の世紀社で出版の仕事にあたるなど，児童の村小学校の関係者であった。このため，児童の村の教員たちの教育思想や実践は，大正期の新教育のみならず，昭和初期の生活綴方教育や戦後の新教育など，日本の教師たちが教育実践の改革を志す際の，重要な教育的遺産になったといえる。

『私立池袋児童の村小学校要覧』について

　本節で取り上げる『私立池袋児童の村小学校要覧』は，1924（大正13）年8月に発行された児童の村小学校の要覧である。本書の内容は，「一　創立」「二　教育の世紀社」「三　児童の村の組織と経営」「四　児童の村のプラン」「五　教育方針」「六　施設事項」「七　「村」の教育実況（其一）」「八　「村」の教育実況（其二）」の8項目から構成されている。これらの内容は，教育の世紀社の機関紙『教育の世紀』に掲載された児童の村の設立計画や教育の報告を再録したものであり，50頁ほどの冊子であるが，創立当初の児童の村小学校の教育の目的や組織，教育方法，実際の教育をよく伝えている。

　本節では，「五　教育方針」を取り上げた。この項目では，児童の村小学校の5カ条の「教育精神」と「教育方法上の綱領」が掲げられている。まず，5カ条の教育精神は，「個々人の天分」を最大限に伸長させるという教育の目的にはじまり，子供の「個性尊重」「自発的活動」「興味に応じた指導」を，児童の村の教育方針の柱とすることを述べる。さらに，そのために学校生活は，教師と子供の自治によってなされるべきであることを説く。最後に，「自己の尊厳を自覚すると同時に，他の人格を尊重する人たらしめ，全人類に対する義務を尽すに勇ならんことを期する」と述べて，これらの教育を通

じて，児童の村では，自己と他者の人格を尊重し，全人類に貢献できる人物を育てることを誓うものであった。そして，その教育方法上の特色として，「一，生活尊重」「二，親自然」「三，順自然」「四，環境の多様」「五，個別的」「六，家庭的」の6項目を掲げている。

　このような教育方針に基づき実践された児童の村小学校の教育の特色は，一斉教授による画一的「旧教育」を否定し，「生活即教育」という理念のもと，学校を単なる教育の場ではなく，子供と教師が協働的生活を送り，共に成長する場所と捉えた点にあった。そして，教師と児童という関係にこだわらず，常に子供の生活に寄り添いながら，その成長を支援しようと試みたのである。この結果，児童の村小学校では，子供が学校に来る時間や学ぶ内容を自由に選ぶ権利があるとされ，教科や時間割の廃止も行っている（後に，教師と子供が相談して，時間割を決めるようになる）。そして，このような自由な生活を通して得た経験によって，子供自身が自己の「天分」を「能う限り存分に伸展」させるという，児童の個性を尊重した自由主義教育を実践している。教師は，子供と生活をともにする中で，その興味関心に応じて，適切な指導や支援を行うのみであった。

　以上のように，児童の村小学校では，学校生活のありとあらゆる束縛から子供を解放し，徹底した自由主義の教育を実践した。このため，その教育期間は短く約13年ほどであったにもかかわらず，大正期の自由主義教育運動の最後のそして頂点的存在と評されているのである（梅根悟「日本の新教育運動」『日本教育史』（金子書房，1951，273頁）。

志垣寛編『私立池袋児童の村小学校要覧』の原文（抜粋）

「五　教育方針
　「教育の世紀社」の教育精神に曰く
　（一）　吾々の信ずる教育は，個々人の天分を存分に伸展せしめ，これを生活化することによつて人類の文化を発達せしむるにある。
　（二）　吾々の信ずる教育は，児童の個性が十分に尊重せられ，その自由が完全に確保せらる、教養の形式においてのみ，その目的を達しうる。

　(三)　吾々の信ずる教育は，児童の自発活動が尊重せられ，その内興味に
　　　　対して新鮮なる指導が行はれる時にのみ可能である。

　(四)　吾々の信ずる学校生活は，生徒及教師の自治によつて一切の外部干
　　　　渉を不要ならしめ，進んではそれ自体の集団的干渉をも不要ならし
　　　　めん事を期する。

　(五)　吾々の信ずる教育においては，自己の尊厳を自覚すると同時に，他
　　　　の人格を尊重する人たらしめ，全人類に対する義務を尽すに勇なら
　　　　んことを期する。

　右の五個条はとりもなほさず「村」の教育方針である。然してその精神を
実現する為に実際教育上に於ては特に左の諸点に注意を払っている。

　一，生活尊重。徒らに知能の分量多きを誇らんが為に空虚なる概念を注入
することを拒否する。村の教育は事実より概念へ，体験より思索への順序を
尊ぶ。

　此の意味に於て子供たちの生活は十分に尊重される。子供自身の生活の中
に多くの教育的意味を見出し，更に之を充実向上せしめたい，と希ふもので
ある。従つて子供たちの純真な，自らなる欲求は努めて之を容れ其の生命の
成長に培ひたいと思ふ。

　二，親自然。自然は人類の郷土である。暖き陽光の普きところ，和ごやか
なる大気の溢るゝところ，はてしなく奥深き土と，水との裡に万物は生成す
る。児童の村の教育は常に教室を郊外にまで延長し，そこに感官を超越した
大きな力が子供達の魂の上に及びかけて行くものあるを期待する。況んや四
時風物の変異育成する話，況んや科学的に之を研究すべく，実験場としても
最も有価値なるものあるをやだ。

　三，順自然。欲求なきところに新教育は行はれない。強制と束縛と賞罰と
は子供たちに虚偽の生活を会得せしむるものである。吾等は子供の欲求に根
ざしを求めて教育を為したいと思ふ。従つて児童生命成長の自然に順ふこと
は児童の村の教育信条の一である。

　四，環境の多様，欲求は内に芽ぐむものであるが之に培ひ之を触発するも
のは環境である。環境は実に生命の扉を開く鍵であり，之を育む苗床であり，

之を培ふ穣土である。吾等は子供たちの生命の奥深く秘める欲求の芽生の何たるかを予知する事は出来ない。この意味に於て児童の村の教育には努めて豊富なる環境の準備せられん事を欲する。然し乍ら限りある資力を以てしては，単一なる校舎の内に之を充実せしむる事が困難である。故につとめて郊外と街巷と工場とを問はず，再々子供たちを之に導いてその不足を補うてゐる。

　五，個別的。文化が個性の擁護によつて──創造さるゝ事は云ふまでもない。微妙細緻なる個人性の特質を伸展せしめんには，どうしても児童を十把一束にみてはならぬ，児童の村では，学校及び一集団の人員をつとめて小規模にし，個別教育を主体とする。その為に同時異教科異教材の取扱が行はるゝ。

　六，家庭的。教師は学校に於ける親であり朋友である。教師が個々の子供達の個性を十分に理解し尊重すると共に子供たちも亦よく教師を理解して初めて暖かき家庭生活が生れる。お互に作為せられた権威や順良さを装ふ必要はない。この意味からして児童の村に於ける子供の生活には，遊びや徒戯や，休養給食家庭的年中行事などがとり入れられてゐる。かくて人間の円満な成長を期待する事ができる。」(16〜19頁)

＊出典：志垣寛編『私立池袋児童の村小学校要覧』(教育の世紀社，1924)

第8節　橋田邦彦『科学する心』

橋田邦彦の生涯と思想

　橋田邦彦は，大正から昭和にかけての生理学者であり，教育行政家でもある。彼は，1882（明治15）年3月に鳥取県に生まれた。父親は漢方医であり，幼少期には漢方や陽明学に親しんだ。その後，東京帝国大学に進学し，卒業後の1914（大正3）年から18（同7）年にかけてドイツに留学している。帰国後の1922（大正11）年には，東京帝国大学医学部の教授に就任し，生理学の研究と発展に貢献した。一方で，この時期からは，王陽明の『伝習録』や道元の『正法眼蔵』の研究にも熱意を注いでいる。1937（昭和12）年には，

第一高等学校の校長となり，1940（昭和15）年から43（同18）年には近衛内閣，東條内閣の文部大臣を務め，第二次世界大戦中の教育改革において主導的な役割を果たすことになった。

　橋田の教育思想の特色は，儒教や仏教などの東洋的な精神と西洋的な科学を結合させた，独自の科学論である「科学する心」にあった。橋田の「科学する心」は，科学を行為と一体的（「科学する」）に捉え，その行為と，行為の主体者の精神（「心」）の結合に重点を置く。それは，科学そのものではなく，科学を行為として行う人間の主体性に着目するものであった。そして，その根底には，陽明学の知行合一説や仏教の物心一如の思想があった。

　これを教育においてみれば，学習という行為と学習者の心を一体的に結合させることに通じた。また，教育で重要なことは，細かな知識の教授にあるのではなく，教師が児童や生徒に対し，学ぶ行為や学ぼうとする心を伝えるものであることが強調されている。この，東洋的精神に根ざして，日本的な科学を確立しようとする橋田の「科学する心」は，戦時下の教育で要求された，伝統的思想による国民統合と，科学技術教育の推進という，二つの課題を統合的に解決するものとして脚光を浴び，1940年代の教育改革に多大な影響を与えた。

『科学する心』について

　それでは，橋田の提唱した「科学する心」とは，具体的には，どのような思想であろうか。本節では，1940（昭和15）年に教学局より刊行された『科学する心』の一節を抜粋した。本書は，教学局が，教学の刷新に資するために刊行した一連の叢書の一冊であり，紀元二千六百年及び教育勅語渙発五十年の記念としても位置づけられている。本書のなかで，橋田は，科学者の「わざ」には，「内なるものと外なるもの」があると述べる。橋田によれば，「外なるもの」は科学者により創造される理論や技術であり，「内なるもの」は科学する主体である科学者の心のことである。橋田は，明治維新以来，日本の科学が西洋の科学の理論や技術を模倣するのみで，科学する主体者として科学者が持つべき精神を深めることが欠けていたと指摘する。ここに橋田は，旧来の科学（学問）に，科学（学問）を行う主体者の精神との分離を見

るのであった。そして，科学するという行為が，行為者の精神に根ざすものでなければならないと主張した。橋田は，この科学者としての精神に，儒教や仏教など東洋の伝統的思想を据えようとしたのである。

　さらに，橋田は，「科学する」とは，科学的に事物を正しく把握することであり，それは人間のあらゆる行為の基礎であるとした。つまり，人々は，人生において常に「科学」を行っているのであり，「科学する」とは，人間の生き方そのものを指す言葉でもあった。ここにおいて，橋田の「科学する心」は，科学という学問に限定されるものではなく，人生全般に通じるものとして普遍化されている。また，「科学する」主体として，行為者に着目することで，行為及びその行為の根底にある精神（教育でいえば学ぶ意欲）に注目することにもなった。さらに，科学をその主体者に重点を置いて把握することにより，科学が研究対象とする個々の細分化した知識ではなく，行為者の内側に常に一体的に形成される総体的な智を重視することにもつながった（教育でいえば，教科により細分化した知識ではなく，教育全般を通じて形成される智である）。

　このため，橋田における，「科学する心」とは，実践的な行為（「行」）を通じて，行為の主体者の内面に形成される，精神・智・行為の様式を一元的に捉えた総体として認識されている。そして，このような「科学する」行為や，行為の主体者の心，総合的な智を重視する橋田の考え方は，子供の学ぶ意欲・態度の形成や，体験を通じた学習，合科教授など，大正期の新教育にみられた革新的な学習観や学習方法を，国民学校の教育に取り込むことを可能にした。国民学校の教育目的にみられる非合理性と，教育方法の合理性，革新性という2面性は，この橋田の思想の影響によるところが大きい（国民学校の教育については，第5章第3節を参照）。

橋田邦彦『科学する心』の原文（抜粋）

「（前略）今日日本の科学の水準が高まつて来たとはいひながら，併し決して本当の意味に於て充実はして居ない，或点に於ては高まつて居るが，充実して居らないことは常に痛感することであります。そこで私は科学が本当に日本に根を下して彌〻，栄え栄えて行くことを望むのでありますが，それに就

いて最も重要なことは科学するといふ働きがどのやうなことかといふことで
あります。科学するといふことが分からなければ，科学といふことを唯抽象
的にどの位知つても，即ち科学することを知らないで唯外から観て科学して
居るといはれるに過ぎない働きを営んで居つても，それでは科学は本当には
栄えて行かないのであります。その意味に於てこの科学する心といふことが
最も重要なことであり，科学せんとする者はこの科学する心といふものを本
当に把まへなければならないと考へるのであります。

　さて，科学するといふことは何かといふに，一言に申せば科学者の為す
「わざ」であります。併し科学者の為す「わざ」に，内なるものと外なるも
のとがあります。実際に於ては内なるものと外なるものとが一体となつて科
学者の「わざ」となるのでありますが，先づその内なるものへ考へを向ける
ことが科学する者の第一着手でなければならぬと思ふのであります。従来外
なるものに於ては相当考慮が払はれて居ると思ふのでありますが，唯外なる
ものにだけ考慮が払はれて内なるものに向つての考慮が払はれなかつたとこ
ろに我が国の科学が充実しない，発展しない所以があると考へるのでありま
す。この科学する心といふことは，最近色々な方面でいはれる科学精神とい
ふことに同じといへば同じでありますけれども，私が科学精神といふ言葉を
用ひないで科学する心といふ言葉を用ひます所以のものは，先づ科学といふ
ことは抽象的・概念的なものとして把まへられてはいけないといふことを示
さんがために，科学するといふのであります。又精神といふ言葉によつて
吾々の内面的の働き或は内なるものとして観る吾々の働きが概念的に把まへ
られる憂がないではない，これを避けるために心といふのであります。心と
いへば誰もが時々刻々動かして居ることを知つて居るのでありますから，科
学精神といふよりは科学する心といふ方がもう少し具体的把握の機縁を与へ
るであらうと考へるのであります。ところで，科学精神とは何であるかと考
へますと，これは言葉でいへば直ぐ分かるやうでありますが，必ずしもさう
ではないのであります。科学には精神が有るか無いかと考へますと，所謂科
学そのもには精神はあるのではありません。然るに科学精神といはれるのは
誰も知る通り科学が人生の創造であるからであります。即ち創造であるが故
に創造する者の精神が創造される科学の中に含まれて居る，それが所謂科学

精神であり，それが一般化されて科学精神といふ概念が出来るのであります。芸術に譬へて見れば，或書家が書を描いた時，その書の精神とは書家の精神に外ならぬことはいふまでもありません。同様に科学精神といふのは科学を創造する者の精神であります。併しながら，本当のことを考へて見ますと，科学するとは創造することであります。而して時々刻々の創造といふこと以外に人生は無いのであります。さういふ意味からいふと，科学精神とは創造する者が持つて居る「もの」ではなく，創造が行はれて居ることをいふのであります。創造が行はれて居る有様を見て，「精神」があつて人を動かして創造させるといふやうに考へるのが普通でありますが，人生といふ動き，人間の本当の働きを把まへて来ますと，創造することそれが軈て精神であり心であることが分かるのであります。その意味に於て科学が創造であるといふのは，科学精神といふものが科学を創造するといふべきではなく，科学精神とは創造するものと創造されるものとが一つになつて動く働きであります。それ故に科学精神とは科学の精神といふやうに別けて考へるべきものではなく，在るものは科学精神といふ一つのものしかないのであります。併し一面に於て科学精神といふ言葉は総べての「ものごと」を科学的に把むことを意味する場合があります。即ち科学するといふ科学者自身の働きではなくとも，科学的に「ものごと」を把む，「ものごと」を観る立場を科学精神といふ言葉で言表すのであります。そこで科学的に「ものごと」を把握するとはどういふことかといひますと，「ものごと」を正しく把むといふことであります。若し科学が「ものごと」を正しく把握するといふことを目指し又実践して居ないならば，科学は人生価値の少しもないものであります。科学が人生に於て重んぜられる所以は，科学を通じて「ものごと」を正しく把握することが出来るからであります。この「ものごと」を正しく把むといふことが科学すること即ち科学する心であります。」（1～5頁）

＊出典：橋田邦彦『科学する心』（教学局，1940）

学修課題

(1)「憲法十七条」の全文が掲載されている以下の文献を参考にして，各条

文が現代の教育や生活全般にとってどのような意義をもつのか考えてみよう。

　聖徳太子／瀧藤尊教ほか訳『法華義疏（抄）・十七条憲法』（中央公論新社，2007）

(2)　「早雲寺殿廿一箇條」の全文が掲載されている以下の文献を参考にして，自分であれば，子孫にどのようなメッセージを残すかを考えて，家訓を創作してみよう。

　有馬祐政，秋山梧庵編『復刻版　武士道家訓集』（博文館新社，2012）

(3)　『和俗童子訓』全文が掲載されている以下の文献を参考にして，その現代的意義と問題点について，自分の考えをまとめてみよう。

　石川謙校訂『養生訓・和俗童子訓』（岩波書店，1961）

(4)　近・現代日本の教員養成制度について，明治以降の変遷を整理するとともに，各時代で求められた教員の資質や能力についてまとめてみよう。

(5)　大正期に実践された新教育では，具体的にどのような教育が展開されたのだろうか。成城小学校などの各学校の教育や，澤柳政太郎や小原國芳など，代表的な人物の教育論や実践について調べてみよう。

〈参考文献〉
石井進ほか校注『中世政治社會思想　上』（岩波書店，1972）
宇野哲人『中国思想』（講談社，1980）
梅根悟「日本の新教育運動」『日本教育史』（金子書房，1951）
久保義三ほか編著『現代教育史事典』（東京書籍，2001）
小泉信三『福沢諭吉』（岩波書店，1966）
国民教育奨励会編『教育五十年史』（民友社，1922）
坂本太郎ほか校注『日本書紀　下』（岩波書店，1965）
出口常順・平岡定海編『仏教教育法典2　聖徳太子　南都仏教集』（玉川大学出版部，1972）
中内敏夫『生活綴方成立史研究』（明治図書出版，1977）
中村元責任編集『日本の名著2　聖徳太子』（中央公論社，1983）
浜田陽太郎ほか編著『近代日本教育の記録』下（日本放送出版協会，1978）
民間教育史料研究会編『教育の世紀社の総合的研究』（一光社，1984）
山住正己・中江和恵編注『子育ての書1〜3』（平凡社，1976）

付録

教育史関係年表

―西洋編―

〈西　暦〉　　　　〈事　項〉

B.C.

470	ソクラテス生まれる（～399B.C.）
430	この頃，ソフィストが活躍
387	プラトン，アカデメイアを開設
375頃	プラトン『国家』
335	アリストテレス，リュケイオン開設
55頃	キケロ『弁論家について』
4頃？	イエス生まれる（～ A.D.30頃）

A.D.

95頃	クインティリアヌス『弁論家の教育』
313	ミラノ勅令によりローマ帝国キリスト教を公認
413	アウグスティヌス『神の国』（～426）
529	ベネディクトゥス，修道院学校設立
784	カール大帝，宮廷学校を開設
802	カール大帝，義務教育令を公布
962	神聖ローマ帝国の成立
1158	ボローニャ大学公認
1167	オックスフォード大学設立
1200	パリ大学認可
1209	ケンブリッジ大学設立
1266	トマス・アクィナス『神学大全』
1300	ダンテ『神曲』（～1321）
1423	ヴィットリーノ，宮廷学校教師に招かれる
1450頃	この頃，グーテンベルクが活版印刷技術を発明

1492	コロンブスが新大陸を発見
1517	ルター，「95か条の論題」
1529	エラスムス『幼児教育論』
1536	カルヴァン『キリスト教綱要』
1543	コペルニクスの地動説
1580	モンテーニュ『随想録』
1636	ハーバード大学設立
1642	ゴータ学校令公布
1657	コメニウス『大教授学』
1658	コメニウス『世界図絵』
1693	ロック『教育に関する考察』
1717	プロイセン「就学義務令」（教育令）
1751	『百科全書』（～1772）
1762	ルソー『エミール』
1763	プロイセン「一般地方学事通則」布告
1771	イギリス，機械工場による紡績を開始
1774	バゼドウ，汎愛学院を開設
1776	アメリカ独立宣言
1780	ペスタロッチー『隠者の夕暮』ザルツマン『蟹の本』
1781	ペスタロッチー『リーンハルトとゲルトルート』（～1787）
1789	フランス革命勃発
1792	コンドルセ，公教育組織法案提出
1799	ペスタロッチー『シュタンツだより』
1801	ペスタロッチー『ゲルトルート

	はいかにしてその子らを教える か』（ゲルトルート教育法）， イタール『アヴェロンの野生児』
1803	カント『教育学』
1806	ヘルバルト『一般教育学』
1807	フィヒテ『ドイツ国民に告ぐ』
1813	オーエン『新社会観』
1816	オーエン，性格形成学院を開設
1826	フレーベル『人間の教育』， ペスタロッチー『白鳥の歌』
1840	フレーベル，幼稚園を開設
1859	ダーウィン『種の起源』
1861	スペンサー『教育論』
1870	イギリス，フォスター法（初等 教育法）制定
1875	パーカーによるクインシー運動
1889	レディ，アボッツホルム校を開 設
1896	デューイ，シカゴ大学に実験学 校を開設
1898	リーツ，田園教育舎を開設
1899	デューイ『学校と社会』
1900	エレン・ケイ『児童の世紀』
1907	モイマン『実験教育学入門』， モンテッソーリ「子供の家」を 開設
1912	ケルシェンシュタイナー『労作 学校の概念』
1915	クループスカヤ『国民教育と民 主主義』
1916	デューイ『民主主義と教育』
1918	キルパトリック『プロジェク ト・メソッド』
1919	ドイツ，ヴァイマール憲法制定， シュプランガー『文化と教育』， ウォッシュバーン，ウィネト カ・プランを実施
1920	パーカースト，ドルトン・プラ

	ンを実施
1921	ニイル，サマーヒル学園開設， 新教育連盟発足
1922	パーカースト『ドルトン・プラ ンの教育』
1924	ペーターゼン，イエナ大学附属 学校で内的学校改革に着手（1927 年，イエナ・プランと称される）
1925	デュルケム『道徳教育論』
1927	ペーターゼン『自由で一般的な 国民学校のイエナ・プラン』
1936	マカレンコ『集団主義の教育』
1939	ニイル『問題の教師』
1944	イギリス，バトラー法制定
1945	国際連合の成立，ユネスコ憲章 の採択
1946	ユネスコの発足
1948	世界人権宣言の採択
1957	スプートニク・ショック
1959	国連，児童権利宣言， ボルノー『実存哲学と教育学』
1960	ブルーナー『教育の過程』， アリエス『＜子供＞の誕生』
1965	ラングラン，「生涯教育」を提唱
1971	イリイチ『脱学校の社会』
1975	フーコー『監獄の誕生』
1989	児童の権利条約
1990	ドイツ統一
1991	ソビエト連邦崩壊
1993	EU誕生
1994	ユネスコ「サラマンカ宣言」
2000	第1回学習到達度調査（PISA）

—日本編—

〈西暦（和暦）〉	〈事　項〉
応神15	百済の阿直岐，太子・菟道稚郎子の師となる。
応神16	百済の王仁，渡来。菟道稚郎子の師となる。
604（推古12）	聖徳太子，憲法十七条を発布。
607（推古15）	聖徳太子，小野妹子を遣隋使に。留学僧・留学生を派遣。
645（大化1）	大化の改新。
701（大宝1）	大宝律令成り，最初の学制の制定。 都に大学寮1校，地方各国に国学1校が設置される。
728（神亀5）	大学寮の改革が実施され，文章博士が置かれる。
745（天平17）	聖武天皇，平城京に遷都。
756（天平勝宝8）	大伴家持「族に喩す歌」を氏人に示す。
770（宝亀1）	この頃，吉備真備「私教類聚」を作成。二教院を開く。
771（宝亀2）	この頃，石上宅嗣，芸亭を開設。
794（延暦13）	桓武天皇，平安京に遷都。
806（大同1）	和気広世，この頃弘文院を設立。
808（大同3）	大学寮に紀伝博士を置く。
818（弘仁9）	最澄，「山家学生式」を制定。
821（弘仁12）	藤原冬嗣，勧学院を設立。
828（天長5）	空海，綜芸種智院を設置。
847（承和14）	嵯峨天皇太皇太后橘嘉智子と右大臣橘氏公，学館院設立。
881（元慶5）	在原行平，奨学院を設置。
1117（永久5）	良忍，融通念仏を始める。
1156（保元1）	保元の乱，勃発。
1177（治承1）	京都大火。大学寮焼失。
1192（建久3）	源頼朝，征夷大将軍に補せられる。
1198（建久9）	法然，『選択本願念仏集』を著す。 栄西，『興禅護国論』を執筆。
1244（寛元2）	道元，越前国に大仏寺（後に永平寺と改称）を創建。「永平清規」を定める。
1247（宝治1）	この頃親鸞『顕浄土真実教行証文類』（教行信証）成立。この頃，北条重時，家訓「六波羅相模守教子息状」執筆。
1253（建長5）	道元の『正法眼蔵』成る。
1260（文応1）	日蓮，『立正安国論』を著す。

1275（建治1）	この頃，北条実時，金沢文庫を設立。
1383（永徳3）	斯波義将の家訓「竹馬抄」成立。
1406（応永13）	この頃，世阿弥，『風姿花伝』を執筆。
1429（永享1）	今川了俊作「今川状」（今川壁書）成立。
1439（永享11）	上杉憲実，足利学校に五経註疏本を寄進。
1549（天文18）	イエズス会宣教師フランシスコ・ザビエル鹿児島に上陸。
1603（慶長8）	徳川家康，征夷大将軍となり，江戸に幕府を開く。
1630（寛永7）	林羅山，上野忍ケ丘に家塾を開く。
1641（寛永18）	中江藤樹，『翁問答』刊行。
1662（寛文2）	伊藤仁斎，京都堀川に私塾「古義堂」を開塾。
1665（寛文5）	山鹿素行，『聖教要録』刊行。
1668（寛文8）	岡山藩主池田光政，郷学「閑谷学校」を設置。
1687（貞享4）	熊沢蕃山，『大学或問』刊行。
1690（元禄3）	幕府，林家家塾を神田台湯島に移す。
1691（元禄4）	幕府，林鳳岡を大学頭に任ずる。
1703（元禄16）	香月牛山，『小児必用養草』を刊行。
1710（宝永7）	貝原益軒，『和俗童子訓』を刊行。
1726（享保11）	大坂に懐徳堂開設。
1729（享保14）	石田梅岩，心学開講。
1774（安永3）	前野良沢，杉田玄白ら，『解体新書』刊行。
1776（安永5）	米沢藩校「興譲館」設立。
1790（寛政2）	老中筆頭松平定信による「寛政異学の禁」，布告される。
1793（寛政5）	塙保己一，「和学講談所」開設。「群書類従」の編纂と刊行始まる。
1797（寛政9）	幕府，林家家塾（聖堂）を収公し，昌平坂学問所とする。
1798（寛政10）	本居宣長，『古事記伝』脱稿。
1800（寛政12）	昌平坂学問所，落成。諸士の入学を許す。
1805（文化2）	広瀬淡窓，豊後国日田郡に私塾「桂林園」を開く。同14（1817）年に「咸宜園」と改称。
1824（文政7）	シーボルト，長崎に「鳴滝塾」を開設。
1837（天保8）	大塩平八郎の乱，勃発。
1838（天保9）	緒方洪庵，大坂に蘭学塾「適塾」を開く。
1841（天保12）	水戸藩藩校「弘道館」仮開館。
1853（嘉永6）	アメリカ合衆国海軍提督ペリー，浦賀に来航。
1855（安政2）	幕府，海軍伝習所を長崎に設け，諸藩士の入学を認める。
1856（安政3）	吉田松陰，「松下村塾」塾主となる。
1857（安政4）	オランダ海軍軍医ポンペ，幕府に招かれ，長崎に医学伝習所を開設。

1858（安政5）	大原幽学，『微昧幽玄考』脱稿。	
1862（文久1）	幕府，横浜に英学所を設置。	
1866（慶応2）	福沢諭吉，『西洋事情』刊行。	
1867（慶応3）	明治天皇の名により，王政復古の大号令がかけられる。	
1868（慶応4／明治1）	戊辰戦争始まる。 新政府，京都に学校掛を置く。 新政府，五箇条の御誓文を発布。 福沢諭吉，塾を芝新銭座に移し「慶應義塾」と名付ける。	
1869（明治2）	戊辰戦争終結。 版籍奉還を実施。旧藩主は知藩事に任命される。	
1870（明治3）	大教宣布の詔を発布。	
1871（明治4）	廃藩置県を実施。新たに中央から県令を派遣。 文部省を設置。大木喬任，文部卿になる。	
1872（明治5）	東京に，師範学校を設置。 「学制」を発布。	
1874（明治7）	明六社，「明六雑誌」を創刊。	
1877（明治10）	西南の役，勃発。 東京開成学校と東京医学校を合併して東京大学を創設。	
1879（明治12）	元田永孚の起草による「教学聖旨」，明治天皇より伊藤博文らに示される。	
	「学制」を廃して，「教育令」を公布。	
1880（明治13）	河野敏鎌，文部卿に就任。 集会条例により，教員・生徒の政治集会への参加，政治団体への加入を禁止。 「教育令」を改正。	
1881（明治14）	「小学校教則綱領」「小学校教員心得」を制定。	
1882（明治15）	大隈重信ら，「東京専門学校」（後の早稲田大学）を創立。 明治天皇の勅命により元田永孚，「幼学綱要」を編纂，文部卿，参議らに下賜される。	
1885（明治18）	「教育令」を再び改正。 太政官制を廃止，内閣制を実施。第一次伊藤博文内閣発足。森有礼，初代文部大臣に就任。	
1886（明治19）	「帝国大学令」公布。東京大学を帝国大学に改める。 「師範学校令」，「小学校令」，「中学校令」等を公布。	
1889（明治22）	「大日本帝国憲法」発布。	
1890（明治23）	「教育ニ関スル勅語」を発布。 第1回帝国議会召集。	
1891（明治24）	「小学校教則大綱」を制定。	
1893（明治26）	井上毅，文部大臣に就任。	

	文部省，教員の政論を禁止。政論をなす教育団体への参加を禁止する旨を訓令。
1894（明治27）	「高等学校令」を公布し，高等中学校を高等学校と改称・改組。日清戦争勃発。
1895（明治28）	日清講和条約調印，三国干渉を受ける。
1897（明治30）	京都帝国大学を設置。「師範教育令」を公布。
1899（明治32）	「中学校令」改正公布。「実業学校令」，「高等女学校令」公布。
1901（明治34）	成瀬仁蔵ら，日本女子大学校を創立。
1902（明治35）	広島高等師範学校を設置。東京専門学校を早稲田大学と改称。
1903（明治36）	「専門学校令」を公布。幸徳秋水ら，「平民社」を設立し，「平民新聞」を創刊。
1904（明治37）	日露戦争開始。
1905（明治38）	日露講和条約（ポーツマス条約）調印。
1907（明治40）	義務教育年限を6年に延長。
1911（明治44）	平塚らいてうら，青鞜社を結成。
1912（明治45／大正元）	明治天皇崩御。「大正」と改元。
1914（大正3）	第一次世界大戦勃発。
1917（大正6）	澤柳政太郎，成城小学校を創立。内閣に，「臨時教育会

	議」を設置。
1918（大正7）	鈴木三重吉ら，「赤い鳥」創刊。第一次世界大戦終結。
1919（大正8）	下中弥三郎ら，啓明会を結成。
1920（大正9）	国際連盟発足。慶應義塾大学・早稲田大学，大学令により旧制大学として認可される。
1921（大正10）	羽仁もと子，自由学園を創立。八大教育主張講演会開催。
1923（大正12）	関東大震災発生。
1924（大正13）	野口援太郎ら，「池袋児童の村小学校」を創設。内閣に，「文政審議会」を設置。赤井米吉，「明星学園」設立。
1925（大正14）	治安維持法公布。
1926（大正15／昭和）	「幼稚園令」公布。大正天皇崩御，昭和と改元。
1929（昭和4）	小原國芳，玉川学園を創設。ニューヨーク株式市場大暴落による世界大恐慌始まる。
1931（昭和6）	大阪帝国大学設置。文部省に，学生思想問題調査委員会を設置。満州事変勃発。
1932（昭和7）	満州国建国宣言。五・一五事件勃発。
1935（昭和10）	貴族院で，美濃部達吉の天皇機関説問題が起

こる。
「青年学校令」公布。
教学刷新評議会設置。
教育の国家統制が強化
される。

1937（昭和12） 文部省編、「国体の本義」刊行。
国民精神総動員運動始まる。

1939（昭和14） 第二次世界大戦起こる。

1941（昭和16） 「国民学校令」公布
太平洋戦争勃発。

1943（昭和18） 学生の徴兵猶予を停止。

1944（昭和19） 決戦非常措置要項に基づく学徒動員実施要項を閣議決定。
国民学校初等科児童の疎開促進について閣議決定。

1945（昭和20） 「戦時教育令」を公布。
「ポツダム宣言」受諾を連合国に回答。太平洋戦争終結。
GHQ，「日本の教育制度に対する管理政策」，「教員及び教育関係官の調査・除外・認可」，及び「修身，日本歴史，地理の授業停止」について指令。

1946（昭和21） GHQ，軍国主義指導者の公職追放，超国家主義団体の解散を指令。
米国教育使節団，来日。
文部省，「新教育指針」を発行。
「日本国憲法」公布。
内閣総理大臣直属の

「教育刷新委員会」，六・三・三・四の新学制要項を決定し，建議。

1947（昭和22） 文部省，「学習指導要領」（一般編・試案）を発行。
「教育基本法」，「学校教育法」を公布。新学制による小学校・中学校発足。

1948（昭和23） 新制高等学校，新制大学発足。
「教育委員会法」公布。

1950（昭和25） 朝鮮戦争勃発。

1951（昭和26） 国際連合教育科学文化機関（ユネスコ）に加盟。

1958（昭和33） 文部省，小中学校〈道徳〉の実施要項を通達。
文部省，「小・中学校学習指導要領」告示。

1968（昭和43） 文部省，「小学校学習指導要領」（全面改定）告示。

1969（昭和44） 文部省，「中学校学習指導要領」（全面改定）告示。

1977（昭和52） 文部省，小・中学校学習指導要領の一部改正告示。

1984（昭和59） 内閣に，「臨時教育審議会」を設置。

1989（昭和64／平成1） 昭和天皇崩御，平成と改元。
文部省，「小学校学習指導要領」「中学校学習指導要領」「高等学校学習指導要領」「幼稚園教育要領」告示。

1992（平成4）	「学校教育法施行規則」の一部改正。学校週五日制を実施。
1995（平成7）	阪神淡路大震災，地下鉄サリン事件発生。
1998（平成10）	文部省，「幼稚園教育要領」，「小学校学習指導要領」及び「中学校学習指導要領」を告示。
2001（平成13）	中央省庁再編により，文部省と科学技術庁を併せて，文部科学省を設置する。
2006（平成18）	改正教育基本法を公布。
2008（平成20）	文部科学省，「幼稚園教育要領」，「小学校学習指導要領」及び「中学校学習指導要領」告示。
2011（平成23）	東日本大震災発生。
2017（平成29）	文部科学省，「幼稚園教育要領」，「小学校学習指導要領」及び「中学校学習指導要領」告示。

西洋の教育思想家一覧

古代ギリシャの教育
プロタゴラス（490頃～420B.C.）
『神々について』
※ソフィスト
ソクラテス（470/469～399B.C.）
※助産術の提唱
プラトン（427～347B.C.）
『国家』
アリストテレス（384～322B.C.）
『政治学』

古代ローマの教育
カトー（234～149B.C.）
『由来記』『童子訓』
キケロ（106～43B.C.）
『弁論家について』
ワルロ（116～27B.C.）
『自由教育論』
クインティリアヌス（35?～95?）
『弁論家の教育』

中世の教育
ヒエロニムス（342頃～420）
※『聖書』のラテン語訳
アウグスティヌス（354～430）
『告白録』
アンセルムス（1033～1109）
『プロスロギオン』『モノロギオン』
エックハルト（1260頃～1327）
『ドイツ語説教集』

ルネサンスの教育
ヴィットリーノ（1378～1446）
※「すべての人文の父」
エラスムス（1466～1536）
『痴愚神礼讃』
トマス・モア（1478～1535）
『ユートピア』
ルター（1483～1546）

『キリスト者の自由』
ロヨラ（1491～1556）
『霊操』
※イエズス会の創立者
ヴィーヴェス（1492～1540）
『ルネッサンスの教育論』
カルヴァン（1509～1564）
『キリスト教綱要』

近代教育の曙
ラトケ（1571～1635）
『一般言語教授法序説』
コメニウス（1592～1670）
『大教授学』『世界図絵』

啓蒙主義の教育
ロック（1632～1704）
『教育に関する考察』
ヴォルテール（1694～1778）
『哲学書簡』
ラ・シャロッテ（1701～1785）
『国家主義国民教育論』
ルソー（1712～1778）
『エミール』
エルヴェシウス（1715～1771）
『精神論』『人間論』
カント（1724～1804）
『純粋理性批判』『教育学』
バゼドウ（1724～1790）
『基礎教科書』
コンドルセ（1743～1794）
『人間精神進歩史』
ザルツマン（1744～1811）
『蟹の本』『蟻の本』

新人文主義の教育
ペスタロッチー（1746～1827）
『隠者の夕暮』『白鳥の歌』
ゲーテ（1749～1832）

『詩と真実』『ヴィルヘルム・マイスター』

シラー（1759〜1805）
　『オルレアンの少女』『美的教養論』

フィヒテ（1762〜1814）
　『ドイツ国民に告ぐ』

19世紀の教育

オーエン（1771〜1858）
　『新社会観』

イタール（1774〜1838）
　『アヴェロンの野生児』

ヘルバルト（1776〜1841）
　『一般教育学』『教育学講義綱要』

フレーベル（1782〜1852）
　『人間の教育』『母の歌と愛撫の歌』

マン（1796〜1859）
　『民衆教育論』

セガン（1812〜1880）
　『知能障害児の教育』

スペンサー（1820〜1903）
　『教育論』

ライン（1847〜1929）
　※ヘルバルト学派の一人

20世紀以降の教育

ケイ（1849〜1926）
　『児童の世紀』

ナトルプ（1854〜1924）
　『社会的教育学』

ケルシェンシュタイナー（1854〜1932）
　『労作学校の概念』

デュルケム（1858〜1917）
　『教育と社会学』『道徳教育論』

デューイ（1859〜1952）
　『学校と社会』『民主主義と教育』

クループスカヤ（1869〜1939）
　『国民教育と民主主義』

モンテッソーリ（1870〜1952）
　『子どもの発見』『幼児の秘密』

キルパトリック（1871〜1965）
　『教育哲学』

ペーターゼン（1884〜1952）
　※イエナ・プランを主宰

ニイル（1883〜1973）
　『問題の子ども』『問題の親』

パーカースト（1887〜1973）
　『ドルトン・プランの教育』

マカレンコ（1888〜1939）
　『愛と規律の家庭教育』

ボルノー（1903〜1991）
　『実存哲学と教育学』『教育を支えるもの』

ブルーナー（1915〜2016）
　『教育の過程』

シルバーマン（1925〜2011）
　『教室の危機』

イリイチ（1926〜2002）
　『脱学校の社会』

資料

収録法令等一覧

①學事奨勵二關スル被仰出書（學制序文）

②教育二関スル勅語

③日本国憲法（抄）

④教育基本法

⑤学校教育法（抄）

①學事奨励ニ関スル被仰出書（學制序文）

1872年（明治5年）8月2日

人々自ら其身を立て其産を治め其業を昌にして以て其生を遂るゆゑんのものは他な
し身を脩め智を開き才芸を長ずるによるなり而て其身を脩め知を開き才芸を長ずる
は学にあらざれば能はず是れ学校の設あるゆゑんにして日用常行言語書算を初め
仕官農商百工技芸及び法律政治天文医療等に至る迄凡人の営むところの事学あら
さるはなし人能く其才のあるところに応じ勉励して之に従事ししかして後初て生を
治め産を興し業を昌にするを得べしされば学問は身を立るの財本ともいふべきもの
にして人たるもの誰か学ばずして可ならんや夫の道路に迷ひ飢餓に陥り家を破り身
を喪の徒の如きは畢竟不学よりしてかゝる過ちを生ずるなり従来学校の設ありてよ
り年を歴ること久しといへども或は其道を得ざるよりして人其方向を誤り学問は士
人以上の事とし農工商及婦女子に至っては之を度外におき学問の何者たるを辨ぜず
又士人以上の稀に学ぶものも動もすれば国家の為にすと唱へ身を立るの基たるを知
ずして或は詞章記誦の末に趨り空理虚談の途に陥り其論高尚に似たりといへども之
を身に行ひ事に施すこと能ざるもの少からず是すなはち沿襲の習弊にして文明普ね
からず才芸の長ぜずして貧乏破産喪家の徒多きゆゑんなり是故に人たるものは学ば
ずんばあるべからず之を学ぶに宜しく其旨を誤るべからず之に依て今般文部省に於
て学制を定め追々教則をも改正し布告に及ぶべきにつき自今以後一般の人民華士族
農工商及女子必ず邑に不学の戸なく家に不学の人なからしめん事を期す人の父兄た
るもの宜しく此意を体認し其愛育の情を厚くし其子弟をして必ず学に従事せしめざ
るべからざるものなり高上の学に至ては其の人の材能に任すといえども幼童の子弟
は男女の別なく小学に従事せしめざるものは其父兄の越度たるべき事

　但従来沿襲の弊学問は士人以上の事とし国家の為にすと唱ふるを以て学費及其衣
食の用に至る迄多く官に依頼し之を給するに非ざれば学ざる事と思ひ一生を自棄す
るもの少からず是皆惑へるの甚しきもの也自今以後此等の弊を改め一般の人民他事
を抛ち自ら奮て必ず学に従事せしむべき様心得べき事

②教育ニ関スル勅語

1890（明治23年）10月30日

朕惟フニ我カ皇祖皇宗國ヲ肇ムルコト宏遠ニ德ヲ樹ツルコト深厚ナリ我カ臣民克ク忠ニ克ク孝ニ億兆心ヲ一ニシテ世世厥ノ美ヲ濟セルハ此レ我カ國體ノ精華ニシテ教育ノ淵源亦實ニ此ニ存ス爾臣民父母ニ孝ニ兄弟ニ友ニ夫婦相和シ朋友相信シ恭儉己レヲ持シ博愛衆ニ及ホシ學ヲ修メ業ヲ習ヒ以テ智能ヲ啓發シ德器ヲ成就シ進テ公益ヲ廣メ世務ヲ開キ常ニ國憲ヲ重シ國法ニ遵ヒ一旦緩急アレハ義勇公ニ奉シ以テ天壤無窮ノ皇運ヲ扶翼スヘシ是ノ如キハ獨リ朕カ忠良ノ臣民タルノミナラス又以テ爾祖先ノ遺風ヲ顯彰スルニ足ラン

斯ノ道ハ實ニ我カ皇祖皇宗ノ遺訓ニシテ子孫臣民ノ倶ニ遵守スヘキ所之ヲ古今ニ通シテ謬ラス之ヲ中外ニ施シテ悖ラス朕爾臣民ト倶ニ拳拳服膺シテ咸其德ヲ一ニセンコトヲ庶幾フ

③日本国憲法（抄）

1946年（昭和21年）11月3日

前文

　日本国民は，正当に選挙された国会における代表者を通じて行動し，われらとわれらの子孫のために，諸国民との協和による成果と，わが国全土にわたつて自由のもたらす恵沢を確保し，政府の行為によつて再び戦争の惨禍が起ることのないやうにすることを決意し，ここに主権が国民に存することを宣言し，この憲法を確定する。そもそも国政は，国民の厳粛な信託によるものてあつて，その権威は国民に由来し，その権力は国民の代表者がこれを行使し，その福利は国民がこれを享受する。これは人類普遍の原理であり，この憲法は，かかる原理に基くものである。われらは，これに反する一切の憲法，法令及び詔勅を排除する。

　日本国民は，恒久の平和を念願し，人間相互の関係を支配する崇高な理想を深く自覚するのてあつて，平和を愛する諸国民の公正と信義に信頼して，われらの安全と生存を保持しようと決意した。われらは，平和を維持し，専制と隷従，圧迫と偏狭を地上から永遠に除去しようと努めてゐる国際社会において，名誉ある地位を占

めたいと思ふ。われらは，全世界の国民が，ひとしく恐怖と欠乏から免かれ，平和のうちに生存する権利を有することを確認する。

われらは，いづれの国家も，自国のことのみに専念して他国を無視してはならないのであつて，政治道徳の法則は，普遍的なものであり，この法則に従ふことは，自国の主権を維持し，他国と対等関係に立たうとする各国の責務であると信ずる。

日本国民は，国家の名誉にかけ，全力をあげてこの崇高な理想と目的を達成することを誓ふ。

第3章　国民の権利及び義務

第10条　日本国民たる要件は，法律でこれを定める。

第11条　国民は，すべての基本的人権の享有を妨げられない。この憲法が国民に保障する基本的人権は，侵すことのできない永久の権利として，現在及び将来の国民に与へられる。

第12条　この憲法が国民に保障する自由及び権利は，国民の不断の努力によつて，これを保持しなければならない。又，国民は，これを濫用してはならないのであつて，常に公共の福祉のためにこれを利用する責任を負ふ。

第13条　すべて国民は，個人として尊重される。生命，自由及び幸福追求に対する国民の権利については，公共の福祉に反しない限り，立法その他の国政の上で，最大の尊重を必要とする。

第14条　すべて国民は，法の下に平等であつて，人種，信条，性別，社会的身分又は門地により，政治的，経済的又は社会的関係において，差別されない。

　2　華族その他の貴族の制度は，これを認めない。

　3　栄誉，勲章その他の栄典の授与は，いかなる特権も伴はない。栄典の授与は，現にこれを有し，又は将来これを受ける者の一代に限り，その効力を有する。

第15条　公務員を選定し，及びこれを罷免することは，国民固有の権利である。

　2　すべて公務員は，全体の奉仕者であつて，一部の奉仕者ではない。

　3　公務員の選挙については，成年者による普通選挙を保障する。

　4　すべて選挙における投票の秘密は，これを侵してはならない。選挙人は，その選択に関し公的にも私的にも責任を問はれない。

第16条　何人も，損害の救済，公務員の罷免，法律，命令又は規則の制定，廃止又は改正その他の事項に関し，平穏に請願する権利を有し，何人も，かかる請願をしたためにいかなる差別待遇も受けない。

第17条　何人も，公務員の不法行為により，損害を受けたときは，法律の定めるところにより，国又は公共団体に，その賠償を求めることができる。

第18条　何人も，いかなる奴隷的拘束も受けない。又，犯罪に因る処罰の場合を除いては，その意に反する苦役に服させられない。

第19条　思想及び良心の自由は，これを侵してはならない。

第20条　信教の自由は，何人に対してもこれを保障する。いかなる宗教団体も，国から特権を受け，又は政治上の権力を行使してはならない。

　　2　何人も，宗教上の行為，祝典，儀式又は行事に参加することを強制されない。

　　3　国及びその機関は，宗教教育その他いかなる宗教的活動もしてはならない。

第21条　集会，結社及び言論，出版その他一切の表現の自由は，これを保障する。

　　2　検閲は，これをしてはならない。通信の秘密は，これを侵してはならない。

第22条　何人も，公共の福祉に反しない限り，居住，移転及び職業選択の自由を有する。

　　2　何人も，外国に移住し，又は国籍を離脱する自由を侵されない。

第23条　学問の自由は，これを保障する。

第24条　婚姻は，両性の合意のみに基いて成立し，夫婦が同等の権利を有することを基本として，相互の協力により，維持されなければならない。

　　2　配偶者の選択，財産権，相続，住居の選定，離婚並びに婚姻及び家族に関するその他の事項に関しては，法律は，個人の尊厳と両性の本質的平等に立脚して，制定されなければならない。

第25条　すべて国民は，健康で文化的な最低限度の生活を営む権利を有する。

　　2　国は，すべての生活部面について，社会福祉，社会保障及び公衆衛生の向上及び増進に努めなければならない。

第26条　すべて国民は，法律の定めるところにより，その能力に応じて，ひとしく教育を受ける権利を有する。

　　2　すべて国民は，法律の定めるところにより，その保護する子女に普通教育を受けさせる義務を負ふ。義務教育は，これを無償とする。

第27条　すべて国民は，勤労の権利を有し，義務を負ふ。

　　2　賃金，就業時間，休息その他の勤労条件に関する基準は，法律でこれを定める。

　　3　児童は，これを酷使してはならない。

④教育基本法

2006年（平成18年）12月22日（法律第120号）

　教育基本法（昭和22年法律第25号）の全部を改正する。

　我々日本国民は，たゆまぬ努力によって築いてきた民主的で文化的な国家を更に発展させるとともに，世界の平和と人類の福祉の向上に貢献することを願うものである。我々は，この理想を実現するため，個人の尊厳を重んじ，真理と正義を希求し，公共の精神を尊び，豊かな人間性と創造性を備えた人間の育成を期するとともに，伝統を継承し，新しい文化の創造を目指す教育を推進する。ここに，我々は，日本国憲法の精神にのっとり，我が国の未来を切り拓く教育の基本を確立し，その振興を図るため，この法律を制定する。

第1章　教育の目的及び理念

（教育の目的）

　第1条　教育は，人格の完成を目指し，平和で民主的な国家及び社会の形成者として必要な資質を備えた心身ともに健康な国民の育成を期して行われなければならない。

（教育の目標）

　第2条　教育は，その目的を実現するため，学問の自由を尊重しつつ，次に掲げる目標を達成するよう行われるものとする。

　　一　幅広い知識と教養を身に付け，真理を求める態度を養い，豊かな情操と道徳心を培うとともに，健やかな身体を養うこと。

　　二　個人の価値を尊重して，その能力を伸ばし，創造性を培い，自主及び自律の精神を養うとともに，職業及び生活との関連を重視し，勤労を重んずる態度を養うこと。

　　三　正義と責任，男女の平等，自他の敬愛と協力を重んずるとともに，公共の精神に基づき，主体的に社会の形成に参画し，その発展に寄与する態度を養うこと。

　　四　生命を尊び，自然を大切にし，環境の保全に寄与する態度を養うこと。

　　五　伝統と文化を尊重し，それらをはぐくんできた我が国と郷土を愛するとともに，他国を尊重し，国際社会の平和と発展に寄与する態度を養うこと。

（生涯学習の理念）

　第3条　国民一人一人が，自己の人格を磨き，豊かな人生を送ることができるよ

う，その生涯にわたって，あらゆる機会に，あらゆる場所において学習することができ，その成果を適切に生かすことのできる社会の実現が図られなければならない。

（教育の機会均等）

第4条　すべて国民は，ひとしく，その能力に応じた教育を受ける機会を与えられなければならず，人種，信条，性別，社会的身分，経済的地位又は門地によって，教育上差別されない。

　　2　国及び地方公共団体は，障害のある者が，その障害の状態に応じ，十分な教育を受けられるよう，教育上必要な支援を講じなければならない。

　　3　国及び地方公共団体は，能力があるにもかかわらず，経済的理由によって修学が困難な者に対して，奨学の措置を講じなければならない。

第2章　教育の実施に関する基本

（義務教育）

第5条　国民は，その保護する子に，別に法律で定めるところにより，普通教育を受けさせる義務を負う。

　　2　義務教育として行われる普通教育は，各個人の有する能力を伸ばしつつ社会において自立的に生きる基礎を培い，また，国家及び社会の形成者として必要とされる基本的な資質を養うことを目的として行われるものとする。

　　3　国及び地方公共団体は，義務教育の機会を保障し，その水準を確保するため，適切な役割分担及び相互の協力の下，その実施に責任を負う。

　　4　国又は地方公共団体の設置する学校における義務教育については，授業料を徴収しない。

（学校教育）

第6条　法律に定める学校は，公の性質を有するものであって，国，地方公共団体及び法律に定める法人のみが，これを設置することができる。

　　2　前項の学校においては，教育の目標が達成されるよう，教育を受ける者の心身の発達に応じて，体系的な教育が組織的に行われなければならない。この場合において，教育を受ける者が，学校生活を営む上で必要な規律を重んずるとともに，自ら進んで学習に取り組む意欲を高めることを重視して行われなければならない。

（大学）

第7条　大学は，学術の中心として，高い教養と専門的能力を培うとともに，深く真理を探究して新たな知見を創造し，これらの成果を広く社会に提供するこ

とにより，社会の発展に寄与するものとする。

 2 大学については，自主性，自律性その他の大学における教育及び研究の特性が尊重されなければならない。

（私立学校）

第8条 私立学校の有する公の性質及び学校教育において果たす重要な役割にかんがみ，国及び地方公共団体は，その自主性を尊重しつつ，助成その他の適当な方法によって私立学校教育の振興に努めなければならない。

（教員）

第9条 法律に定める学校の教員は，自己の崇高な使命を深く自覚し，絶えず研究と修養に励み，その職責の遂行に努めなければならない。

 2 前項の教員については，その使命と職責の重要性にかんがみ，その身分は尊重され，待遇の適正が期せられるとともに，養成と研修の充実が図られなければならない。

（家庭教育）

第10条 父母その他の保護者は，子の教育について第一義的責任を有するものであって，生活のために必要な習慣を身に付けさせるとともに，自立心を育成し，心身の調和のとれた発達を図るよう努めるものとする。

 2 国及び地方公共団体は，家庭教育の自主性を尊重しつつ，保護者に対する学習の機会及び情報の提供その他の家庭教育を支援するために必要な施策を講ずるよう努めなければならない。

（幼児期の教育）

第11条 幼児期の教育は，生涯にわたる人格形成の基礎を培う重要なものであることにかんがみ，国及び地方公共団体は，幼児の健やかな成長に資する良好な環境の整備その他適当な方法によって，その振興に努めなければならない。

（社会教育）

第12条 個人の要望や社会の要請にこたえ，社会において行われる教育は，国及び地方公共団体によって奨励されなければならない。

 2 国及び地方公共団体は，図書館，博物館，公民館その他の社会教育施設の設置，学校の施設の利用，学習の機会及び情報の提供その他の適当な方法によって社会教育の振興に努めなければならない。

（学校，家庭及び地域住民等の相互の連携協力）

第13条 学校，家庭及び地域住民その他の関係者は，教育におけるそれぞれの役割と責任を自覚するとともに，相互の連携及び協力に努めるものとする。

（政治教育）

第14条　良識ある公民として必要な政治的教養は，教育上尊重されなければならない。

2　法律に定める学校は，特定の政党を支持し，又はこれに反対するための政治教育その他政治的活動をしてはならない。

（宗教教育）

第15条　宗教に関する寛容の態度，宗教に関する一般的な教養及び宗教の社会生活における地位は，教育上尊重されなければならない。

2　国及び地方公共団体が設置する学校は，特定の宗教のための宗教教育その他宗教的活動をしてはならない。

第3章　教育行政

（教育行政）

第16条　教育は，不当な支配に服することなく，この法律及び他の法律の定めるところにより行われるべきものであり，教育行政は，国と地方公共団体との適切な役割分担及び相互の協力の下，公正かつ適正に行われなければならない。

2　国は，全国的な教育の機会均等と教育水準の維持向上を図るため，教育に関する施策を総合的に策定し，実施しなければならない。

3　地方公共団体は，その地域における教育の振興を図るため，その実情に応じた教育に関する施策を策定し，実施しなければならない。

4　国及び地方公共団体は，教育が円滑かつ継続的に実施されるよう，必要な財政上の措置を講じなければならない。

（教育振興基本計画）

第17条　政府は，教育の振興に関する施策の総合的かつ計画的な推進を図るため，教育の振興に関する施策についての基本的な方針及び講ずべき施策その他必要な事項について，基本的な計画を定め，これを国会に報告するとともに，公表しなければならない。

2　地方公共団体は，前項の計画を参酌し，その地域の実情に応じ，当該地方公共団体における教育の振興のための施策に関する基本的な計画を定めるよう努めなければならない。

第4章　法令の制定

第18条　この法律に規定する諸条項を実施するため，必要な法令が制定されなければならない。

⑤学校教育法（抄）

1947年（昭和22年）3月31日（法律第26号）
一部改正：2007年（平成19年）6月27日（法律第96号）
最終改正：2019年（令和元年）6月26日（法律第44号）

第1章　総則

第1条　この法律で，学校とは，幼稚園，小学校，中学校，義務教育学校，高等学校，中等教育学校，特別支援学校，大学及び高等専門学校とする。

第2条　学校は，国（国立大学法人法（平成15年法律第112号）第2条第1項に規定する国立大学法人及び独立行政法人国立高等専門学校機構を含む。以下同じ。），地方公共団体（地方独立行政法人法（平成15年法律第118号）第68条第1項に規定する公立大学法人（以下「公立大学法人」という。）を含む。次項及び第127条において同じ。）及び私立学校法（昭和24年法律第270号）第3条に規定する学校法人（以下学校法人と称する。）のみが，これを設置することができる。

2　この法律で，国立学校とは，国の設置する学校を，公立学校とは，地方公共団体の設置する学校を，私立学校とは，学校法人の設置する学校をいう。

第6条　学校においては，授業料を徴収することができる。ただし，国立又は公立の小学校及び中学校，義務教育学校，中等教育学校の前期課程又は特別支援学校の小学部及び中学部における義務教育については，これを徴収することができない。

第9条　次の各号のいずれかに該当する者は，校長又は教員となることができない。

1　禁錮以上の刑に処せられた者

2　教育職員免許法第10条第1項第2号又は第3号に該当することにより免許状がその効力を失い，当該失効の日から3年を経過しない者

3　教育職員免許法第11条第1項から第3項までの規定により免許状取上げの処分を受け，3年を経過しない者

4　日本国憲法施行の日以後において，日本国憲法又はその下に成立した政府を暴力で破壊することを主張する政党その他の団体を結成し，又はこれに加入した者

第2章　義務教育

第16条　保護者（子に対して親権を行う者（親権を行う者のないときは，未成年後見人）をいう。以下同じ。）は，次条に定めるところにより，子に9年の普通教育を受けさせる義務を負う。

第21条　義務教育として行われる普通教育は，教育基本法第5条第2項に規定する目的を実現するため，次に掲げる目標を達成するよう行われるものとする。

一　学校内外における社会的活動を促進し，自主，自律及び協同の精神，規範意識，公正な判断力並びに公共の精神に基づき主体的に社会の形成に参画し，その発展に寄与する態度を養うこと。

二　学校内外における自然体験活動を促進し，生命及び自然を尊重する精神並びに環境の保全に寄与する態度を養うこと。

三　我が国と郷土の現状と歴史について，正しい理解に導き，伝統と文化を尊重し，それらをはぐくんできた我が国と郷土を愛する態度を養うとともに，進んで外国の文化の理解を通じて，他国を尊重し，国際社会の平和と発展に寄与する態度を養うこと。

四　家族と家庭の役割，生活に必要な衣，食，住，情報，産業その他の事項について基礎的な理解と技能を養うこと。

五　読書に親しませ，生活に必要な国語を正しく理解し，使用する基礎的な能力を養うこと。

六　生活に必要な数量的な関係を正しく理解し，処理する基礎的な能力を養うこと。

七　生活にかかわる自然現象について，観察及び実験を通じて，科学的に理解し，処理する基礎的な能力を養うこと。

八　健康，安全で幸福な生活のために必要な習慣を養うとともに，運動を通じて体力を養い，心身の調和的発達を図ること。

九　生活を明るく豊かにする音楽，美術，文芸その他の芸術について基礎的な理解と技能を養うこと。

十　職業についての基礎的な知識と技能，勤労を重んずる態度及び個性に応じて将来の進路を選択する能力を養うこと。

第3章　幼稚園

第22条　幼稚園は，義務教育及びその後の教育の基礎を培うものとして，幼児を保育し，幼児の健やかな成長のために適当な環境を与えて，その心身の発達を助長することを目的とする。

第4章　小学校

第29条　小学校は，心身の発達に応じて，義務教育として行われる普通教育のうち基礎的なものを施すことを目的とする。

第35条　市町村の教育委員会は，次に掲げる行為の1又は2以上を繰り返し行う等性行不良であつて他の児童の教育に妨げがあると認める児童があるときは，その保護者に対して，児童の出席停止を命ずることができる。

　　　　一　他の児童に傷害，心身の苦痛又は財産上の損失を与える行為
　　　　二　職員に傷害又は心身の苦痛を与える行為
　　　　三　施設又は設備を損壊する行為
　　　　四　授業その他の教育活動の実施を妨げる行為

　2　市町村の教育委員会は，前項の規定により出席停止を命ずる場合には，あらかじめ保護者の意見を聴取するとともに，理由及び期間を記載した文書を交付しなければならない。

　3　前項に規定するもののほか，出席停止の命令の手続に関し必要な事項は，教育委員会規則で定めるものとする。

　4　市町村の教育委員会は，出席停止の命令に係る児童の出席停止の期間における学習に対する支援その他の教育上必要な措置を講ずるものとする。

第5章　中学校

第45条　中学校は，小学校における教育の基礎の上に，心身の発達に応じて，義務教育として行われる普通教育を施すことを目的とする。

義務教育学校

第49条の二　義務教育学校は，心身の発達に応じて，義務教育として行われる普通教育を基礎的なものから一貫して施すことを目的とする。

第6章　高等学校

第50条　高等学校は，中学校における教育の基礎の上に，心身の発達及び進路に応じて，高度な普通教育及び専門教育を施すことを目的とする。

第7章　中等教育学校

第63条　中等教育学校は，小学校における教育の基礎の上に，心身の発達及び進路に応じて，義務教育として行われる普通教育並びに高度な普通教育及び専門教育を一貫して施すことを目的とする。

第8章　特別支援教育

第72条　特別支援学校は，視覚障害者，聴覚障害者，知的障害者，肢体不自由者又は病弱者（身体虚弱者を含む。以下同じ。）に対して，幼稚園，小学校，中学校又は高等学校に準ずる教育を施すとともに，障害による学習上又は生活上

の困難を克服し自立を図るために必要な知識技能を授けることを目的とする。

第9章　大学

第83条　大学は，学術の中心として，広く知識を授けるとともに，深く専門の学芸を教授研究し，知的，道徳的及び応用的能力を展開させることを目的とする。

　2　大学は，その目的を実現するための教育研究を行い，その成果を広く社会に提供することにより，社会の発展に寄与するものとする。

第10章　高等専門学校

第115条　高等専門学校は，深く専門の学芸を教授し，職業に必要な能力を育成することを目的とする。

　2　高等専門学校は，その目的を実現するための教育を行い，その成果を広く社会に提供することにより，社会の発展に寄与するものとする。

第11章　専修学校

第124条　第1条に掲げるもの以外の教育施設で，職業若しくは実際生活に必要な能力を育成し，又は教養の向上を図ることを目的として次の各号に該当する組織的な教育を行うもの（当該教育を行うにつき他の法律に特別の規定があるもの及び我が国に居住する外国人を専ら対象とするものを除く。）は，専修学校とする。

　　　一　修業年限が1年以上であること。

　　　二　授業時数が文部科学大臣の定める授業時数以上であること。

　　　三　教育を受ける者が常時40人以上であること。

索　引

■執筆者紹介（五十音順）

今尾佳生（いまお・よしお）

玉川大学教育学部教育学科教授
4章，6章1節，7章1・2・3節，教育史関係年表（日本編）

小原一仁（おばら・かずひと）

玉川大学教育学部教育学科教授
2章1節

佐久間裕之（さくま・ひろゆき）

玉川大学教育学部教育学科教授
編著者　1章1節，3章3・4節，6章7・9・10・11節，教育史関係
年表（西洋編）

下田生三（しもだ・しょうざん）

ドイツ・Goetheschule Pforzheim 教員
2章4節，6章2節

杉山倫也（すぎやま・みちや）

玉川大学教育学部教育学科教授
2章2・3節，6章8節

野口穂高（のぐち・ほだか）

早稲田大学大学院教職研究科准教授
5章，7章4・5・6・7・8節

山口意友（やまぐち・おきとも）

玉川大学教育学部教育学科教授
1章2節，6章4節

山口圭介（やまぐち・けいすけ）

玉川大学教育学部教育学科教授
3章1・2節，6章3・5・6節，西洋の教育思想家一覧

玉川大学 教 職 専門シリーズ

教育原理 改訂第2版

2015年2月25日　初版第1刷発行
2022年3月10日　第2版第1刷発行

編著者————佐久間裕之

発行者————小原芳明

発行所————玉川大学出版部

〒194-8610　東京都町田市玉川学園6-1-1
TEL 042-739-8935　FAX 042-739-8940
http://www.tamagawa.jp/up/
振替：00180-7-26665

装幀————渡辺澪子

印刷・製本——藤原印刷株式会社

乱丁・落丁はお取り替えいたします。